Strategie – Umsetzung – Profit

Wolf W. Lasko · Lara M. Lasko

Strategie – Umsetzung – Profit

So setzen Sie Ihre Vertriebsstrategien in der Tagespraxis um!

3. Auflage

Wolf W. Lasko
Köln, Deutschland

Lara M. Lasko
Think Result GmbH
Zürich, Schweiz

ISBN 978-3-658-20752-6   ISBN 978-3-658-20753-3 (eBook)
https://doi.org/10.1007/978-3-658-20753-3

Die Deutsche Nationalbibliothek verzeichnet diese Publikation in der Deutschen Nationalbibliografie; detaillierte bibliografische Daten sind im Internet über http://dnb.d-nb.de abrufbar.

Springer Gabler
© Springer Fachmedien Wiesbaden GmbH, ein Teil von Springer Nature 2007, 2012, 2018
Das Werk einschließlich aller seiner Teile ist urheberrechtlich geschützt. Jede Verwertung, die nicht ausdrücklich vom Urheberrechtsgesetz zugelassen ist, bedarf der vorherigen Zustimmung des Verlags. Das gilt insbesondere für Vervielfältigungen, Bearbeitungen, Übersetzungen, Mikroverfilmungen und die Einspeicherung und Verarbeitung in elektronischen Systemen.
Die Wiedergabe von Gebrauchsnamen, Handelsnamen, Warenbezeichnungen usw. in diesem Werk berechtigt auch ohne besondere Kennzeichnung nicht zu der Annahme, dass solche Namen im Sinne der Warenzeichen- und Markenschutz-Gesetzgebung als frei zu betrachten wären und daher von jedermann benutzt werden dürften.
Der Verlag, die Autoren und die Herausgeber gehen davon aus, dass die Angaben und Informationen in diesem Werk zum Zeitpunkt der Veröffentlichung vollständig und korrekt sind. Weder der Verlag noch die Autoren oder die Herausgeber übernehmen, ausdrücklich oder implizit, Gewähr für den Inhalt des Werkes, etwaige Fehler oder Äußerungen. Der Verlag bleibt im Hinblick auf geografische Zuordnungen und Gebietsbezeichnungen in veröffentlichten Karten und Institutionsadressen neutral.

Lektorat: Manuela Eckstein

Gedruckt auf säurefreiem und chlorfrei gebleichtem Papier

Springer Gabler ist ein Imprint der eingetragenen Gesellschaft Springer Fachmedien Wiesbaden GmbH und ist Teil von Springer Nature
Die Anschrift der Gesellschaft ist: Abraham-Lincoln-Str. 46, 65189 Wiesbaden, Germany

Prolog

Die zentrale Herausforderung im Unternehmen ist der Vertrieb. Hier wird über profitable Aufträge und damit über sichere Jobs entschieden. Hier liegt der Schlüssel dafür, ob sich das Unternehmen nachhaltig am Markt behauptet – oder träge vor sich hin dümpelt. Über alle Hierarchien hinweg sind auf ihn die Unternehmensprozesse und -funktionen ausgerichtet. Hier werden neue Kunden akquiriert, Kontakte zu profitablen Bestandskunden gepflegt und ausgebaut. Aber – werden sie das wirklich? Optimal? Die Relevanz eines reibungslosen Vertriebs ist zwar allgemein anerkannt. Dennoch wird er in den meisten Unternehmen falsch gemanagt – und damit zur Achillesferse.

Dabei gibt es ein bewährtes Erfolgsmuster für Vorstände, Vertriebs- und Niederlassungsleiter und ambitionierte Leistungsträger in den Sales-Mannschaften, um diese Herausforderung professionell zu managen. Der dreifache Imperativ des Vertriebserfolgs lautet:

1. Brechen Sie Ihre Strategie stringent, nachvollziehbar und mithilfe verständlicher Tools Schritt für Schritt auf die Ebene Ihrer Verkäufer herunter auf eine merkfähige ResultStrategie. Damit vergrößern Sie den aktiven Handlungsspielraum jedes Einzelnen.
2. Leiten Sie aus dieser ResultStrategie die passenden, pragmatischen Schlüsselhebel ab, um sie Zug um Zug kontrolliert umzusetzen. Damit behalten Sie jederzeit Ihre Prioritäten im Blick.
3. Nutzen Sie innovative, erfolgreiche Instrumente wie das Storytelling oder die Visualisierung, um Ihre Mitarbeiter frühzeitig und umfassend einzubeziehen, sie für grundsätzliches Umdenken zu begeistern. Das ist der notwendige Schritt vom „Motivieren" (das allzu häufig zur hohlen Phrase verkommt, weil ihm keine ernsthafte Umsetzung folgt) zum konsequenten Change-Management in der Mitarbeiterführung. Und der Schlüssel zum nachhaltigen Profit.

Wenn die beiden ersten Aspekte dieses dreifachen Imperativs unabdingbare Schlagpunkte sind, dann ist der dritte das Ausrufezeichen. Deshalb ist er besonders prominent bereits im Buchtitel vertreten, symbolisiert durch die Orange. Was diese saftige Südfrucht mit pro-aktiven, verantwortungsbereiten Verkäufern gemeinsam hat, erfahren Sie gleich.

Unwägbarkeiten des Marktes eingrenzen – Handlungsspielraum erweitern

Im ersten Teil des Buches geht es um die Strategie. Ein Grundproblem jeder Vertriebsstrategie verdeutlicht die Analogie des Tripendulums. Stellen Sie sich dazu zunächst ein normales Pendel vor, zum Beispiel in einer alten Standuhr. Wenn Sie es anstoßen, schwingt es in gleichmäßigen, berechenbaren Bewegungen von einer Seite zur anderen. Verbinden Sie es allerdings mit einem zweiten Pendel, sind die Bewegungen dieser beiden deutlich unberechenbarer: Sie stoßen das eine an, und je nach Richtung und Tempo dieses Anstoßes setzen sich beide in Bewegung: das eine in die eine Richtung, das andere – davon abhängig – in eine andere.

Setzen Sie aber noch eine Ebene drauf, verbinden Sie die beiden mit einem dritten Pendel, haben Sie ein Tripendulum. Und damit das schiere Chaos: Nun lässt sich die Wirkung eines Stoßes kaum noch voraussahnen. Sie brauchen nur geringfügig seine Stärke oder Richtung variieren, und unberechenbar verändert jedes der drei Pendel immer wieder seine Richtung.

Dieses Tripendulum ist eine höchst treffende Analogie zu Ihrer Unternehmenssituation am Markt. Nur dass Sie es da nicht nur mit drei Pendeln zu tun haben – Ihrer Strategie, den Kunden, dem Markt –, sondern genau genommen mit einer fast unbegrenzten Zahl von Imponderabilien, deren Bewegungen Sie kaum vorausberechnen können. Zu den auslösenden Kräften gehören unter anderem Politiker, Multiplikatoren, Konsumenten und so weiter. Sogar Ihre eigenen Mitarbeiter. Aber Sie haben Möglichkeiten, die Stabilität dieses wackeligen Handlungsspielraums zu beeinflussen. Indem Sie ihm ein stabiles Fundament geben, das dennoch flexibel genug ist, um Unwuchten geschmeidig auszugleichen.

Ein solches Fundament ist die ResultStrategie. Sie fußt auf der Idee des Resulting[1], und das bedeutet: Sie ist konsequent Resultate-orientiert. Um allerdings diese Resultate zu erreichen, brauchen Sie Mitarbeiter, die so strategiesicher sind, dass sie eigenständig und selbstverantwortlich auf Veränderungen am Markt reagieren und im Kundengespräch quasi „aus dem Handgelenk" eigene Entscheidungen treffen können. Diese Sicherheit gewinnen sie, wenn Sie ihnen zuvor die Unternehmensstrategie transparent und klar vermittelt und gemeinsam mit ihnen auf ihre Handlungsebene herunter gebrochen haben. Dazu finden Sie in diesem Buch handliche Tools.

---

1 Wenn Sie sich für Einzelheiten des Resulting interessieren, empfehlen wir Ihnen die Lektüre unseres Buchs „Resulting – Projektziel erreicht!", Wiesbaden 2003.

Diese Tools geben beispielsweise jedem Einzelnen eine klare Vorstellung über die aktuellen und die erreichbaren Potenziale des eigenen Unternehmens. Sie benennen die Punkte, an denen jeder Einzelne ansetzen kann, wenn er das Ranking des Wettbewerbs zum Vorteil des eigenen Unternehmens verändern will. Und sie machen das eigene Angebot übersichtlich. Ihr Verkauf kann beispielsweise im Kundengespräch anhand des 3-Level-Portfolio vorhandene Zielgruppen auch für andere interne Produktgruppen und Dienstleistungen erschließen.

Am Ende des ersten Buchteils erfahren Sie, wie Sie aus den strategischen Guidelines die richtigen Schlüsselhebel ableiten, um Ihre ResultStrategie umzusetzen. Diese Schlüsselhebel können sehr unterschiedlich aussehen – je nach Branche, Unternehmensgröße und -umfeld. Sie lernen die neun häufigsten kennen.

Mit den richtigen Hebeln zum Höhenflug

Im zweiten Teil des Buches wird die auf den Verkaufsalltag herunter gebrochene Strategie mithilfe dieser Schlüsselhebel Zug um Zug umgesetzt. Dabei ist ganzheitliches Denken und Handeln der zentrale Erfolgsfaktor. Wie in einem Puzzle greift eins ins andere und erst wenn alle Ebenen reibungslos zusammenspielen, können die Umsätze signifikant steigen. So wie ein Adler auch erst dann lichte Höhen erreichen kann, wenn seine starken Schwingen mit dem (richtungweisenden) Kopf und dem (die Route korrigierenden) Schweif zusammenwirken. Vor allem aber braucht der Adler ein starkes Herz. Das ist der Motor, der ihm die notwendige Energie verleiht. In dieser Analogie stehen die Schwingen des Adlers für Ihre Verkäufer im Außen und Innendienst – und für Ihre eigenen Führungskompetenzen. Sie sind es, die für den notwendigen Speed sorgen. Aber nur, wenn auch die Richtung stimmt – mithilfe von Schlüsselhebeln wie einem gezielten Sales Research oder dem Political Poster, das klare Hintergrundinformationen über Hidden Agendas und Entscheidungsstrukturen beim Kunden gibt. Gelenkt werden die Aktivitäten durch Steuerungstools wie die Pipeline und die Erfolgsplattform.

Eine besondere Rolle aber spielt auch im Vertrieb das Herz, der Motor – das Charisma Ihrer Mitarbeiter und Ihr eigenes. Dieser Aspekt zieht sich wie ein roter Faden durch das ganze Buch. Das Herz des Adlers steht im Vertriebsalltag für den nachhaltigen Erfolg. Für ein zielorientiertes und selbstbewusstes Auftreten Ihrer gesamten Crew. Das wiederum führt Sie zum dritten Teil des Buchs.

Der Mitarbeiter als Profit-Faktor

Der dritte Teil des Buches ist mit dem Begriff „Profit" überschrieben. Und darum geht es auch – allerdings auf den ersten Blick etwas quer zu den gängigen Assoziationen, die dieser Begriff suggeriert. Bei näherem Hinsehen läuft es aber doch auf den üblichen Profit-Begriff hinaus, nämlich auf Gewinn, auf Umsatz, auf Erfolg. Denn hier geht es um Ihre Mitarbeiter – und wer generiert den Profit im Unternehmen, wenn nicht sie? Und es geht um innovative, äußerst erfolgreiche Instrumente, um gemeinsam diesen

Profit zu erreichen. Zum Beispiel das Storytelling oder das Visualisieren anhand einer Zeichnung, die die gesamte Strategie umfasst. Vom Sense of urgency, der Notwendigkeit zu handeln, über die Blockaden des alten Denkens und die Hindernisse, umzudenken, bis hin zu den Perspektiven, die den Weg zum eigenverantwortlichen Agieren für jeden Einzelnen eröffnen.

Jeder Erfolg ist umso nachhaltiger und durchschlagender, je überzeugter Ihre Mitarbeiter davon sind, auf dem richtigen Weg zu sein. Und das sind sie vorzugsweise dann, wenn jeder darin für sich selbst einen Profit erkennt. Etwas, das ihn persönlich anspornt, sein Bestes zu geben.

Was immer Sie erreichen wollen, Sie agieren prinzipiell auf zwei Ebenen. Auf der Projektebene und in der Tiefenstruktur des Unternehmens. Wenn die Projektebene die Oberfläche ist, die den Rahmen vorgibt, dann verkörpern Ihre Mitarbeiter die Tiefenstruktur.

An der Analogie der Orange lässt sich das plakativ abbilden: Die Projektebene ist mit deren dünner Schale vergleichbar, die aber das Ganze in Form hält. Die Tiefenstruktur hingegen entspricht dem Inneren der Orange. Dem Wesentlichen. Dem, worauf es ankommt. Ihren Mitarbeitern, die Sie von einem Projektschritt zum nächsten mitnehmen, die Sie immer wieder neu überzeugen und begeistern. Indem Sie ihnen von Schritt zu Schritt klar machen, was der jeweils nächste Step für sie persönlich bedeutet, was er ihnen bringt, warum sie sich dafür anstrengen sollen.

Das können Sie nicht allein. Sie brauchen dazu ein Team von Helfern. In jedem Unternehmen gibt es zumindest eine Handvoll Menschen, die von der Mehrheit als besonders kompetent und vertrauenswürdig anerkannt sind, auf die sie hören. Ihre firmeninternen Opinion Leader und Leistungsträger. Die gilt es als erste zu überzeugen. Sie sind im Weiteren Ihre Botschafter in die Tiefenstruktur hinein, die möglichst viele Ihrer Mitarbeiter mit ins Boot ziehen.

Wenn Sie nachhaltig und langfristig erfolgreich sein wollen, kann nur ein grundsätzlicher Switch in den Köpfen Ihrer Mitarbeiter Ihr Ziel sein: Weg vom beschränkten Denken des unmündigen Angestellten. Weg von den alten Strukturen, vom Festklammern an Gewohnheiten, die eine trügerische Sicherheit suggerieren. Weg vom Denken in Paradigmen von Gewinnern und Verlierern und vom Abwälzen der Verantwortung auf andere. Und hin zu unternehmerisch denkenden und handelnden, zukunftsorientierten, selbstverantwortlichen Mit-Arbeitern.

Das erreichen Sie nur, wenn Sie konsequent darauf beharren und daraus eine Fortsetzungs-Geschichte machen. Nur so können Sie auf lange Sicht alle Potenziale ausschöpfen, die möglich sind. Verankern Sie in jedem neuen Projekt, in jeder strategischen Entscheidung dieses neue Denken, diese Grundtendenz zum eigenverantwortlichen, proaktiven Mitarbeiter. Machen Sie es zur Grundmelodie. Nähern Sie sich Schritt für Schritt diesem Ziel. Mit Geduld, aber konsequent.

Achten Sie darauf, nicht zu schnell voranzugehen, damit Sie nicht unterwegs die Aufmerksamkeit und das Engagement Ihrer Leute verlieren. Damit sie in der Lage sind, Ihnen zu folgen. Aber fangen Sie an. Heute. Neue Wege können nur entstehen, wenn Sie die ausgetretenen Pfade verlassen. Dazu finden Sie in diesem Buch praktische, über Jahre erprobte Tools, die Sie sofort nutzen können.

Ihr Strategie-Handbuch

Im **Anhang** wird ein pragmatischer Weg aufgezeigt, wie Sie sich „Ihr" Strategie-Handbuch anlegen. Jetzt ist es an Ihnen. Machen Sie was draus. Nutzen Sie unsere Ideen und Erfahrungen – oder lassen Sie sich dadurch zu neuen Ansätzen inspirieren. Viel Erfolg!

Wolf W. Lasko *Lara M. Lasko*

P. S. Noch ein Wort an unsere Leserinnen: Dieses Buch ist selbstverständlich auch für Sie geschrieben – auch wenn darin die weibliche Form kaum auftaucht. Wir haben aus pragmatischen Gründen darauf verzichtet.

Inhaltsverzeichnis

Prolog V

Die Autoren XV

Teil 1 – Strategie 1

1 Von der Unternehmensstrategie zur ResultStrategie 3
   1.1 Die Strategie bildet den Rahmen 4
   1.2 Das Tripendulum – Symbol für die Unwägbarkeiten von Strategien 6
      1.2.1 Erkennen Sie Ihre Möglichkeiten – mit der Potenzial Line 8
      1.2.2 Konzentrieren Sie sich auf das Wesentliche –
ZAR: Zeit – Aufgaben – Resultate 8
      1.2.3 Schärfen Sie das Profil – Points of Difference 9
      1.2.4 Finden Sie die richtigen Hebel für Ihr Business –
die Schlüsselhebel 10

**2 Potenzial Line – Marktchancen, Potenziale und Renditen
finden und einschätzen** 13
   2.1 Verschaffen Sie sich einen Überblick über Ihre Potenziale –
auf einer einzigen Seite 14
   2.2 So finden Sie die Potenziale mit den besten Renditen 16
      2.2.1 Für welche Branchen produzieren Sie eigentlich? 16
      2.2.2 Wo ist die Lücke? 17
      2.2.3 Was ist drin? 17
      2.2.4 Wie hoch sind Ihre Ziele? 19
      2.2.5 Die Magie der langen Zungen 19
      2.2.6 Plakativ: Ihr aktueller Status und die Potenziale 20
      2.2.7 Hoher Umsatz gleich hohe Rendite? 20
      2.2.8 Hopp oder topp? 21
      2.2.9 „Erfinden" Sie neue Potenziale 22
   2.3 Potenziale verschenken nur noch die anderen 24

3 Zeit, Aufgaben, Resultate – Prioritäten im Fokus behalten ... 25
3.1 Das Problem heißt nicht „zu wenig Zeit", sondern „falsche Prioritäten" 26
3.2 ZAR – Zeit, Aufgaben, Resultate – heißt: messbares Zeitmanagement 29
3.2.1 Welches sind Ihre Ziele – quantitativ und qualitativ? 31
3.2.2 Welche Aufgaben bestimmen Ihren Arbeitsalltag? 31
3.2.3 Ein erster grober Überblick: Was ist zu tun? 31
3.2.4 Welche Detailaufgaben mit welchen Prioritäten ergeben sich? 32
3.2.5 Benchmark: Messbare Resultate festlegen 34
3.2.6 Lernen – in welchen Bereichen wollen Sie sich weiterbilden? 34
3.2.7 Dies ist ein Vertrag! 34
3.2.8 … bis zum nächsten Meilenstein 35
3.3 Ihr Gewinn: Die Prioritäten stimmen! 36

4 Points of Difference – Positionierung und Portfolio am Markt ausrichten ... 37
4.1 PositionBoard – Positionierung im Wettbewerbsvergleich 38
4.1.1 Ihre Erfolgsfaktoren bestimmt der Kunde 41
4.1.2 Was ist jeder Faktor wert? 41
4.1.3 Kennen Sie auch die wirtschaftlichen Hintergründe? 42
4.1.4 Wettbewerb nach Noten 43
4.1.5 Abgerechnet wird am Schluss: das Ranking 44
4.1.6 Keine Ausrede: Da stehen Sie! 44
4.1.7 Erkennen Sie Ihre Stärken gegenüber dem Wettbewerb 45
4.1.8 Strategische Entscheidung: Angreifen oder nicht? 45
4.2 Klarer Überblick – klare Entscheidung 46

5 3-Level-Portfolio – Transparenz durch die Brille des Kunden 47
5.1 Level 1 – Strukturieren Sie Ihr Portfolio 51
5.2 Level 2 – Packages machen Ihr Angebot griffig 51
5.3 Level 3 – Einzelmodule übersichtlich auflisten 53
5.4 Alle Lösungen für den Kunden auf einer Seite 54
5.5 Alles frisch? – Die kontinuierliche Überprüfung 56
5.6 Exkurs: Denken in klaren Bildern 56

6 Schlüsselhebel – Die entscheidenden Hebel finden 59
6.1 „Moments of Result" – die erfolgskritischen Punkte 60
6.2 Ihre Basis sind Potenzial Line, ZAR und die Points of Difference 62
6.3 Welche äußeren Einflüsse setzen Grenzen? 62
6.4 Entscheidende Herausforderungen und Aufgaben ableiten 65
6.5 Clustern Sie: Welche Themen gehören zusammen? 67
6.6 Neun Schlüsselhebel bewegen Ihr Business 69

Inhaltsverzeichnis

Teil 2 – Umsetzung ... 71

7 Setzen Sie Ihre Strategie um. Schritt für Schritt ... 73
- 7.1 Denken Sie systemisch – handeln Sie ganzheitlich ... 74
- 7.2 Auch das Unternehmen ist ein komplexes System ... 75
- 7.3 Erfolg entsteht aus der Kombination von Wissen, Können und Wollen ... 78
- 7.4 Setzen Sie Ihre Schlüsselhebel gezielt an ... 79
- 7.5 So verfolgen Sie Ihre Ziele planmäßig ... 79
- 7.6 Die Hebel und ihre Ansatzpunkte ... 81
  - 7.6.1 Sales-Research – Finden Sie Ihre Rendite-Kunden ... 81
  - 7.6.2 Political Poster – „Who is who" beim Kunden? ... 84
  - 7.6.3 Channel Selling – Viele Wege führen nach Rom ... 89
  - 7.6.4 Potenzial-Management – Das Potenzial entscheidet ... 91
  - 7.6.5 Erfolgsplattform – Der Kunde im Fokus ... 95
  - 7.6.6 Pipeline – Vom Interessenten zum Kunden ... 98
  - 7.6.7 Sales-Know-how – Das erfolgreiche Kundengespräch ... 101
  - 7.6.8 Leadership – Die hohe Kunst des Führens ... 104
  - 7.6.9 Charisma – Mitten ins Herz: der charismatische Auftritt ... 107
- 7.7 Definieren Sie Ihre Success-Schritte ... 110
- 7.8 Setzen Sie konkrete Ziele ... 112
- 7.9 Definieren Sie messbare Etappenziele ... 113
- 7.10 Bestimmen Sie Ross und Reiter ... 114
- 7.11 Red-to-Green? – Ziel erreicht? ... 115
- 7.12 Schließen Sie Ihren Erfolg auf – mit System ... 117

Teil 3 – Profit ... 119

8 Profit wird erst durch Überzeugung und Begeisterung möglich ... 121
- 8.1 Die wesentlichen Profit-Faktoren sind Ihre Mitarbeiter ... 123
  - 8.1.1 Unternehmerisch denken, selbstverantwortlich handeln ... 124
  - 8.1.2 Selbst gesteuert oder fremd gelenkt? ... 125
- 8.2 Jedes Unternehmen hat einen Januskopf – das „Bild in den Köpfen" entscheidet mit ... 126
  - 8.2.1 Die Schalter in den Köpfen ... 127
  - 8.2.2 Veränderung braucht Zeit ... 128
- 8.3 Das Projekt „Profit" oder: Aus gutem Grund ist die Orange rund ... 129
- 8.4 In acht Schritten zum gemeinsamen Erfolg ... 136
  - 8.4.1 Schritt 1: *Ist-Situation* – Machen Sie Ihren Mitarbeitern die Dringlichkeit zum Handeln bewusst ... 136
  - 8.4.2 Schritt 2: *Ziel* – Verdeutlichen Sie die Perspektiven für Ihre Mitarbeiter ... 150

8.4.3 Schritt 3: *Grob-Plan* – Formulieren Sie eine gemeinsame Mission, die alle Hindernisse überwindet 154
8.4.4 Schritt 4: *Feinplanung* – Mobilisieren Sie den Willen zur Veränderung 160
8.4.5 Schritt 5: *Kompetenz und Anreiz* – Motivieren Sie Ihre Leistungsträger 163
8.4.6 Schritt 6: *Initiieren* – Holen Sie Ihre Teams ins Boot 169
8.4.7 Schritt 7: *Umsetzen* – Wecken Sie die Selbstverantwortung 178
8.4.8 Schritt 8: *Resultate* – Machen Sie die Konsequenzen klar: Nach dem Ziel ist vor dem Ziel 186

Epilog 191

Anhang: Das Strategie-Handbuch 193

Die Autoren

Dr. Wolf W. Lasko ist Geschäftsführer und Gründer der Winner/s Edge Resulting-Gesellschaft für Strategie, Vertrieb und Innovation mbH. Des Weiteren ist er Vorstand des IT-Unternehmens Centracon AG (Arbeitsplatz der Zukunft) und Geschäftsführer und Gründer des DIGITAL SALES RESULTING INSTITUTES (Einsatz von selbstlernenden Algorithmen im Vertrieb).

Seine Leidenschaft ist „Think Result", das Kreieren von konkreten, messbaren Resultaten für Unternehmen. Differenzierungsmerkmal und Positionierung im Markt: Resultate erzielen durch die Veränderung des Umfelds/des Kontexts, ohne den Menschen zu verändern.

Dr. Lasko ist Autor von insgesamt 31 Büchern, elf davon sind zum Teil in mehreren Auflagen bei Springer Gabler erschienen.

Kontakt:
Dr. Wolf W. Lasko
Mobil: +49 (172) 2 439 398
www.lasko.de

Dr. Lara M. Lasko, Diplom-Kauffrau (FH)/MBA, ist geschäftsführende Gesellschafterin der Think Result GmbH, Schweiz. Das Beratungsunternehmen ist spezialisiert auf Sales und Konzeption mit dem Schwerpunkt internationale Vertriebssteuerung.

Sie ist Mitautorin von vier Büchern bei Springer Gabler.

Kontakt:
Dr. Lara M. Lasko
Mobil: +41 (76) 5 599 946
www.think-result.ch

Teil 1

Strategie

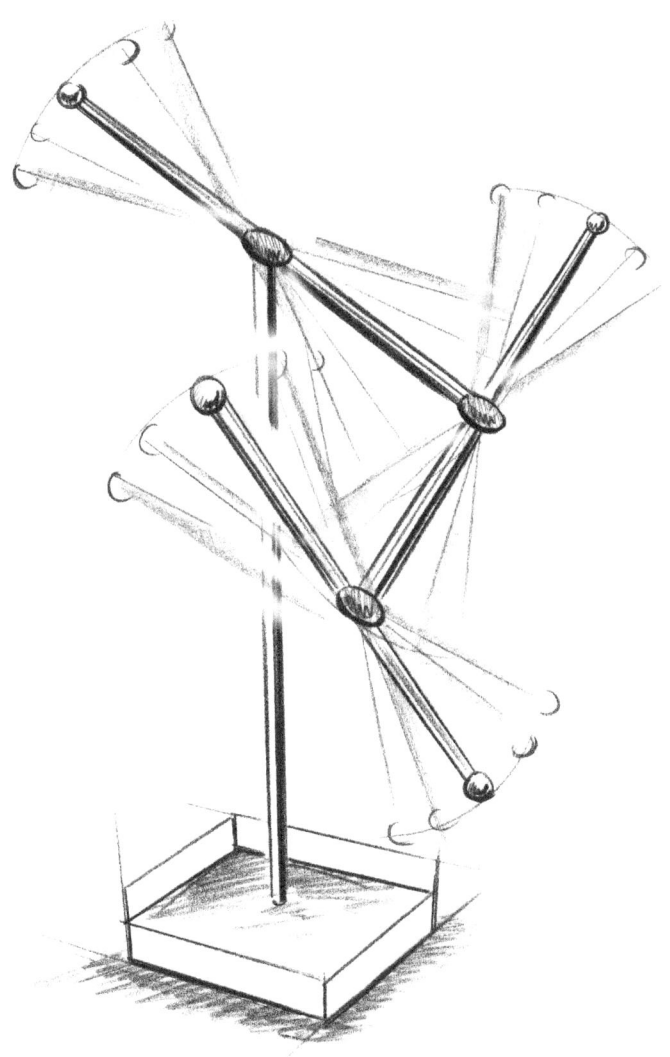

Von der Unternehmensstrategie zur ResultStrategie

„Erst mal haben ..."

„Wir saßen zu acht um den Tisch herum, um das Sales-Projekt im Detail vorzubereiten. Drei ausgewählte Vertriebsleiter, zwei Verantwortliche aus der Geschäftsführung, eine Dame vom Marketing. Und wir beide (die Autoren dieses Buchs). Bei einem solchen Vorhaben ist die Klarheit der Vertriebsstrategie ein wichtiger Baustein. Also warf einer von uns in bester Kreativstimmung in den Raum: ‚Wie wäre es, wenn wir erst mal die Vertriebsstrategie in motivierender Form in den Herzen der Vertriebsmannschaften verstärken?'

‚Verstärken? Erst mal haben ...', antwortete, ebenfalls in strahlender Laune, die Dame aus dem Marketing. ‚Nicht dass wir keine Strategie hätten ...' (treuherziger Blick in Richtung Geschäftsführung) ‚Wir sind ja immerhin ein 6,3-Milliarden-Konzern. Aber so was wie eine motivierende, verständliche, aus der Unternehmensstrategie abgeleitete Vertriebsstrategie ... nein.'

Zentnerschwere Pause. Adieu, du schöne Welt ...

Nun, die Dame aus dem Marketing hat ihr spontanes Vorpreschen überlebt. Denn sämtliche Vertriebsleiter pflichteten ihr bei. Es lägen, räumten sie ein, umfangreiche Strategieausarbeitungen teurer Berater vor. Teilweise apokryphe, dennoch visionäre Formulierungen. Verdopplung der Umsätze bei Steigerung der Rendite. Echt überzeugend. Und was besonders angenehm sei: immer nur wenige Sätze auf jedem Chart. Jeweils 20 bis 30 Seiten lange Strategieunterlagen. In mehrfacher Ausfertigung, von unterschiedlichen Beratern. Ein wenig verwirrend alles in allem. Aber sehr professionell.

Dann hätten sie noch äußerst hilfreiche Marktstudien bekannter Marketingberater in der Schublade. Ach ja, und diese vierzehn unterschiedlichen Benchmark-Analysen, ergänzt durch die Unterlagen aus mindestens sieben Szenarienworkshops. Da sei, Gott sei Dank, alles fotografiert worden. Jedes Flipchart. ‚Hurra!', dachten wir.

Es dauerte ein paar Tage, bis wir das alles eingesammelt hatten. Da kam so einiges zusammen. Wohlgemerkt: Es geht hier um die pragmatische Vertriebsstrategie, die Basis für die Tagesarbeit der Sales-Akteure. Nicht um die grundlegende, mit Sicherheit exzellent ausgearbeitete Firmenstrategie.

Irgendwie erinnerte mich das Szenarium an das archäologische Ausgrabungsfeld, auf dem ich mir während meiner Studienzeit etwas dazuverdient habe. Ich war schon damals fasziniert von den unendlich vielen Erdschichten. Wie die Jahresringe eines Baums. Sie hingen alle irgendwie zusammen – aber wie, das begriffen nur Eingeweihte.

Wir haben uns mit diesem Kunden zusammengesetzt und aus allem, was bis dahin vorhanden war, eine nachvollziehbare, verständliche, für jeden Sales-Mitarbeiter umzusetzende Vertriebsstrategie ausgearbeitet. Die ResultStrategie, so, wie wir sie auf den folgenden Seiten erklären werden. Mit vier zentralen Schwerpunkten. Denn merke: Erfolg hängt nicht zuletzt davon ab, wie gut man in der Lage ist, komplexe Zusammenhänge einfach und klar darzustellen. Was niemand versteht, hat keinen Wert."

1.1 Die Strategie bildet den Rahmen

An Strategien besteht in Unternehmen meist kein Mangel. Es gibt Netzwerkstrategien, Vertriebsstrategien, Produktionsstrategien, Kommunikationsstrategien. Und so weiter. Übergeordnet ist meist eine langfristig angelegte Unternehmensstrategie. Sie gibt die Richtung vor.

Viele Strategien sind „top secret". Die Wettbewerber sollen einem ja nicht in die Karten schauen. Mitunter sind sie allerdings so „top secret", dass selbst die eigenen Mitarbeiter sie nicht kennen. Oder sie wissen nicht, wie sie die strategischen Ziele im Arbeitsalltag umsetzen können. Und zwar so, dass sie mit möglichst geringem Aufwand höchstmögliche Erfolge erzielen.

Hier setzt die ResultStrategie an.

Result – das ist der Erfolg. Und man ist am erfolgreichsten, je besser man versteht, was man tut. Und warum man es tut. Wenn man den Sinn, den Kern einer Strategie so gut versteht, dass man sie auch dann noch mit Schlagkraft umsetzen kann, wenn sich die Rahmenbedingungen wieder mal verändert haben. Dass man sich also so sicher in ihren Grenzen bewegt wie ein Fisch im Wasser.

1 Von der Unternehmensstrategie zur ResultStrategie

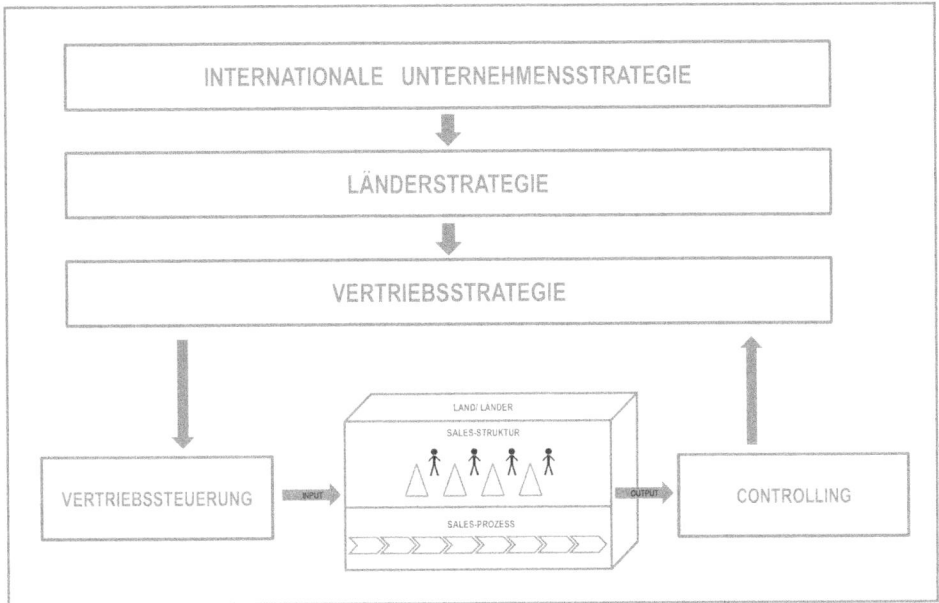

Was dazu notwendig ist, sind klare, einfache, plakative Werkzeuge, die jeden Einzelnen in die Lage versetzen, „seinen" Markt, seine Kunden wirklich zu verstehen. Erst auf dieser Basis kann er die ganze Bandbreite seiner Handlungsoptionen erkennen und nutzen. Wer die komplexe Logik der Märkte begreift, kann auf Veränderungen flexibel reagieren, unvermutete Chancen sicher erkennen und beim Schopf packen. Dabei hilft es, wenn jemand diese Logikketten nicht nur nachvollziehen, sondern auch strategisch antizipieren kann. Mit dieser Fähigkeit kann ein Verkäufer zum Beispiel beim Kunden vor Ort auf Veränderungen von Rohstoffmärkten angemessen reagieren und auch kurzfristige Preiskorrekturen im Interesse seines Arbeitgebers, aber auch seines Kunden weitergeben. Und so auch unter schwierigen Verhältnissen Umsätze generieren.

„Wenn du etwas wirklich verstehen willst, dann versuche es zu verändern."

Kurt Lewin

Denn die Datenbasis, auf der jede gute Strategie fußt, ist immer unvollständig und amorph. Eine Strategie kann noch so perfekt aussehen – schon im nächsten Augenblick können sich die Rahmenbedingungen dramatisch verändert haben.

1.2 Das Tripendulum – Symbol für die Unwägbarkeiten von Strategien

Hier kommt das Tripendulum ins Spiel, das wir als Symbol für die Unwägbarkeiten von Strategien im Allgemeinen gewählt und mit dem wir diesen Teil unseres Buchs visuell eröffnet haben. Warum ausgerechnet ein Tripendulum?

Wandel in Organisationen und auf allen denkbaren gesellschaftlichen Ebenen gehört zum Alltag. Immer und überall. In jeder Veränderung jedoch steckt immer ein Keim des Chaos. Das macht Veränderungen zu beliebten Analysegegenständen für Chaosforscher. Einer aus dieser Gilde hat uns auf das Tripendulum als Symbol für die Unwägbarkeiten in komplexen Systemen aufmerksam gemacht.

Eine gewisse Kausalität, stringente, von einem Ausgangspunkt auf ein definiertes Ziel hin ableitbare Entwicklungen kann es geben, sagte er. Allerdings vorzugsweise in geschlossenen Systemen. Wo aber in aller Welt gibt es in einem Unternehmen geschlossene Systeme? Die Zahl der äußeren Einwirkungen auf Prozesse – angefangen beim Bedienungsfehler an einer Anlage, weil der entsprechende Mitarbeiter eine Fliege ins Auge bekommen hat, bis hin zu einer Gesetzesänderung, die eine ganze Produktrange komplett aus dem Markt katapultiert, ist die Zahl der möglichen Außenwirkungen auf eine noch so gut durchdachte Strategie schier unbegrenzt.

Was hat das mit einem Tripendulum zu tun? Ein Tripendulum ist ein magnetisches Pendel mit drei Armen. Alle drei sind voneinander abhängig und reagieren unmittelbar aufeinander. Wie die einzelnen Komponenten, die auf Ihre Strategie einwirken.

Stellen Sie sich erst mal ein einfaches Pendel mit nur einem Arm vor. Wenn Sie es anstoßen, können Sie je nach Stärke und Richtung dieses Stoßes sehr exakt vorausberechnen, wie sich das Pendel bewegen wird. Fügen Sie einen weiteren Arm hinzu, wird es schon schwieriger. Hier ist die Variantenbreite der Bewegungen durch einen Anstoß an einem der beiden Pendel einigermaßen schwer zu berechnen. Kommt aber noch ein dritter Arm hinzu, dann wird das nahezu unmöglich. Sie stoßen den ersten Arm an, der setzt sofort den zweiten in Bewegung und dieser den dritten – aber wie genau sich jeder der drei Arme bewegen wird, ist unberechenbar. Schon die kleinste Variation in Anstoßstärke und -richtung beim ersten Arm hat ungeahnte Auswirkungen auf die beiden anderen.

Da dieses Tripendulum so unberechenbar reagiert, braucht es ein festes Fundament, um nicht umzufallen. Übertragen auf Ihre Situation im Unternehmen ist dieser feste Sockel die ResultStrategie. Sie ist zielorientiert, stringent, aber auch so flexibel, dass sie durch die Turbulenzen der sich wandelnden Rahmenbedingungen nicht aus dem Lot gerät. Das macht die ResultStrategie zu einem sicheren Fundament, auf dem Sie komplexe Strategieschritte gemeinsam mit den Sales-Teams erarbeiten können. Um ihnen dabei zu helfen, Schritt für Schritt die relevanten strategischen Logikketten zu begreifen. Sie in die Lage zu versetzen, mitzudenken. Zusammenhänge zu verstehen. Und am Markt souveräner und flexibler zu agieren.

1 Von der Unternehmensstrategie zur ResultStrategie

Ein Verkäufer, der auf dieser Basis mit soliden strategischen Grundkenntnissen gewappnet ist, weiß, wie er auf solche Veränderungen flexibel und richtig reagiert. Und hat die Nase vorn. Diese Souveränität können Sie ihm mit ein paar einfachen, übersichtlichen und pragmatischen Tools vermitteln, die Sie regelmäßig aktualisieren. Auf den folgenden Seiten lernen Sie sie ausführlich kennen. Es sind Werkzeuge, die sich bei ständigem Gebrauch nicht abnutzen. Im Gegenteil. Wenn Sie regelmäßig damit arbeiten, werden sie von Mal zu Mal besser. Denn mit ihnen schärfen Sie Ihren Blick – und den Ihrer Mitarbeiter – für die zentralen Fragen. Und erhöhen damit Schritt für Schritt die Sicherheit jedes Einzelnen.

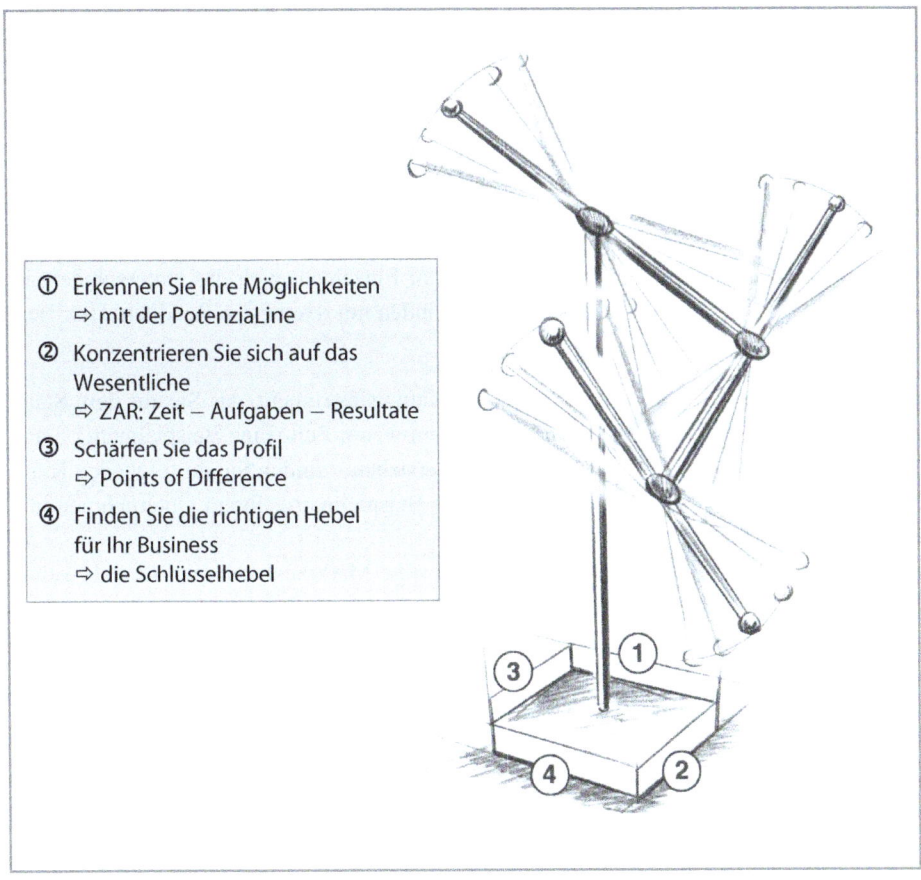

① Erkennen Sie Ihre Möglichkeiten
  ⇨ mit der PotenziaLine
② Konzentrieren Sie sich auf das Wesentliche
  ⇨ ZAR: Zeit – Aufgaben – Resultate
③ Schärfen Sie das Profil
  ⇨ Points of Difference
④ Finden Sie die richtigen Hebel für Ihr Business
  ⇨ die Schlüsselhebel

Wir skizzieren zunächst die Funktion und Bedeutung der vier zentralen Werkzeuge, bevor wir Ihnen ausführlicher ihre genaue Vorgehensweise und Anwendung vorstellen und Beispiele präsentieren.

1.2.1 Erkennen Sie Ihre Möglichkeiten – mit der Potenzial Line

Die Möglichkeiten Ihres Unternehmens, seine Potenziale in den unterschiedlichen Branchen sind Ihnen klar. Aber Ihre Mitarbeiter – besonders die im Vertrieb – sollten ebenfalls ein glasklares Bild davon haben. Damit sie Zusammenhänge zwischen ihrem jeweils eigenen Alltagsgeschäft und dem großen Ganzen beurteilen können. Und verstehen, was die Kollegen der parallel arbeitenden Sales-Teams machen. Dann können sie sich besser vorstellen, was über das bisher Bekannte hinaus noch möglich ist – auch wenn bisher noch niemand darauf gekommen ist.

Die Potenzial Line ist dafür ein überschaubares Tool. Es passt auf eine Seite. Entlang der acht Punkte dieses Charts kann jeder im Sales-Team die erreichbaren Rendite-Potenziale ableiten und logisch nachvollziehen. Und dabei seine persönlichen Erfahrungen, Einschätzungen und Marktinformationen einbringen. Am Ende hat dann jeder ein Arbeitsmittel zur Hand, das ihn immer wieder an die wesentlichen Grundlagen seines Handelns erinnert.

Diese Potenzialanalyse der pragmatischen Art sorgt dafür, dass niemand vergisst:

- Letztlich ist immer der Kunde der Maßstab aller Dinge.
- Klein- und Kleinstkunden bringen weder den Einzelnen noch das Unternehmen als Ganzes wirklich weiter. Wichtig sind die Kunden mit den besten Renditen. Hier liegt der Schwerpunkt.

Die Potenzial Line ist ein Planungs- und Motivationsinstrument, das Sie aus dem Stand nutzen können. Ohne mehr zu investieren als ein wenig Zeit. Eine Beispielmatrix – um das zugrunde liegende Prinzip erst einmal zu verstehen – finden Sie im folgenden Kapitel. Und mit wenig Aufwand können Sie diese Beispielmatrix Ihrem Unternehmen und Ihren eigenen Potenzialen anpassen.

Der Markt ist ständigen Einflüssen unterworfen. Marktanalysen sind deshalb selten über längere Zeiträume zuverlässig. Das betrifft auch die Potenzial Line. Nehmen Sie sie deshalb in Ihren regelmäßigen Teamsitzungen immer wieder unter die Lupe. Aktualisieren Sie Ihre Informationen und Daten kontinuierlich. Sie werden feststellen, dass Sie dabei immer besser werden. Sie werden die relevanten Potenziale von Mal zu Mal realistischer einschätzen. Denn durch diese regelmäßige Auseinandersetzung mit dem Thema schulen Sie automatisch Ihren Blick für das Wesentliche.

1.2.2 Konzentrieren Sie sich auf das Wesentliche – ZAR: Zeit – Aufgaben – Resultate

Diesen Blick für das Wesentliche schärft auch ein anderes strategisches Tool: *ZAR*. Und zwar im Zusammenhang mit den individuellen Zeitressourcen des Einzelnen in Relation zu seinen Möglichkeiten, Ziele zu erreichen.

Viele Mitarbeiter beklagen eine wachsende Arbeitsverdichtung. Immer mehr wird von ihnen erwartet. Die Schraube wird immer enger gedreht. So empfinden sie es jedenfalls. Subjektiv. Objektiv geht es aber nicht darum, mehr zu arbeiten. Sondern effizienter. Effektiver. Voraussetzung dafür ist allerdings zu lernen, wie man die richtigen Prioritäten setzt und die zur Verfügung stehende Zeit optimal nutzt.

Wer seine Prioritäten im Griff hat, hat auch seine Zeit im Griff. Und erreicht seine Ziele. Ohne Stress. Schließlich liegt in der Ruhe die Kraft. Wer allerdings an vier von fünf Arbeitstagen im Büro sitzt und Daten in seinen PC eingibt, wird Probleme haben, am fünften Tag alle Kunden auf seiner Liste zu besuchen und dabei auch noch erfolgreich zu sein.

Der erste Schritt, um zu den richtigen Prioritäten zu kommen, ist eine ehrliche Bestandsaufnahme. Womit verbringt jeder Einzelne seine Zeit? Ist diese Einteilung zielführend? Wenn nicht: Wo sind Korrekturen notwendig? Die ZAR-Matrix macht alle wesentlichen Eckpunkte, die man dazu braucht, überschaubar. Auf einer Seite.

ZAR – das bedeutet: Zeit, Aufgaben, Resultate. Um diese Kernpunkte geht es. Die richtigen Prioritäten zu setzen. Messbare Resultate zu erreichen. Aber zusätzlich: die Potenziale jedes Einzelnen weiter auszubauen.

Füllen Sie diese Matrix in Bezug auf jeden einzelnen Mitarbeiter aus. Parallel lassen Sie jeden für sich selbst die gleiche Matrix ausfüllen. Anschließend vergleichen Sie beide Ergebnisse. Sie werden staunen, welche Diskrepanzen dabei deutlich werden. Zwischen Ihren Erwartungen an den Mitarbeiter – und dessen Einschätzung davon, was Sie von ihm erwarten. Das ist ein exzellenter Ausgangspunkt für Gespräche zur persönlichen Weiterentwicklung jedes Einzelnen.

„Wenn man die Menschen lehrt, wie sie denken sollen, und nicht ewighin, was sie denken sollen, so wird auch dem Missverständnis vorgebeugt."

Georg Christoph Lichtenberg

1.2.3 Schärfen Sie das Profil – Points of Difference

Nachdem die Potenziale, die Prioritäten und Ziele klar herausgearbeitet sind, gilt es, das eigene Profil zu schärfen. Jeder Mitarbeiter – zumindest jeder, der ein Unternehmen nach außen vertritt – sollte dessen Stärken und Schwächen kennen. Er sollte in der Lage sein, sie absolut und in Relation zu den direkten Wettbewerbern objektiv zu bewerten. Ungeschminkt. Also ohne etwas unangemessen zu beschönigen. Nur wer sich dieser Fakten bewusst ist, kann aktiv dazu beitragen, Schwächen auszugleichen und Stärken zu optimieren.

„Alles, was die Menschen in Bewegung setzt, muss durch ihren Kopf hindurch; aber welche Gestalt es in diesem Kopf annimmt, hängt sehr von den Umständen ab."

Friedrich Engels

Es gilt also einen Bezug herzustellen zwischen den Stärken und Schwächen aller relevanten Marktakteure im eigenen Umfeld. Dabei hilft eine Art Ranking nach Kriterien, die Sie als erfolgsrelevant einstufen. Das strategische Tool, das dieses Ranking – wiederum auf einer einzigen Seite – überschaubar macht, ist das PositionBoard. Es gibt die Möglichkeit, so punktgenau wie möglich im Kampf um Marktpositionen Stärken einzusetzen, um neue Potenziale zu erobern. Und Schwächen zu analysieren, um sie in den Griff zu bekommen. Wie alle Tools innerhalb der ResultStrategie ist auch dies ein Instrument, das durch den regelmäßigen Gebrauch mit der Zeit immer genauer und eindeutiger wird.

Ein ähnlich wichtiges strategisches Tool ist ein überschaubares Portfolio. Ein lösungsorientiertes, das aus Sicht des Kunden konzipiert wurde. Konsequentes Denken aus der Perspektive des Kunden ist ohnehin ein roter Faden, der sich durch alle Denkansätze dieses Praxisbuchs für strategische Resulter zieht.

Dieses Portfolio erschließt sich aus pragmatischen Gründen in drei Ebenen. Daher sein Name: 3-Level-Portfolio. Es strukturiert Produkte und Leistungen in Packages, die den Nutzen für den Kunden in den Mittelpunkt stellen.

1.2.4 Finden Sie die richtigen Hebel für Ihr Business – die Schlüsselhebel

Sind all diese strategischen Vorarbeiten geleistet, brauchen Sie nur noch die richtigen Hebel, um Ihr Business in die gewünschte Richtung zu bewegen. Das klingt einfacher, als es ist. Denn vielfältige Einflüsse wirken von außen in Ihre Märkte hinein – von Ihren eigenen Shareholdern bis zu Gesetzen und Gewerkschaften. Aber: Es gibt keine Probleme – es gibt nur Herausforderungen. Und wenn einer dieser Faktoren akut erfolgskritisch wird, gibt es ein ganzes Spektrum möglicher Hebel, um angemessen darauf zu reagieren und das Schiff wieder ins richtige Fahrwasser zu steuern.

Die Frage ist: Wo finden Sie die richtigen Hebel? Und wie erkennen Sie, wo sie angesetzt werden sollten? Fast noch wichtiger ist es aber auch hier, Prioritäten zu setzen und sich auf die wesentlichen Herausforderungen zu konzentrieren. Denn viele Hunde sind des Hasen Tod, und planloser Aktionismus hat noch kein Unternehmen aus einer potenziell prekären Situation gerettet.

Wie also können Sie auf Basis aller zuvor erarbeiteten Kenntnisse und Tools Ihre angepeilten Ziele erreichen? Welche Kräfte sind es, die Ihre Märkte von außen begrenzen – und damit den Handlungsspielraum Ihres Unternehmens? Wie werden aus Grenzen Herausforderungen? Die Sie gemeinsam mit Ihren Sales-Teams angehen können – mit realistischer Aussicht auf Erfolg. Wie setzen Sie die richtigen Prioritäten? Wie finden Sie die Hebel, die zu entscheidenden Schlüsselhebeln werden? Fragen über Fragen – aber die passenden Antworten werden in den nächsten Textabschnitten geliefert.

Insgesamt gibt Ihnen die ResultStrategie eine Reihe strategischer Tools an die Hand. Damit kommen die grundsätzlichen Linien Ihrer Unternehmensstrategie auf der operativen Ebene an. In handlicher Form. Jedes einzelne dieser Tools passt auf eine Seite. In jede Hosentasche. Oder, was besonders motivierend sein dürfte, in DIN-A3-Vergrößerung als verständliches Poster an die Bürowand. Zur gefälligen Erinnerung an gemeinsam erarbeitete Pläne.

„Ich höre und vergesse. Ich sehe und behalte. Ich handle und verstehe."

Konfuzius

Nehmen Sie nicht alle auf einmal in Angriff. Lassen Sie sich – besonders beim ersten Mal – ausreichend Zeit dafür. Wenn Sie in der Folge konsequent damit arbeiten, werden für Sie und Ihre Mitarbeiter die einzelnen Bestandteile der ResultStrategie nach und nach zum selbstverständlichen Bestandteil Ihrer regelmäßigen Jour fixe oder Gesprächsrunden – oder in welcher Form auch immer Sie den kontinuierlichen Dialog mit Ihren Außendienstlern führen. Sie werden für Sie und Ihre Mitarbeiter selbstverständlich, weil sie die Arbeit einfacher und die Erfolge deutlich sichtbar machen.

Denken Sie an das Tripendulum, wenn Sie strategische Überlegungen anstellen. Denn alle strategischen Entscheidungen, die Sie treffen, sind letzten Endes so unscharf und unvorhersehbar wie die grotesken Bewegungen der drei Arme des Tripendulums. Stellen Sie sich vor, dass jeder dieser Arme einen Einflussfaktor symbolisiert, den Sie nicht zuverlässig kontrollieren können, der sich aber jederzeit ändern kann: Ihre Mitbewerber, Ihre Kunden, Politik und Gesetzgebung, Rohstoffmärkte, und, und, und. Bleiben Sie also geschmeidig.

2 Potenzial Line – Marktchancen, Potenziale und Renditen finden und einschätzen

„Aber bitte mit Sahne!"

„Da saßen wir. Eine Gruppe von etwa acht Führungskräften eines Maschinenbau-Unternehmens und ein kleines Team von Winner/s Edge. Unser Thema: Wir wollten lukrative neue Marktnischen identifizieren und dazu die Potenziale in den unterschiedlichen Zielgruppen unseres Kunden durchforsten. Können Sie sich vorstellen, sich eine Stunde lang in einem leicht abgedunkelten Raum ein Chart nach dem anderen anzusehen? Auf jedem zweiten Chart ein Diagramm. Jedes Diagramm mit den Potenzialen eines weiteren Kunden unseres Kunden. Eine Stunde unseres Lebens. Chart auf Chart. Quer durch die Länder der Welt. Eine intensive Analyse nach der anderen. Sie wissen schon: diese bunten Diagramme, die die Märkte als Torten darstellen – nach dem Motto: Der Kuchen ist verteilt.

Nach etwa zwanzig Minuten riss mir der Film. Ich kam nicht mehr mit. Unauffällig schaute ich in die Gesichter der anderen Teilnehmer dieser Kräfte zehrenden Show: Tiefe Trance. Möglicherweise eine Konditorei-Paralyse.

Am Ende rutschte mir der Satz raus: ‚Aber bitte mit Sahne!'

Irritierte Pause. Dann die Frage, ob ich überhaupt verstanden hätte, was ich da gesehen hatte. Noch leicht benommen, wäre mir um ein Haar ein opportunistisches Berater-Ja herausgerutscht. Aber Winner/s-Edge-Partner bezeichnen sich als Resulter. Damit wollen wir uns eindeutig abgrenzen gegen die theoretischen Berater, die Tages-Shows der Trainer, die therapeutischen, prozessgläubigen Coaches. Also sagte ich wahrheitsgemäß ‚Nein!' Ich hätte das nicht verstanden. Und so könnte das auch keiner verstehen.

Es müsse doch möglich sein, die Potenziale nach Ländern strukturiert zu zeigen. Simpel, überschaubar. All die verschiedenen Analysen nach unterschiedlichen Zeitbläufen intelligent zu sortieren. Die vielfältigen Branchenstrukturen und Anwendungsfelder überschaubar darzustellen.

Und es ist möglich, Potenziale realistisch einzuschätzen. Auch ohne Millionen Euro in umfangreiche Marktanalysen zu stecken. In den sieben Wochen, die auf diesen Affront folgten, hat Winner/s Edge für das dann anstehende Review-Meeting eine solche pragmatische Übersicht entwickelt. In verständlicher Form. Auf den nächsten Seiten wird das zugrunde liegende Prinzip vorgestellt. Im konkreten Fall des Maschinenbauunternehmens war das ein gründlicher Befreiungsschlag. So haben wir die gesuchten Potenzial-Nischen gefunden.

Übrigens: ‚Aber bitte mit Sahne!' ist seither ein Running gag in diesem Unternehmen. Immer dann, wenn wieder jemand Tortendiagramme auf den Tisch bringen will."

2.1 Verschaffen Sie sich einen Überblick über Ihre Potenziale – auf einer einzigen Seite

Tag für Tag werden in Deutschland Rendite-Potenziale verschenkt: Der Wettbewerb ist härter geworden. Alle Märkte sind in Bewegung. Ständig. Diese Veränderungen immer wieder mit der eigenen Strategie in Deckung zu bringen erfordert Flexibilität, Überblick, klare Prioritäten. Bei allen Beteiligten bis zum Verkäufer vor Ort. Denn sonst geraten im Eifer des Gefechts, in der Hektik des Alltagsgeschäfts allzu schnell die Nischen aus dem Blick, in denen die echten Potenziale stecken. Ihre Rendite-Potenziale. Ihr Profit. Jeder weiß das. Trotzdem passiert das immer wieder.

Denn auch wenn Sie nur in Deutschland aktiv sein sollten – Sie agieren in einem globalen Markt. Ob Sie wollen oder nicht. Und das ist wie auf einem schmalen Pfad durch einen Sumpf zu gehen. Ein Tritt daneben kann leicht ins Bodenlose führen. Man verliert den Grund unter den Füßen. Ein typischer Fall: Sie stecken Energie und Geld in Kunden, bei denen bestenfalls der Umsatz stimmt. Auf den ersten Blick. Bei genauerem Hinsehen wäre bei einem anderen Kunden mit gleichem Aufwand unterm Strich viel mehr herausgekommen. Was aussieht wie ein Umsatzplus kann sich unversehens als grandioses Verzetteln entpuppen.

Vermeiden Sie das. Mit einem genial einfachen Tool: mit der Potenzial Line. Auf einer einzigen Seite bildet sie Ihr gesamtes Business ab. Ihren aktuellen und Ihren erreichbaren Marktanteil. Die jeweilige Marktchance und Rendite. Ihre Potenziale. Ihren Fokus. Sie haben damit ein Planungs- und Motivationsinstrument, das Sie aus dem Stand nutzen können. Sofort. Ohne mehr zu investieren als ein wenig Zeit. Einfach. Plakativ. Nachvollziehbar.

2 Potenzial Line – Marktchancen, Potenziale und Renditen finden und einschätzen

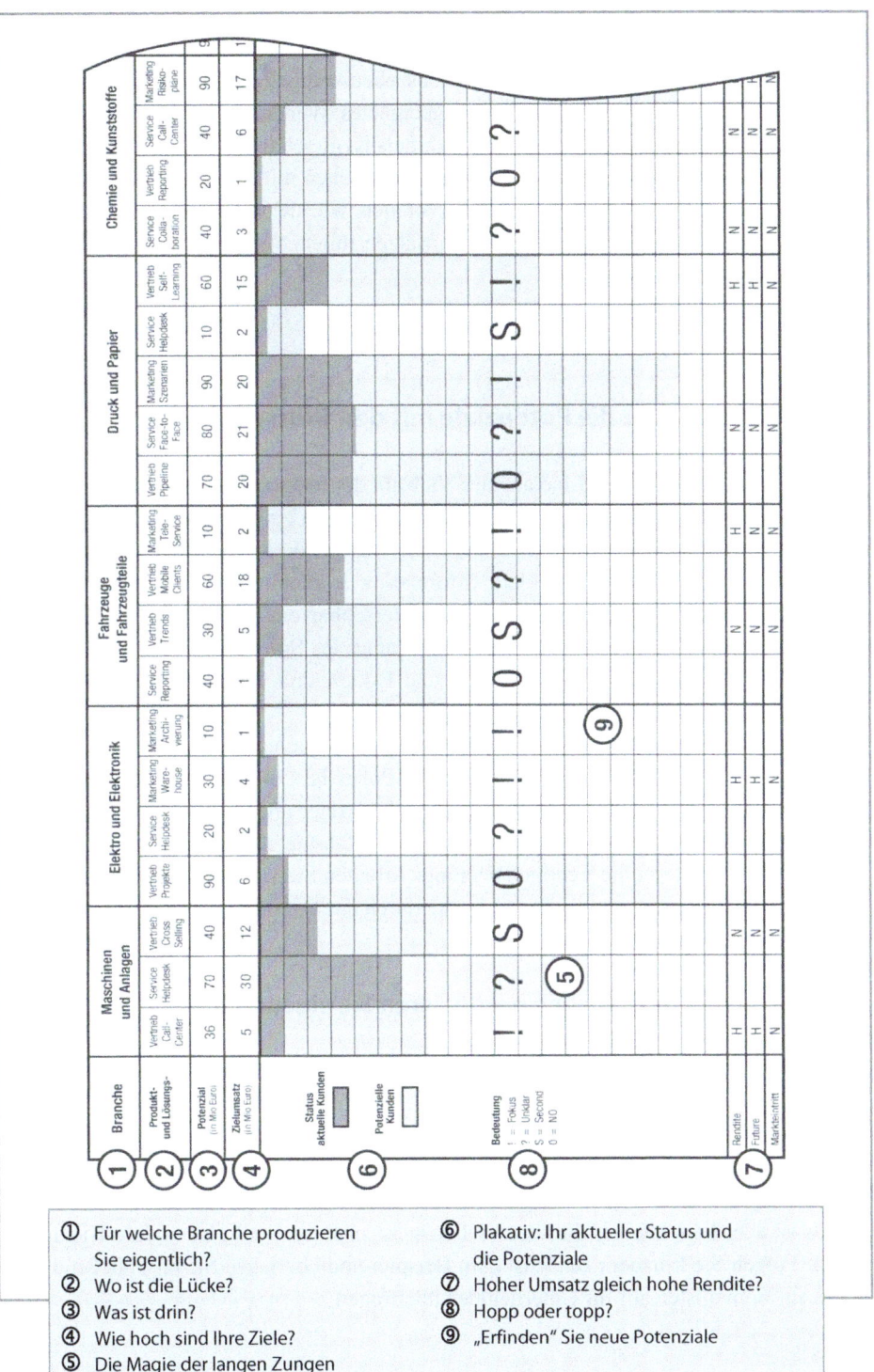

① Für welche Branche produzieren Sie eigentlich?
② Wo ist die Lücke?
③ Was ist drin?
④ Wie hoch sind Ihre Ziele?
⑤ Die Magie der langen Zungen
⑥ Plakativ: Ihr aktueller Status und die Potenziale
⑦ Hoher Umsatz gleich hohe Rendite?
⑧ Hopp oder topp?
⑨ „Erfinden" Sie neue Potenziale

Warum eine Seite? Damit haben Sie alle wesentlichen Informationen auf einmal im Blick. Ohne sich erst mal durch mehrere Zentner Papiere und Tabellen zu kämpfen. Die Potenzial Line ist handlicher und mindestens ebenso aussagekräftig. Sie ist leicht zu verstehen und einfach zu vermitteln. Ein geeignetes Werkzeug für Strategiegespräche mit Ihren Vertriebsprofis. Und das Erfolgserlebnis ist gleich mit eingebaut: Aktualisieren Sie die Potenzial Line bei den regelmäßigen Gesprächen mit Ihren Verkäufern gemeinsam Sparte für Sparte, und schon sehen Sie vor sich, wie sich Ihre (theoretischen) Potenziale Zug um Zug mit (sehr praktischen) Umsätzen füllen. Wetten, dass das einen Motivationsschub auslöst?

2.2 So finden Sie die Potenziale mit den besten Renditen

Filtern Sie mit der Potenzial Line aus der Vielzahl der Möglichkeiten diejenigen heraus, die nicht nur hohe Umsätze erwarten lassen, sondern auch gute Renditen. Dabei orientieren Sie sich am besten an so vielen verlässlichen Basisdaten wie möglich. Ohne dabei zu vergessen: Was heute wie eine klare Information aussieht, kann sich schon morgen komplett verändert haben. Es muss nur unvorhersehbar ein neuer Anbieter, ein neues Gesetz, ein Wetterumschwung oder was auch immer ins Spiel kommen – und schon ist alle Planung auf den Kopf gestellt. Daten und Fakten sind wichtig, aber kein Mensch kann sich darauf hundertprozentig verlassen.

Also werden Sie, wie bei jeder Abschätzung und Vorausplanung, mit einigen Unschärfen leben müssen. Wenn Sie allerdings die Potenzial Line kontinuierlich aktualisieren, wird sie aus sich heraus Schritt für Schritt konkreter und zuverlässiger – weil Ihre Schätzungen und Erwartungen durch wachsende Erfahrungen gestützt werden. Steuern Sie damit Ihre Kräfte in die richtige Richtung. Arbeiten Sie sich dazu auf den folgenden Seiten von Zahl zu Zahl, von Spalte zu Spalte durch das Formular.

2.2.1 Für welche Branchen produzieren Sie eigentlich?

Die Erfahrung zeigt, dass es sinnvoll ist, die Branchen als oberste Ebene einer Potenzial Line zu definieren und von dort aus alles Weitere herunterzudeklinieren. Nach dieser Hierarchie sind auch die meisten Datenbanken aufgebaut, denen Sie Ihre Informationen entnehmen. Deshalb ist dieses Vorgehen einfach nahe liegend. Im Fokus stehen schließlich der Kunde und seine Erwartungen, Herausforderungen, Bedürfnisse.

Das ist aber kein ehernes Gesetz. Vielleicht ist in Ihrem Fall eine andere Hierarchie besser. Folgen Sie trotzdem zunächst dem Beispiel und überlegen Sie anschließend, wie Sie es am sinnvollsten auf Ihr Unternehmen übertragen.

Sehen Sie sich Ihre Kunden genauer an

Das Softwareunternehmen in der Beispielmatrix hat sich auf Lösungen für eine ganze Reihe von Branchen spezialisiert. Für den Maschinen- und Anlagenbau, die Elektro- und Elektrotechnikbranche, die Fahrzeug- und Fahrteileindustrie usw. Ist das in Ihrem Unternehmen ähnlich? Oder stellen Sie beispielsweise Konsumgüter her und verkaufen in unterschiedliche Handelsketten? Sind Sie im B2B-Business aktiv und stellen Vorprodukte für verschiedene Industriesektoren her? Passen Sie die Matrix entsprechend an.

2.2.2 Wo ist die Lücke?

Was immer Sie tun – Ihr Maßstab ist Ihr Kunde. Und dem bieten Sie keine Lösungen von der Stange an – Sie orientieren Ihre Angebote an seinen Bedingungen. An seinen Problemen, seinen Kapazitäten, seinen Ideen und Wünschen. Nur so haben Sie auf die Dauer die Nase vorn.

Suchen Sie sich diese Kunden aber genau aus. Es macht schließlich keinen Sinn, mit Ihren Maßanzügen bei Leuten aufzutauchen, die sich nur Hawaii-Hemden von der Stange leisten können oder wollen. Darum geht es: Tu alles für deinen Kunden – aber für den richtigen.

Der Anbieter im vorliegenden Beispiel hat die Branchen, für die er arbeitet, auf Detailbranchen heruntergebrochen. Das macht die Sache übersichtlicher. Für jede dieser Detailbranchen hat er unterschiedliche Produkte entwickelt. Angepasste Softwarelösungen für den Vertrieb, den Service oder das Marketing. Wenn das im Prinzip in Ihrem Unternehmen ähnlich abläuft, haben Sie es einfach. Dann brauchen Sie nur die Produkte austauschen. Ihre eigenen Produkt- und Lösungsnischen sehen aber vermutlich ganz anders aus. Vielleicht bieten Sie der einen oder anderen Detailbranche ganze Produktranges an, die sich unter einem bestimmten Stichwort zusammenfassen lassen, weil sie der gleichen Kategorie angehören. Wichtig ist das Grundprinzip: Kreisen Sie Schritt für Schritt Ihr Potenzial ein.

2.2.3 Was ist drin?

Jetzt geht es ans Eingemachte. Welche Möglichkeiten haben Sie realistischerweise in den einzelnen Bereichen? Wie viel Umsatz ist in dieser Branche, innerhalb dieser Produktkategorie oder bei diesem konkreten Kunden überhaupt möglich? Wie groß ist dieser eingegrenzte Teilmarkt? Schreiben Sie in dieses Feld, wie groß das Potenzial im jeweiligen Marktsegment ist, in dem Sie sich bewegen. Sehen Sie dazu ein wenig genauer hin.

National? International? Global?

Nehmen wir an, in einem bestimmten Marktsegment liegt Ihr Potenzial in Deutschland bei 20 Prozent. Wenn es hier ein Potenzial von 100 Millionen Euro hat, kommen Sie also auf 20 Millionen. Wenn das so ist – wie groß wäre dann Ihr Potenzial in Frankreich? Ungefähr halb so groß? Also 10 Millionen Euro? Wie ist es in anderen europäischen Ländern? Orientieren Sie sich an der Ausgangsgröße Deutschland und checken Sie den europäischen Markt auf dieser Basis ab. Wie sieht es vergleichsweise in Spanien aus, in Italien, in Nordeuropa? Wie in den USA? Zusammen mit Kanada ist das ein großer Markt. Wäre Ihr Potenzial dort also etwa viermal so groß wie in Deutschland? Also 80 Millionen? Und in Asien? Wo noch? Gibt es Länder, in denen Sie noch nicht vertreten sind? Macht es Sinn, dort präsent zu sein? Unter welchen Bedingungen? Rechnet sich das?

So pirschen Sie sich über Vergleichsgrößen Schritt für Schritt an Ihre Möglichkeiten heran. Europaweit oder global – je nachdem, welche Märkte Sie bedienen. Sie werden auch hier bei Ihren Abschätzungen gewisse Unschärfen haben. Leben Sie damit. Kreisen Sie Ihre Potenziale Schritt für Schritt ein. Wo stecken noch Chancen – und wovon sollten Sie lieber die Finger lassen? Das wird im Zuge dieser Potenzial Line immer klarer.

Ihre Kunden

Sind Sie nur in Deutschland vertreten? Dann nehmen Sie Ihre Kunden als Ausgangsbasis und gehen Sie analog vor. Wie viel bringt Ihr bester Kunde? Oder der, den Sie am besten einschätzen können? Wie viel im Vergleich dazu die übrigen? Gehen Sie wieder, ausgehend von einer bekannten Größe, analog vor und rechnen Sie von da aus hoch. Das Prinzip ist das Gleiche wie bei den internationalen Märkten.

Um Ihren jeweiligen „Benchmark-Kunden" einzuschätzen, können Ihnen – falls Sie ohne großen Aufwand daran kommen – ein paar grundsätzliche Informationen helfen:

- Wie viele Mitarbeiter hat er?
- Wie groß ist sein Marktanteil?
- Plant er in absehbarer Zeit Investitionen? Welche?
- Wie innovationsfreudig ist er?
- Gab es in letzter Zeit größere Veränderungen in seinem Unternehmen?

Die Mitbewerber

Wenn Sie aussagekräftige Zahlen über Ihre Mitbewerber haben: Diese können Ihnen ebenfalls Aussagen über Ihr Potenzial liefern. Auf die gleiche Weise wie bei den Kunden. Je nachdem, wie Ihr Wettbewerbsumfeld aussieht, kann das mehr oder weniger interessant sein. Allerdings wird Ihnen die Wettbewerbsanalyse im Kapitel 4 „Points of Difference – Positionierung und Portfolio am Markt ausrichten" hier vermutlich die interessanteren Ansätze liefern.

> *„Die Klage über die Schärfe des Wettbewerbs ist meist in Wirklichkeit eine Klage über den Mangel an Einfällen."*
>
> *Walther Rathenau*

Experten und Medien

Informieren Sie sich bei Experten. Lesen Sie aktuelle Marktstudien, werten Sie Datenbanken aus, rechnen Sie Werte hoch. Und hören Sie zu – zum Beispiel

- dem Inhaber beziehungsweise den Mitgliedern der Geschäftsleitung (zum Beispiel dem technischen/kaufmännischen Leiter) von Unternehmen, die Ihre Kunden sind,
- Wettbewerbern Ihrer Kunden,
- Kollegen, die in der gleichen Branche agieren wie Sie selbst,
- Fachjournalisten, Wirtschafts- und ähnlichen Experten,
- … und haben Sie ein offenes Ohr, wenn Mitarbeiter Ihres Verkaufs von ihren Kontakten und Erfahrungen berichten.

Seien Sie dabei sorgfältig, aber nicht allzu perfekt. Zu viel Zeit in diese Potenzial Line zu investieren, lohnt sich nicht. Leben Sie damit, vieles einfach zu überschlagen und abzuschätzen – eine 80-prozentige Wahrscheinlichkeit reicht, um Ihnen eine Richtung anzuzeigen. Die letzten 20 Prozent würden a) zu viel Aufwand bedeuten und b) doch nie vollständig zu klären sein. Denn ohnehin sind sämtliche Daten ständig in Wandlung und Auflösung begriffen, kaum dass Sie glauben, sie dingfest gemacht zu haben. Weil sich Rahmenbedingungen verändern.

2.2.4 Wie hoch sind Ihre Ziele?

Ziele – das sind die einzige echte Konstante im Universum. Wenn es etwas gibt, das sicher ist im Business, dann dies: Die Ziellinien verschieben sich. Nach vorn beziehungsweise nach oben. Jedes Jahr. Sie wissen also, wenn Sie Ihr nächstes Ziel in diese Matrix eintragen: Es übersteigt das vorangegangene. Allemal. Um wie viel, sagen Ihnen der Verlauf des zurückliegenden Geschäftsjahrs und die Abschätzung Ihrer möglichen Potenziale. Tragen Sie Ihre aktualisierten Zielumsätze hier ein.

2.2.5 Die Magie der langen Zungen

In den einzelnen Spalten Ihrer Potenzial Line steht jede Zeile für eine bestimmte Summe. Zum Beispiel für 1.000, 10.000, 100.000 oder wie in der Beispielmatrix für 50.000 Euro. Je nachdem, in welchen Umsatzdimensionen Sie sich bewegen: Nehmen Sie die Sparte mit dem größten Potenzial als Maßstab und orientieren Sie die Größen, in denen Sie sich bewegen, daran. Jedes Mal, wenn ein neuer Stand erreicht ist, färben Sie entsprechend viele Zeilen neu ein. So werden die Zungen, die Ihre Umsätze anzeigen, immer länger. Und Sie haben eine klare und einfache Erfolgskontrolle. Und können die aktuellen Erfolge Ihrer Verkäufer plakativ sichtbar machen.

2.2.6 Plakativ: Ihr aktueller Status und die Potenziale

Der aktuelle Status, der Umsatz, den Sie bereits erreicht haben, hebt sich kräftig ab von den Potenzialen, die Sie noch nicht ausgeschöpft haben. Arbeiten Sie dazu mit verschiedenen Farben. Sie können zum Beispiel die erreichten Umsätze grün färben und die noch offenen rot – wie bei der Ampel. Oder Sie arbeiten mit Ihren Hausfarben oder verschiedenen Tönen innerhalb einer Farbskala.

Wichtig ist, dass die Farben plakativ und trennscharf sind. Lassen Sie die erreichten Umsätze „herausknallen". Diese Zungen sind die Ausrufezeichen hinter Ihren realisierten Umsatzzielen! Ihre Basis. Die Farbe für die noch offenen Potenziale signalisiert die Herausforderung. Damit stecken Sie Ihren Claim ab. Die Möglichkeiten, das Licht am Ende des Tunnels, die Verheißung. So viel steckt drin – und es ist ein Ziel, diese Möglichkeiten in Realitäten zu verwandeln. Wie die Zielmarke des Marathonläufers. Vielleicht werden Sie es nicht heute erreichen und nicht morgen. Aber Sie werden es erreichen. Wenn Sie es wollen.

Sie können auch mit mehr als zwei Farben arbeiten. Zum Beispiel, indem Sie die Potenziale nach Ländern differenzieren. Oder nach Produkten. Oder nach Kunden. Ihrer Kreativität sind keine Grenzen gesetzt. Wichtig ist, dass auf einen Blick deutlich ist: Das ist drin. Und da stehen wir bis heute.

2.2.7 Hoher Umsatz gleich hohe Rendite?

Nicht der Umsatz allein entscheidet darüber, ob die definierten Potenziale wirklich Erfolg versprechen. Dazu klären Sie zunächst drei weitere Fragen:

- Ist mit einer hohen oder niedrigen Rendite zu rechnen?
- Sind die Zukunftsaussichten des Produkts gut oder schlecht?
- Ist der Aufwand für den Markteintritt beziehungsweise die Ausweitung des Marktes hoch oder niedrig?

Entscheiden Sie für jede Sparte, ob Sie den Daumen nach oben oder nach unten halten. Denn viele Unternehmen machen beispielsweise Millionenumsätze und haben trotzdem Liquiditätsprobleme. Weil ein guter Umsatz allein die Kuh noch nicht vom Eis bringt. Es muss der Umsatz mit den richtigen Kunden sein: mit denen, die auch eine gute Rendite bringen.

Und wenn das Produkt keine Zukunft hat, nicht mehr up to date ist, technisch überholt – warum wollen Sie dann Energie und Geld dafür investieren? Selbst wenn hier die Umsätze aktuell noch gut sind – das Ende der Fahnenstange ist bereits in Sicht.

Und lohnt es sich, in diesen konkreten Markt einzusteigen beziehungsweise ihn zu erweitern? Wenn Sie beispielsweise zu den Goldgräbern gehören, die in China neue Märkte wittern – haben Sie die realen Kosten und Aufwendungen berechnet, die damit zusammenhängen? Von Mentalitäts-, Sprach- und Gesetzeshürden bis zu Qualitäts- und Transportkosten? Haben Sie? Und die Rechnung geht auf? Dann los!

2.2.8 Hopp oder topp?

Sie haben nun alle Informationen zusammengetragen. Die Potenziale sind glasklar definiert. Entscheiden Sie sich: Wo liegen nun Ihre Prioritäten?

Dazu gibt es eine kleine Hilfe in der Matrix. Sie haben Ihre Potenziale analysiert, eventuell noch ein paar neue mit guten Zukunftsaussichten hinzugefügt und sind zu dem Schluss gekommen: Alles easy. Die Rendite bei diesem Kunden beziehungsweise in diesem Marktsektor stimmt, die Zukunftschancen sind gut, der Weg in den Markt ist offen. Das ist ein klares „!" – hier stimmt alles, hier sollten Sie unbedingt Ihr Engagement verstärken.

> **Innovation schafft Potenzial**
>
> Der Bundesbericht Forschung und Innovation 2016 des Bundesministeriums für Bildung Forschung[1] bescheinigt insbesondere Schweden, den USA, Japan, Korea und China eine starke Position innerhalb der forschungsintensiven Technologien.
>
> Hier, bei Computern, Elektronik und Pharmaprodukten, schneidet Deutschland im internationalen Vergleich recht schwach ab. Anders sieht es im Bereich der klassischen Wertprodukte „Made in Germany" bei hochwertigen Automobil- und Maschinenbautechnologien aus. Schaut man sich die 2.500 Unternehmen mit den weltweit höchsten Ausgaben im Bereich FuE an, so liegen laut der Berechnungen der Europäischen Kommission 2015 die USA klar vorne: Mit 837 sitzt rund jedes dritte dieser Unternehmen in den Vereinigten Staaten, rund 39 Prozent der FuE-Ausgaben verbuchen die Firmen dort. In der EU sitzen 590 Unternehmen, die 27 Prozent der weltweiten Ausgaben verantworten, China liegt mit 327 Unternehmen und 7,2 Prozent der Ausgaben aktuell in absoluten Zahlen noch abgeschlagen zurück.[2] Verglichen zu den 1,8 Prozent im Jahr 2008 zeichnet sich hier jedoch deutlich ab, dass das Reich der Mitte in schnellen Schritten auf dem Vormarsch ist. Deutschland muss sich sputen, um weiterhin international wettbewerbsfähig zu bleiben, auch wenn die Ausgaben für FuE in den vergangenen Jahren kontinuierlich von 2,4 auf ca. 3 Prozent des BIP angestiegen sind (China: 1,3 auf 2,1 Prozent, Korea: 2,6 auf 4,2 Prozent).[3]
>
> Doch schaut man sich die Zahl der Weltmarktpatente an, die als Indiz für Expansionsabsichten auf innovativen Märkten gelten, liegt Deutschland weiter vorn: Hier betrug der Zuwachs zwischen 2002 und 2014 je 1 Million Einwohner in Deutschland rund 15 Prozent – sage und schreibe um mehr als 140 % über dem EU-28-Durchschnitt und doppelt so hoch wie die Zahl transnationaler Patente in den USA.

> Anders ausgedrückt: Mit ca. 375 Anmeldungen im Jahr 2014 hält Deutschland mehr als die EU und die USA zusammen (ca. 350). Lediglich Japan und Schweden haben in der vergangenen Dekade zugelegt und den deutschen Wert 2013 leicht überholt. Fehlt es einfach am Mut, neue Ideen zu vermarkten?
>
> ---
>
> [1] BMBF (2016) Daten und Fakten zum deutschen Forschungs- und Innovationssystem. Bundesbericht Forschung und Innovation 2016. Ergänzungsband I. Berlin: Bundesministerium für Bildung und Forschung. https://www.bmbf.de/pub/Bufi_2016_Ergaenzungsband_1.pdf. Zugegriffen: 10. September 2017
> [2] BPB (2017). EU – USA – China: Forschung und Entwicklung (FuE). Artikel vom 24. Juli 2017. Bonn: Bundeszentrale für Politische Bildung. http://www.bpb.de/nachschlagen/zahlen-und-fakten/europa/135826/forschung-und-entwicklung. Zugegriffen: 10. September 2017
> [3] BMBF (2016), S. 77, und BMBF (2017) Bildung und Forschung in Zahlen 2017. Berlin: Bundesministerium für Bildung und Forschung. https://www.bmbf.de/pub/Bildung_und_Forschung_in_Zahlen_2017.pdf. Zugegriffen: 10. September 2017, S. 6 f., S. 30 f.
> [4] BMBF (2016), S. 79 und BMBF (2017), S. 37 ff.

Wenn Sie bei einem Produkt oder Kunden unsicher sind, wie Sie seine Potenziale einzuschätzen haben, wählen Sie das „?". Fragezeichen stehen ziemlich weit hinten in Ihrer Prioritätenliste, aber nicht ganz am Schluss. Hier gibt es Optionen, aber erst mal sind andere dran.

„S" steht für „Second". Zweite Wahl. Besser als ein Fragezeichen, aber nicht so gut wie ein Ausrufezeichen. Ihr Produkt ist gut. Die Konkurrenz hat zwar neuerdings ein besseres, aber mit ein paar Modifikationen können Sie nachziehen und werden Ihre Position noch so lange behaupten, bis Sie Ihre neue Produktgeneration auf den Weg gebracht haben und wieder vorn liegen. Sie werden sich auf Ihre fokussierten Bereiche konzentrieren, die mit den „!", aber Sie verlieren auch die S-Produkte bzw. -Kunden nicht aus dem Blick.

Anders sieht es aus, wenn das Produkt an Grenzen stößt. Der Wettbewerb hat beispielsweise ein neues herausgebracht, das auch bei Ihren Kunden gut ankommt. Und das beginnt, Ihnen Potenzial abzugraben. Sie können diesen Vorsprung nicht so schnell aufholen. Auch nicht, wenn Sie für Ihr Produkt innovative Potenziale in anderen Bereichen finden. Dann heißt es: Finger weg! Das ist die „0". Stattdessen konzentrieren Sie sich lieber auf Produkte mit mehr Aussicht auf Erfolg.

2.2.9 „Erfinden" Sie neue Potenziale

Wenn in Ihrer Potenzial Line eine Zunge so kurz ist wie in diesem Beispiel, drängt sich die Frage auf: Kennen Sie wirklich alle denkbaren Möglichkeiten? Gibt es vielleicht weitere Potenziale, an die Sie bisher einfach noch nicht gedacht haben? Finden Sie das heraus. Verlassen Sie Ihre ausgetretenen Denkpfade. Denken Sie quer – nach dem Trüffelschwein-Prinzip:

Organisieren Sie gemeinsam mit Mitarbeitern aus unterschiedlichsten Bereichen Ihres Unternehmens einen Zukunftsworkshop. Warum aus unterschiedlichen Bereichen? Weil jeder eine andere Perspektive hat. Wenn Sie mit einem Metzger und einem EDV-Mann über Festplatten reden, haben sie einfach nicht die gleichen Assoziationen. Viele Perspektiven = viele verschiedene Assoziationen = neue Ideen.

Denken Sie gemeinsam über bisher übersehene Einsatzmöglichkeiten der vorhandenen Kapazitäten und Produkte im Unternehmen nach. Oder über Wege, Ihre Potenziale oder die Ihrer Kunden zu optimieren. Manchmal genügen kleine Veränderungen – und schon tauchen ganz neue Ideen auf. Checken Sie alle noch so verrückten Möglichkeiten mithilfe unterschiedlicher Kreativitätstechniken ab. Zum Beispiel mithilfe eines morphologischen Kastens.

Ideen finden mit dem morphologischen Kasten

Morphologie ist die Lehre des geordneten Denkens. Der morphologische Kasten, den der Schweizer Astrophysiker Fritz Zwicky (1898 bis 1974) vor rund 50 Jahren entwickelt hat, ist die bekannteste morphologisch-analytische Kreativitätstechnik. Das Grundprinzip besteht darin, ein Problem systematisch in möglichst viele Parameter zu zerlegen und diese dann untereinander neu zu kombinieren.

Sie können anstelle eines Kastens, der ja drei Dimensionen und damit eine schier unendliche Menge von Kombinationsmöglichkeiten hat, auch eine zweidimensionale Matrix entwickeln. In dieser Form erinnert diese Methode vielleicht am ehesten an die bekannten Klapp-Kinderbücher, mit denen aus verschiedenen Teilen von Tieren neue Hybridwesen geschaffen werden. Fügt man beispielsweise den Kopf eines **Ka**mels, den Körper einer G**ira**ffe und die Füße eines P**in**guins zusammen, dann entsteht ein **Karafin**.

Soll nach diesem Muster etwa ein neues Sitzmöbel entwickelt werden, dann könnte eine solche Matrix etwa folgendermaßen aussehen:

Neues Sitzmöbel

Material	Holz	Stahl	Plastik	Stoff
Zahl der Beine	keine	eins	drei	vier
Höhe	0 cm	10 cm	50 cm	1 m
Form	rund	quadratisch	oval	dreieckig
Farbe	durchsichtig	Rot	Braun	Schwarz

Das sind nur wenige der Parameter, aus denen man ein Sitzmöbel zusammensetzen könnte. Als Beispiel soll es hier genügen.

Kombinieren Sie nun die verschiedenen Parameter unterschiedlich miteinander. Das Möbel kann beispielsweise aus Holz, 1 m hoch, dreieckig und schwarz sein. Oder es ist aus Stoff, liegt direkt auf dem Boden, ist rund und rot – der klassische Sitzsack. Und so weiter. Je mehr Parameter im Spiel sind, um so mehr und ungewöhnlichere Lösungen sind denkbar.

Setzen Sie den morphologischen Kasten oder die morphologische Matrix im Rahmen von Workshops ein, um Ideen für die gemeinsame Unternehmensstrategie, für innovative Produkt- oder Vertriebsideen zu finden. Je nach Fragestellung kann es sinnvoll sein, zuvor in einem Brainstorming die Parameter zu identifizieren, die verwendet werden sollen.

Der Teilnehmerkreis eines solchen Workshops sollte interdisziplinär zusammengesetzt sein – zum Beispiel aus Vertriebsleuten, Marketern, Logistikern, Einkäufern usw. Empfohlen sind zwei bis maximal sieben Beteiligte. Dauer der Arbeit an einem Thema: 30 bis 120 Minuten.

2.3 Potenziale verschenken nur noch die anderen

Potenziale abzuschätzen ist immer ein wenig wie Roulette spielen. Sie werden dabei häufig von Vermutungen und unvollständigen Informationen ausgehen müssen. Nahezu alle Bedingungen rundum, an denen Sie Ihre Potenzial Line aufhängen, können sich jederzeit verändern. Offensichtlich oder unter der Hand. Wenn Sie aber konsequent und regelmäßig mit diesem einfachen Instrument arbeiten und es kontinuierlich aktualisieren, werden Sie eine immer größere Sicherheit und Genauigkeit erreichen. Weil Sie sich und Ihren Sales-Mitarbeitern damit Erfahrungen bewusst machen, sie überschaubar dokumentieren und über längere Zeiträume evaluieren.

„Lache nicht über die Dummheit der anderen! Sie ist deine Chance."

Henry Ford

Es hat eine gewisse Magie, wenn Sie diese Grafik auf Posterformat vergrößern und im Vertriebsbüro an die Wand heften. Jeder kann verfolgen, wie die Zungen der eroberten Potenziale Zeile für Zeile nach unten hin immer länger werden. Probieren Sie mal aus, was es bewirkt, wenn jeder einzelne Verkäufer oder jedes Verkaufsteam eine solche Matrix mit seinen beziehungsweise ihren je individuellen Potenzialen führt.

Das ist im wahrsten Sinne des Wortes plakativ. Und es spornt an. So viel ist sicher.

3. Zeit, Aufgaben, Resultate – Prioritäten im Fokus behalten

Keine Zeit. Für gar nichts.

Eine Gruppe Vertriebsleiter sitzt zusammen. Mit am Tisch: ein kleines Winner/s-Edge-Team. Und ein klassisches Beratungsunternehmen. Es geht darum, wer von beiden diesem Kunden aus der Bredouille helfen soll.

Denn bei diesem ist die Stimmung gedrückt. Die Liste seiner Probleme ist lang. Die Perspektive scheint aussichtslos. Zumindest auf den ersten Blick. Die letzte Rationalisierungsrunde hat zu massiven Personalkürzungen geführt:

- Die verbliebenen Leistungsträger sind überlastet. Zu viel zu tun.
- Für strategisches, zukunftsorientiertes Denken bleibt keine Zeit.
- Kreativität steht auf der Prioritätenliste ganz weit hinten.
- Aktionismus und kurzfristiges Handeln beherrschen die Szene.
- Jegliche Weiterbildung bleibt auf der Strecke.
- Es fehlt sogar die Zeit, mal richtig durchzuatmen.

Keine Zeit. Für gar nichts. Dabei hat jeder Tag nach wie vor die vollen 24 Stunden. Der Berater hat die rettenden Idee: Zeitseminare! Nach dem seit Jahr und Tag bewährten Muster: Wie kann effizienter gearbeitet werden? Damit zum Beispiel jeder Brief nur einmal angefasst wird. Sich die Schreibtische leeren. Die Arbeitsorganisation straffer ist. Beifälliges Nicken. Erster Schritt, so der selbstbewusste Berater: eine Arbeitsanalyse. In zwei Wochen, so verspricht er, wird er exakt vortragen, was jeder genau macht. Dann sähe man weiter.

Winner/s Edge geht die Frage anders an. Nachhaltiger. Grundsätzlicher. Es geht nicht um Zeit. Oder wenn, dann nur sekundär. Für uns geht es um Prioritäten.

Eine Woche später kennt der Kunde ZAR. Eine ganz neue Perspektive. So hat er das bisher nicht gesehen. Langer Rede kurzer Sinn: ZAR half diesem Kunden, seine Situation in den Griff zu bekommen. Seine Prioritäten. Und damit automatisch seine Zeit. Und Winner/s Edge hat seitdem einen zufriedenen Kunden mehr.

Übrigens hat sich das Arbeitsklima in diesem Unternehmen nach drei Monaten deutlich geändert. Die Gelassenheit kehrte zurück. Und damit die Kreativität. Das strategische Denken. Und die guten Umsätze folgten.

3.1 Das Problem heißt nicht „zu wenig Zeit", sondern „falsche Prioritäten"

Wie viele Arbeitsstunden hat Ihr Tag? Wie viele davon nutzen Sie produktiv und effizient? Wie oft gehen Sie abends nach Hause mit dem nagenden Gefühl, nicht geschafft zu haben, was Sie sich vorgenommen hatten? Ihr Tag müsste mehr als 24 Stunden haben? Auch das würde nicht reichen.

Es geht nicht um mehr Zeit. Sondern um die richtigen Prioritäten.

Setzen Sie die richtigen Schwerpunkte. Wählen Sie mit der Potenzial Line die richtigen Kunden aus. Stellen Sie die richtigen Mitarbeiter ein, coachen Sie sie und nutzen Sie ihre Stärken gezielt. Dann haben Sie auch genügend Zeit, um in aller Ruhe effizient Ihre Ziele zu erreichen. Das ist ein Prozess, der wiederum Zeit braucht. Also fangen Sie am besten sofort damit an.

Deutsche Unternehmen vorn ...

„Unit 4" hat im Frühjahr 2017 ca. 1.500 Unternehmen in elf Ländern befragt, wie es um die eigene Produktivität bestellt ist. Die Zahlen der Global productivity study[2] sind erschreckend: Rund 69 Arbeitstage gehen je Mitarbeiter für administrative und repetitive Aufgaben drauf. Dabei sind die Norweger weltweit am Produktivsten: Rund 81 Prozent der Arbeitszeit nutzen die Skandinavier für ihre eigentliche Aufgabe. Das Schlusslicht bilden mit 60 Prozent Angestellte in Singapur. Mit 72 Prozent liegt Deutschland hinter Schweden, Frankreich und Australien gemeinsam mit den USA auf dem fünften Rang. Gleichzeitig gibt man in Singapur jährlich aber auch am wenigsten für diese Angestellten aus (26,3 Milliarden) – Peanuts im Vergleich zu den 2,87 Billionen USD in den USA und 633 Milliarden in Deutschland.

Das Manko: Die Angestellten wissen um ihre nicht optimal ausgereizte Produktivität: Jeder sechste Angestellte in Deutschland, Schweden, Norwegen und Großbritannien vermisst geeignete Technologien zur Optimierung der eigenen Produktivität. Sogar drei Viertel der Angestellten sind es, wenn sie zu administrativen und repetitiven Aufgaben befragt werden.

> Die Gründe dafür fanden die Consulter im Wesentlichen im mittleren Management. Als Hauptursachen für die Zeitverschwendung nannten sie mangelnde Planung und Steuerung (43 Prozent) sowie schlechte Führung und Aufsicht (26 Prozent). Besonders schlecht schnitt der Vertrieb ab. 24 Prozent der befragten Führungskräfte in diesem Bereich mussten eingestehen, dass sie nicht wissen, wie viel Zeit ihre Sales-Teams für das aktive Verkaufen aufwenden. 33 Prozent gingen davon aus, ihre Mitarbeiter würden damit die Hälfte ihrer Arbeitszeit verbringen – eine angenehme Vorstellung, aber leider falsch (siehe folgenden Info-Kasten). Und 21 Prozent konnten nicht sagen, ob und wie weit die Produktivität im Verkauf möglicherweise gesteigert werden könnte.
>
> Umso besser wissen das die Consulter: Im Vertrieb halten sie Umsatz- und Ertragssteigerungen von 20 bis 30 Prozent innerhalb eines Jahres für realistisch. Mit den richtigen Hebeln.
>
> ---
>
> [1] Unit4 (2017). Office workers lose a third of their work time to admin according to independent research. Artikel vom 28. Juni 2017. http://www.unit4.com/about/news/2017/06/office-workers-lose-a-third-of-their-work-time-to-admin-according-to-independent-research. Zugegriffen: 10. September 2017

Ihre strategischen Unternehmensziele kennen Sie. Und es fehlt nicht an erprobten Controllinginstrumenten, um sie im Blick zu behalten. Den jeweiligen Grad ihrer Erreichung minutiös zu messen. Und rechtzeitig einzuschreiten, wenn Diskrepanzen auftreten. Auf der operativen Ebene spielt dabei häufig das mittlere Management Feuerwehr. Um auszugleichen, nachzubessern, Dampf zu machen. Damit aus Zielen Resultate werden.

Aber schon beim Zielvereinbarungsgespräch trennt sich die Spreu vom Weizen: Wie viele Führungskräfte können wirklich Menschen führen? Sie motivieren, begeistern, zu erfolgreichen Teams zusammenschweißen und mit ihnen Gipfel erstürmen? Sie coachen, in ihren Stärken bestärken, ihre Schwächen ausgleichen? Und ihnen dabei glaubwürdig ein Vorbild sein? Wie viele sollten sich selbst besser eingestehen, dass sie vielleicht brillante Techniker sind, eventuell gute Controller oder begnadete Verkäufer – aber nicht wirklich viel davon verstehen, Menschen zu führen?

> **Der Vertrieb muss besser werden. Fast überall**
>
> Aktuell ist weltweit mehr Wissen denn je verfügbar. Was zunächst wie ein Segen scheint, ist Fluch zugleich: Die Unterscheidung zwischen Wichtig und Unwichtig fällt immer schwerer, der durchschnittliche Sales-Manager steuert in die Orientierungslosigkeit. Führt man sich vor Augen, dass ohnehin nur ein Bruchteil der kompletten Arbeitszeit –, das heißt durchschnittlich zwei Kundenbesuche täglich – im Dialog mit dem Kunden endet, ist die Auswahl der falschen Kunden oder die Bereitstellung der falschen Informationen schnell fatal.

Weitaus größere Anteile des Arbeitslebens verbringen die Vertriebsmitarbeiter übrigens mit ganz anderen Dingen: Rund 50 Arbeitstage sitzt der Mitarbeiter durchschnittlich jedes Jahr auf dem Weg zum Kunden im Auto. Die restliche Zeit verbringt der Sales-Manager also mit Dingen, die auch andere Angestellte erledigen könnten.

Von einer optimalen Produktivität ist man dabei weit entfernt. Nur rund 15 Prozent der Mitarbeiter sind mit Herz und Verstand dabei, rund 70 Prozent beschränken sich auf den Dienst nach Vorschrift. Die Folge: hohe Fehlzeiten und eine geringe Produktivität, die jedes Unternehmen jährlich viel Geld kostet – insgesamt 105 Milliarden Euro gehen deutschen Unternehmen so verloren. Nur jeder fünfte Arbeitnehmer empfindet die Führung als motivierend für die eigene Arbeit, eine emotionale Bindung zum Arbeitsplatz ist meist Fehlanzeige. 69 Prozent berichten in der Gallup-Umfrage 2016[1] davon, schon mal einen schlechten Vorgesetzen gehabt zu haben. Im Kontrast dazu steht die Eigenwahrnehmung der Führungskräfte selbst: 97 Prozent halten sich selbst für eine gute Führungskraft.

Die Zahlen sind alarmierend – vor allem, wenn man sich anschaut, wie sich die Bindung zum Unternehmen neben der durchschnittlich höheren Produktivität und Rentabilität von 20 Prozent auf die Arbeitszufriedenheit und Stressresistenz am Arbeitsplatz auswirkt! Und mit welch einfachen Mitteln die Mitarbeiter zufrieden zu stellen wären: Da steht nicht mehr das Geld im Vordergrund. Wichtig sind das Umfeld an Kollegen, herausfordernde und abwechslungsreiche Tätigkeiten und eine Unternehmensphilosophie, die Identifikationspotenzial bietet. Auch will man das tut, was man gut kann und sich so in seinen Stärken bestätigt fühlen. Dazu gehören auch regelmäßige Mitarbeitergespräche und ein fortwährendes Feedback – sofern die Qualität stimmt. Und damit nicht genug: Auch bei der Wahl der Kanäle ist der Vertrieb altmodisch. Bei einer Befragung des Mercuri International gemeinsam mit der Universität St. Gallen im Mai 2014[2] gaben 81 Prozent der befragten Unternehmen an, direkt über den eigenen Außendienst zu verkaufen – nur 23 Prozent nutzten einen Onlineshop.

Mehr als die Hälfte von ihnen erhielten in den Kompetenzbereichen „Präsentation", „Abschluss" und „Auswertung" die Noten „schlecht" oder „verbesserungswürdig". Nur 22 Prozent bewertet die Studie als „gut" oder „sehr gut".

In krassem Gegensatz dazu steht allerdings die Einschätzung durch ihre eigenen Führungskräfte. 77 Prozent dieser Manager bewerteten die Kontaktpflege und Akquise ihrer Vertriebsteams als „sehr gut" oder „gut".

---

[1] Tödtmann, Claudia (2017). Führungskräfte sind der wahre Produktivitätskiller. Wirtschaftswoche vom 22. März 2017. http://www.wiwo.de/erfolg/beruf/gallup-studie-fuehrungskraefte-sind-der-wahre-produktivitaetskiller/19552634.html. Zugegriffen am 10. September 2017

[2] Huckemann, Matthias/Schmitz, Christian (2014). Key Performance Indicators (KPI): Steuerung und Messung von Leistung im Vertrieb. Management Summary. Universität St. Gallen. http://de.mercuri.net/media/contenttype/public-attachments/mercuri_international_-_studie_kpis_erfolgsmessung_im_vertrieb_2014_management_summary.pdf. Zugegriffen: 10. September 2017

Das Problem ist: Viel zu häufig klopft ein Vertriebs- oder Teamleiter seinem Mitarbeiter am Ende des Zielvereinbarungsgesprächs jovial auf die Schulter. Und sagt aufmunternde Sätze wie „Sie schaffen das schon, Meier". In der Hoffnung, dass Meier bitte nicht nachfragt, wie genau er es denn schaffen soll. Weil er – der Teamleiter oder Vertriebschef – das selbst nicht weiß.

Die meisten Manager im Vertrieb wissen übrigens auch nicht, was ihre Mitarbeiter treiben, wenn sie „draußen" sind. Bei welchen Kunden ist der Verkäufer? Angenommen er ist bei einem wirklich interessanten Kunden – wen trifft er dort? Die maßgeblichen, die entscheidenden Leute? Oder einen Einkäufer aus der zweiten oder dritten Reihe? Selbst wenn er beim letzten Mal den Chef des Unternehmens persönlich getroffen hat – hat er auch mit ihm gesprochen? Und wenn er mit ihm gesprochen hat – worüber? Qualitätskontrollen gibt es überall im Unternehmen – warum nicht im Vertrieb?

Wenn ein Vertriebsleiter gut ist, wird er seine Mitarbeiter wenigstens zu Seminaren schicken. Da lernen sie, ihre Zeit effizienter einzuteilen. Am Ende kaufen sie für gutes Geld einen Zeitplaner. Und mit etwas Selbstdisziplin steigern sie nach und nach ihre Effizienz.

Oder er geht den pragmatischen Weg. Und der heißt ZAR. Z steht für Ziel. Oder auch für Zeit. A steht für die Aufgaben. Und R für das Wichtigste, das, was am Ende rauskommt: Resultate.

3.2 ZAR – Zeit, Aufgaben, Resultate – heißt: messbares Zeitmanagement

Ziele zu erreichen setzt im Wesentlichen zweierlei voraus: erstens die richtigen Prioritäten. Und zweitens, dass man seine Zeit im Griff hat. Genau betrachtet ist das synonym: Wer seine Zeit im Griff hat, hat seine Prioritäten im Griff. Oder anders gesagt: Wer sich auf die richtigen Kunden konzentriert, wer sich nicht in Grenzeffizienzbereichen verliert, wer also pointiert mit der Potenzial Line arbeitet, der kann sich ruhig Zeit lassen. Er wird in aller Ruhe Erfolg haben.

ZAR ist die logische Fortsetzung der Potenzial Line. Es funktioniert nach dem gleichen Prinzip. Ohne viel Aufwand. Effektiv und effizient. Auf einer Seite. Es ist kein Ersatz für ausgefeilte Controlling-Instrumente. Aber es ergänzt sie auf charmante Art: Jeder Einzelne kann damit seine Prioritäten selbst definieren. Seine Arbeit strukturieren. Anhand klarer Maßstäbe die eigene Effizienz und den Grad seiner Zielerreichung im Blick behalten. Hier zählen Selbstverantwortung und Selbstkontrolle – es zählt der mündige Mitarbeiter.

ZAR

Zeit – Aufgabe – Resultat

Ziel ①	Quantitative:	Technik in Sales
	Qualitative:	46 Mio. Euro/16%

Aufgaben ②				Resultat ⑤
%	grob ③	%	Detail ④	Feedback/messbar
10	Strategie	5	Planung, mittelfristig	facts und figures in time
		5	Ideen, Trends	neue Branchen
15	Führung	5	Recruitment	die richtigen Mitarbeiter für 40 Mio. Euro
		5	Audit	
		5	Daily	
(+10) 10	Coaching Key Accounting (Sales + Charisma)	5	Kompetenzen via Selbstlernen	40 Mio. Euro
		5	Vorbild	
10	Key Account/ Stammkunden Management	10	Eigene Verantwortung	6 Mio. Euro
5	Neukunden	5	Big Deals International	Neue Volume Pipeline 20 Mio. Euro
20 (-10)	Organisation	15	Klassisches Management	Kein Besuch aus USA
		5	Sinnvolle Administration	
20	Puffer	10	Trouble Shooting	Stress minimieren
		10	Administration optimieren	
10	Lernen	5	durch externen Resulter	Defizite sind beseitigt
		5	durch Selbstlernprogramme	

Development	a	Morphologische Kasten/Matrix
	b	Englisch Stufe 3 ⑥
	c	Spanisch Stufe 7

Vereinbarung: ⑦ _____ nächster Termin: ⑧ _____

Name: _____

① Welches sind Ihre Ziele – quantitativ und qualitativ?
② Welche Aufgaben bestimmen Ihren Arbeitsalltag?
③ Ein erster grober Überblick: Was ist zu tun?
④ Welche Detailaufgaben mit welchen Prioritäten ergeben sich?
⑤ Benchmark: Messbare Resultate festlegen
⑥ Lernen – In welchen Bereichen will ich mich weiterbilden?
⑦ Dies ist ein Vertrag!
⑧ … bis zum nächsten Meilenstein

Nutzen Sie das ZAR-Chart und passen Sie es jedem einzelnen Mitarbeiter an. Am besten beginnen Sie damit bei sich selbst. Auf den folgenden Seiten erfahren Sie, wie das geht.

3.2.1 Welches sind Ihre Ziele – quantitativ und qualitativ?

Zahlen sind die grundsätzliche Orientierung. Als Erstes definieren Sie Ihr Ziel kurz und knapp. Quantitativ. Zum Beispiel 46 Millionen Euro Umsatz bei durchschnittlich 16 Prozent Rendite, wie in der Beispielmatrix. Dieses Beispiel bezieht sich auf einen Vertriebs- oder Teamleiter und auf das quantitative Ziel seiner Verkaufsgruppe. Für den einzelnen Verkäufer wird es anders aussehen – je nach dem Teilmarkt, in dem er sich bewegt.

Ergänzen Sie dieses quantitative Ziel durch ein qualitatives. Im Beispiel besteht es darin, das Know-how der Techniker stärker in die Sales-Arbeit zu integrieren. Ihr qualitatives Ziel könnte es auch sein, die Vertriebsarbeit enger mit dem Marketing zu verzahnen. Oder neue Vertriebskanäle zu aktivieren. Oder was auch immer. Denken Sie gründlich darüber nach – Ihr qualitatives Ziel soll erstrebenswert sein und Ihre Arbeit inhaltlich voranbringen.

3.2.2 Welche Aufgaben bestimmen Ihren Arbeitsalltag?

Wie Sie sich sehen, so werden Sie gesehen. Wenn Sie – wie im Beispiel – Teamleiter im Vertrieb sind, haben Sie Führungs- und Managementaufgaben. Wie sehen die in Ihrem konkreten Fall aus? Wie viel Zeit widmen Sie jedem dieser Schwerpunkte? Lassen Sie das vor Ihrem geistigen Auge Revue passieren. Vielleicht kommt bei dieser Bilanz etwas heraus, das Ihnen bei genauerem Hinsehen gar nicht gefällt.

Machen Sie sich als erstes klar, wie Ihre aktuelle Situation ist. Dann überlegen Sie, wo Sie die Prioritäten verändern wollen. Dabei orientieren Sie sich an Ihrem in Punkt 1 definierten Ziel.

3.2.3 Ein erster grober Überblick: Was ist zu tun?

Beginnen Sie mit einem groben Überblick: Wie viel Prozent Ihrer Zeit verbringen Sie womit? Überlegen Sie zuerst, wie Sie selbst Ihren Job definieren. Was sind Ihre zentralen Anliegen? Und was steht in Ihrer Stellenbeschreibung? Was sollen, was wollen Sie erreichen? Was sind Ihre Kernaufgaben? Sie sind die Fenster, durch die Sie Ihren Beruf betrachten. Wie viel Zeit haben Sie für jede Ihrer Kernaufgaben?

Schätzen Sie das prozentual ein. So realistisch wie möglich. Ist diese Gewichtung sinnvoll, um zu Ihren definierten Zielen zu kommen? Fehlt etwas? Wollen Sie hier oder da Ihre Prioritäten verschieben?

Im Beispiel stellt der Vertriebsleiter fest, dass er eigentlich keine Zeit hat, um seine Mitarbeiter zu coachen. Diese Zeit plant er zusätzlich (+10 Prozent) und spart sie bei den administrativen Aufgaben wieder ein (–10 Prozent). Denn mehr als 100 Prozent geht nicht. Was Sie an einem Punkt hinzufügen, das nehmen Sie woanders wieder weg.

Wenn Sie Führungsaufgaben im Unternehmen haben, vergessen Sie als grobes Aufgabenfeld nicht den Punkt „Strategie". Denn in Ihrer Position sind Sie dafür verantwortlich, die Unternehmensstrategie mit Leben zu füllen, sie für Ihren Bereich herunterzubrechen und umzusetzen.

Viele Manager der mittleren Ebenen unterliegen der Versuchung, ein relativ großes Zeitbudget für den Punkt „Verwaltung" einzuplanen. Stopp! Sie sind kein Beamter. Sie verwalten nicht, sondern Sie organisieren Arbeitsabläufe. Sie sorgen dafür, dass Ihr Team gut und effizient arbeiten kann. Sie sind ein Macher und kein Verwalter. Definieren Sie Ihre Aufgaben entsprechend. Das wirkt sich segensreich aus auf Ihren Umgang mit Ihrer Arbeit, mit Ihren Mitarbeitern, auch mit Ihren Vorgesetzten. Nur wer die richtige Sichtweise auf seine Arbeit hat, kann auch für sich selbst die richtigen Prioritäten setzen. Und erfolgreich sein. Mit dem ZAR-Tool können Sie das trainieren.

Und vergessen Sie nicht zwei wichtige Einzelheiten auf Ihrer Liste: einen großzügigen Zeitpuffer für unvorhergesehene Dinge. Und genügend Zeit für Ihre eigene Weiterbildung. Wenn Sie als Führungsverantwortlicher nicht ständig an sich arbeiten, können Sie das auch von Ihren Mitarbeitern nicht glaubwürdig einfordern.

3.2.4 Welche Detailaufgaben mit welchen Prioritäten ergeben sich?

Der Blick auf Details stoppt Zeitverschwendung. Je erfolgreicher Ihr Team, umso erfolgreicher sind Sie. Eine Ihrer zentralen Prioritäten als Teamleiter ist es daher, den persönlichen Erfolg Ihrer Leute zu unterstützen. Nicht nur theoretisch. Sondern indem Sie zum Beispiel auch selbst mal mit zum Kunden gehen. Dort gut zuhören, genau hinsehen. Und dem Mitarbeiter anschließend spiegeln, wie sein Verkaufsgespräch gelaufen ist. Und wo es noch besser werden könnte. Am besten ist es, wenn Sie dem anderen die Gelegenheit geben, selbst darauf zu kommen.

> **SPEZI hilft Ihnen, Ziele zu definieren**
>
> Sie haben die SPEZI-Formel sicher schon irgendwo gesehen. Sie ist eine gute Eselsbrücke, um sich daran zu erinnern, wie ein Ziel richtig definiert wird.
>
> **S =** **Sinnlich wahrnehmbar.** Also das Gegenteil von abstrakten Zahlen. Sie können ein Ziel sehen, hören, riechen, fühlen. Verbinden Sie damit angenehme Gefühle, machen Sie es auf der emotionalen Ebene erstrebenswert. Was haben Sie davon, dieses Ziel zu erreichen? Wie fühlen Sie sich, wenn Sie am Ziel sind?
>
> **P =** **Positiv.** Die meisten Menschen wissen sehr genau, was sie nicht wollen. Stattdessen positiv zu formulieren, was sie wollen, fällt ihnen weit schwerer. Eine negative Formulierung könnte lauten: „Wir wollen keinen Misserfolg." Positiv: „Ich will mit meinem Sales-Team 46 Millionen Euro Umsatz machen." Im Gespräch mit Ihren Mitarbeitern brechen Sie dieses Ziel individuell auf jeden von ihnen herunter.
>
> **E =** **Eigeninitiative.** Jedes Ziel entfaltet eine gewisse Sogkraft. Sie wissen, dass Sie es erreichen können. Aus eigener Kraft, mit Ihrem Team. Sie motivieren, coachen und unterstützen Ihre Leute so, dass sie es schaffen werden. Sie haben die Ressourcen – Sie wollen den Erfolg. Eigeninitiative bedeutet auch Selbstverantwortung.
>
> **Z =** **Zusammenhang.** Ziele sind nicht beliebig. Sie stehen in einem konkreten Zusammenhang. Ihr Ziel, ein Umsatz von 46 Millionen Euro, steht im Zusammenhang des strategischen Umsatzziels Ihrer Gesamtorganisation.
>
> **I =** **Intentionen.** Alles darf sich in einem Unternehmen ändern, nur nicht seine Intentionen, also seine Grundwerte. Verknüpfen Sie Ihre Ziele mit den Grundwerten, an denen sich alle im Haus orientieren. Denn der Mensch neigt dazu, Neues erst mal abzulehnen. Auch neue Ziele. Wenn sie zu gemeinsamen Intentionen passen, wirken sie vertrauter.

In der Beispielmatrix sind für den Bereich Coaching 10 Prozent der Arbeitszeit eingeplant. In der Rubrik der Detailkompetenzen sind sie aufgeschlüsselt: 5 Prozent für Gespräche, in denen den Mitarbeitern Anregungen gegeben werden, wie sie sich individuell weiterentwickeln können. Und 5 Prozent für gemeinsame Kundenbesuche, in denen der Teamleiter demonstriert, wie ein Kundengespräch geführt werden sollte, oder Gespräche kritisch-konstruktiv beobachtet und begleitet.

Vermutlich sind Ihre persönlichen Kern- und Einzelprioritäten anders gewichtet. Aber wenn Sie auf diese Weise ins Detail gehen, vermeiden Sie es, zu viel (oder zu wenig) Zeit für einzelne Aufgaben zu investieren.

„Sind die Worte im Voraus festgelegt, stockt man nicht. Sind die Arbeiten im Voraus festgelegt, kommt man nicht in Verlegenheit. Sind die Handlungen im Voraus festgelegt, so macht man keine Fehler. Ist der Weg im Voraus festgelegt, so wird er nicht plötzlich ungangbar."

Konfuzius

3.2.5 Benchmark: Messbare Resultate festlegen

Viele Ihrer Aufgaben sind schwer messbar. Wenn Sie eine konkrete Umsatzsteigerung in einem definierten Zeitraum anpeilen, sagen Ihnen die Zahlen sehr schnell, ob Sie erfolgreich waren oder nicht. Anders ist es bei qualitativen Zielen, beispielsweise bei Ihren direkten Führungsaufgaben. Definieren Sie trotzdem möglichst für jede Detail-, auf jeden Fall aber für jede grobe Priorität, welches Resultat Sie unterm Strich sehen wollen.

Nur wer immer wieder Ziele als erreicht abhaken und dann neue definieren kann, hat Erfolgserlebnisse. Und die motivieren. Besonders wichtig ist das im Gespräch mit Ihren Mitarbeitern, mit denen Sie die ZAR-Matrix ebenfalls durchgehen. Setzen Sie ihnen Ziele, an denen sie wachsen können. Vor allem: Seien Sie glaubwürdig. Leben Sie vor, was Sie fordern.

3.2.6 Lernen – in welchen Bereichen wollen Sie sich weiterbilden?

„Lernen ist wie Rudern gegen den Strom. Sobald man aufhört, treibt man zurück", sagte einmal der Komponist Benjamin Britten. Das galt niemals mehr als heute, wo Fachwissen schneller abgestanden ist als ein Glas Bier. Die persönliche Weiterentwicklung gehört deshalb auf jeden Fall auf Ihre Agenda. Ob es dabei um das Training sozialer Kompetenzen, wirtschaftlichen Grundwissens oder spanischer Vokabeln geht, hängt von Ihren individuellen Lücken und Ambitionen ab. Nehmen Sie sich drei konkrete Punkte vor, an denen Sie arbeiten wollen. Und geben Sie ihnen angemessenen Raum in Ihrem Terminplan.

3.2.7 Dies ist ein Vertrag!

Wenn Sie all diese Dinge nur besprechen, wird der Erfolg eher mäßig sein. Man sagt viel, wenn der Tag lang ist. Auch ist Papier geduldig. Aber wer seine Prioritäten schriftlich definiert, kann sie immer wieder überprüfen. Gehen Sie die ZAR-Matrix mit jedem Einzelnen Ihrer Mitarbeiter durch. Wenn sie am Ende beide Gesprächspartner unterschreiben, wird sie verbindlicher. Beinahe wie ein Vertrag.

> **Sorgen Sie für klare Strukturen**
>
> 1. Orientieren Sie Ihre Ziele eng an der Unternehmensstrategie.
> 2. Ihre Kunden bezahlen letztlich Ihre Gehälter. Ohne Kunden kein Umsatz. Maßstab ist also eine konsequente Kundenorientierung.
> 3. Kommunizieren Sie Ihre Strategie klar und unmissverständlich. Brechen Sie sie jeweils angemessen in die einzelnen Ebenen herunter und übertragen Sie sie nachvollziehbar auf das Verhältnis zu einzelnen Kunden/-gruppen.
> 4. Entscheiden Sie daten- und faktenorientiert.
> 5. Definieren Sie eindeutige Verantwortlichkeiten, Zuständigkeiten und Handlungsspielräume. Kommunizieren Sie solche Informationen auch Ihren Kunden: Transparenz schafft Vertrauen.
> 6. Sorgen Sie auch intern für transparente Kommunikationsstrukturen und einen ungehinderten Informationsaustausch.
> 7. Seien Sie offen für konstruktive Kritik und für Veränderungen.
> 8. Arbeiten Sie an einer Unternehmenskultur des Miteinander, in der sich jeder verantwortlich fühlt – für die eigenen Handlungen, die Prozesse in seinem Bereich und den Erfolg des gesamten Unternehmens.

Natürlich ist ZAR nicht wirklich ein Vertrag. Aber so gut wie. Es ist ein Hilfsmittel für Sie und jeden Ihrer Mitarbeiter. Um die tägliche Arbeit und die Zeitressourcen besser in den Griff zu bekommen. Um selbstverantwortlich und weitgehend eigeninitiav zu handeln. Um regelmäßig zu sehen, wo Sie stehen, wo jeder Einzelne im Team steht. Und wie er wachsen kann. Nicht mehr, aber auch nicht weniger.

Nennen Sie es eine persönliche Verabredung. Eine Abmachung. Eine Vereinbarung. Egal wie. Hauptsache, alle Beteiligten halten sich daran.

3.2.8 … bis zum nächsten Meilenstein

Wenn Sie diese Matrix mit Ihren Mitarbeitern durchgegangen sind, setzen Sie einen Termin für das nächste ZAR-Gespräch. In einem halben Jahr. Vielleicht auch in einem Vierteljahr oder in einem Monat – je nachdem, wie schnell Ihr Business ist oder wie kurzschrittig Sie Ihre Mitarbeiter führen wollen. Wichtig ist, dass Sie die Verbindlichkeit unterstreichen. Zwischenschritte abhaken. Wachstum verfolgen und belohnen. Erfolgserlebnisse generieren. Motivieren. Dann erreichen Sie das ZAR-Ziel: Ziele im Griff. Zeit im Griff. Resultat: Gewinn für alle.

3.3 Ihr Gewinn: Die Prioritäten stimmen!

Führen Sie mit jedem Ihrer Mitarbeiter anhand dieser Matrix regelmäßige ZAR-Gespräche. Sie passt auf alle Bereiche im Vertrieb. Im Innen- wie im Außendienst oder beim Technischen Support. Aber auch auf andere Unternehmensbereiche.

Vor jedem ZAR-Gespräch drucken Sie die leere Matrix am besten zweimal aus. Eine für Sie, eine für den Mitarbeiter. Jeder von Ihnen füllt sie aus, in Bezug auf den Mitarbeiter. Wenn Sie anschließend darüber sprechen, sieht Ihr Mitarbeiter, was Sie von ihm erwarten. Und Sie sehen, was er selbst von sich erwartet – oder wovon er glaubt, dass Sie es von ihm erwarten. Wo sehen Sie seine Prioritäten – und wo sieht er sie? Erinnern Sie sich an die Proudfoot-Umfrage am Beginn dieses Kapitels. Zu viele Manager glauben, dass ihre Mitarbeiter die Hälfte ihrer Zeit beim Kunden verbringen. Solche Fehleinschätzungen können Sie vermeiden. Besser noch: Sie können dafür sorgen, dass es wirklich 50 Prozent werden. Oder mehr.

Bemühen Sie sich in den Gesprächen mit Ihren Mitarbeitern um Ehrlichkeit. Niemand hat letzten Endes etwas von Vernebelungstaktiken. Helfen Sie stattdessen jedem im Team zu wachsen, sich weiterzuentwickeln, erfolgreicher zu werden.

Es gibt übrigens auch Unternehmen, in denen nicht nur die Führungskräfte die Leistungen ihrer Mitarbeiter bewerten. Sondern auch – umgekehrt – die Mitarbeiter ihre Vorgesetzten. So lernt jeder, an welchen Punkten er noch besser werden kann. Denken Sie mal darüber nach.

4 Points of Difference – Positionierung und Portfolio am Markt ausrichten

„Beschränkte" Leidenschaften

Irgendwo beschreibt ein Psychologe, wie die Sammelleidenschaft aus den Urzeiten der Menschheit heute noch gelebt wird. In tausendundeiner Variante. Nur das Objekt dieser Begierde hat sich geändert. Von den Beeren in den Wäldern hat sich der Fokus auf das Sammeln von Briefmarken verschoben. Zum Beispiel.

Womit wir bei den Unternehmen der Jetztzeit sind. Dort steht die Sammelleidenschaft ebenfalls in hoher Blüte. Mit Akribie wird alles gesammelt, was den Wettbewerb betrifft.

Neulich wurde Winner/s Edge gebeten, ein Unternehmen im Vergleich zum Wettbewerb exzellent zu positionieren. Dazu wurden wir auf Schränke voller Papier verwiesen. Darin fand sich alles, was die verschiedenen Wettbewerber im Laufe von Jahren so unters Volk geworfen hatten: Folder, Produktunterlagen, Kataloge, Aktionen, Angebote, Preislisten …

Mit dem Zusammentragen dieser erbaulichen Lektüre war vermutlich ein Vertriebsassistent beauftragt. Der sammelte wie ein Eichhörnchen und vergrub seine Beute in besagten Schränken. Ergab sich für ihn ein vernünftiger Job, stoppte das große Sammeln jeweils abrupt. Folglich waren beim Blick in die Schränke die Schübe dieser Beschäftigungstherapie leicht zu rekonstruieren.

Eine andere Form, solche Schränke zu füllen, besteht darin, die Vertriebsmitarbeiter zu befragen. Die Methoden reichen von Fragebögen bis zum narrativen Interview. Anschließend wird das Ganze ausgewertet. In Form einer Präsentation in Kurzform und einer Studie in Langform. Um am Ende ebenfalls in besagten Schränken zu verschwinden. Oder irgendwo im Nirwana.

Was steckt noch in solchen aufschlussreichen Schränken? Die Arbeitsergebnisse externer Beratungsunternehmen. Bis hin zum strategischen Ansatz, inklusive Umsetzungshinweisen. Und dann noch die Geißel jeder Wettbewerbsanalyse: der jährliche Geschäftsbericht. Natürlich immer die Ausgaben der letzten zehn Jahre.

Last but not least liegt meist irgendwo noch ein Zettel mit den Internet-Adressen der Wettbewerber. Zur fröhlichen Selbstrecherche ... oder das Gleiche in der bedrückenderen Form: einmal komplett ausgedruckt.

Recht häufig informieren die Unterlagen in diesen Schränken vorzugsweise über Rechtsform, Gründungsjahr, Mitarbeiteranzahl, steuerliche Verschachtelungen des Wettbewerbsunternehmens. Lauter Informationen, die dem eigenen Vertrieb unmittelbar dabei helfen, besser zu verkaufen als der Wettbewerb ...

Übertrieben? Ein wenig. Nach zwei Wochen lag im konkreten Beispiel die Positionierung des Unternehmens im Wettbewerbsvergleich auf dem Tisch. Klar, verständlich. Im ersten Wurf war sie zu 60 Prozent exakt. Aber bereits in der ersten Überarbeitung drei Monate später ließ sich die Genauigkeit auf 80 Prozent steigern. Ohne entnervendes Wühlen in überquellenden Schränken konnte sie jeder Vertriebsmitarbeiter verstehen. Und das Ergebnis? Massive Veränderungen in der Marktbewegung dieses Unternehmens. Es geht also doch!

4.1 PositionBoard – Positionierung im Wettbewerbsvergleich

Wo stehen Sie im Wettbewerbsvergleich? An welchen konkreten Punkten sind Ihnen Ihre Mitbewerber überlegen – und wo haben Sie selbst die Nase vorn? Wo können Sie den anderen wertvolle Marktanteile abjagen – und wo ist es sinnvoll, sich bedeckt zu halten und in die Defensive zu gehen? Die Points of Difference bezeichnen die Differenzierung bei zentralen Positionierungsdimensionen.

Die meisten Verkäufer, die sich im Markt bewegen, nehmen zwar bestimmte Ausschnitte der Marktrealität sehr intensiv wahr. Dafür blenden sie jedoch oft andere aus. Weil sie in ihren Augen weniger relevant sind. Oder weil sich diese Informationen auf einer anderen Ebene bewegen – zum Beispiel im Marketing oder auf Geschäftsführungslevel. Oder weil in der Hektik des Alltags die eine oder andere Veränderung, die sie nicht unmittelbar betrifft, einfach an ihnen vorbeirauscht.

> „Kluge Leute lernen auch von ihren Feinden."
>
> *Aristoteles*

Es kann sehr aufwändig sein, Ihren Verkäufern das komplexe Marktgefüge und ihre eigene Rolle darin wirklich transparent zu machen. Zumal sich diese Zusammenhänge immer wieder verschieben. Diese Erfahrung hat uns zu einem Tool inspiriert, mit dem sich diese komplexen Zusammenhänge überschaubar darstellen lassen. In einer Form, die Sie jederzeit einfach aktualisieren können. Die jeder Ihrer Mitarbeiter in der Tasche haben kann: das PositionBoard.

Ein anderer Point of Difference ist Ihr Portfolio. Wie stellen Sie es so transparent dar, dass Ihre Kunden ihren eigenen Nutzen klarer erkennen? Dass sie neue Perspektiven erhalten, Lösungen sehen, die sie auf den ersten Blick leicht übersehen könnten. Und wie können Ihre Verkäufer dieses Portfolio kundenorientiert präsentieren – kurz, knapp, anschaulich in der Kürze der zur Verfügung stehenden Zeit? Nichts einfacher als das – mit dem richtigen Tool. Es heißt – aus gutem Grund – das 3-Level-Portfolio. Aber sehen Sie selbst – beide stellen wir Ihnen nun vor.

Es ist immer wieder erstaunlich, wie wenig konkrete, strategisch verwertbare Informationen Mitarbeiter und auch Führungskräfte im Vertrieb über ihr Wettbewerbsumfeld abrufbereit zur Verfügung haben. Obwohl diese Informationen nie so leicht zugänglich waren wie heute. Geschäftsberichte, Presseberichte, umfangreiche Selbstdarstellungen der Unternehmen auf seitenlangen Homepages. Alles mit wenigen Mausklicks im Internet abrufbar. Jederzeit.

Aber diese Informationen sind oft sehr komplex. Diffus und schwer erfassbar. Und fressen deshalb eine Menge Zeit. Um damit effizient zu arbeiten, brauchen Sie klare Strukturierungshilfen. Damit diese Informationsflut nutzbar, überschau- und vergleichbar wird.

Das ist der praktische Wert des PositionBoard. Es macht Ihren relevanten Wettbewerb transparent. Es stellt ihn in ein überschaubares Ranking. Auf einer Seite. Es zeigt deutlich: „Who is best in class?" Wer hat welche Schwächen – und gibt Ihnen damit Möglichkeiten, ihn zu übertrumpfen? Welche Stärken des Wettbewerbs können Sie bestenfalls langfristig erreichen? Und nicht zuletzt: Wo sind Sie selbst angreifbar?

Damit können Sie jedem Ihrer Vertriebsmitarbeiter genau erklären, wo das Unternehmen, das er vertritt, im Markt steht. Anschaulich. Auf einen Blick. Nachvollziehbar. Welche Stärken hat es gegenüber jedem einzelnen Mitbewerber? Welche Schwächen? Und vor allem: Wo kann dieser Mitarbeiter ganz konkret ansetzen, um persönlich das Unternehmen im Ranking nach vorn zu bringen?

Das PositionBoard funktioniert nach einem einfachen Prinzip. Trotzdem ist es höchst aussagekräftig. Denn es bildet nicht nur ein einfaches Ranking ab, sondern ein subtiles. Eines, aus dem Sie konkrete Handlungen ableiten können. Strategisch und taktisch. Gemeinsam mit Ihren Verkäufern.

Deshalb ist es am besten, die Matrix von Anfang an gemeinsam zu erarbeiten. Jeder Ihrer Mitarbeiter kann eigene Informationen und Erfahrungen beisteuern. Und steht dann am Ende voll hinter dem, was Sie gemeinsam beschließen. Das gibt mehr Biss auf dem Weg nach oben. Es stärkt die Selbstverantwortung und die Eigeninitiative. Und die Erkenntnis, dass es mehr Erfolg verspricht, im Team zu arbeiten. Und nicht, wie bei Außendienstlern oft üblich, als „Einzelkämpfer" in den Kampf um bessere Rankingplätze zu ziehen.

PositionBoard

Erfolgsfaktoren	Beschreibung	Note	Top WB1	First WB2	WB3	WB4	WB5	WB6	Second WB7	WB8	WB9	WB10	Third WB11	WB12	WB13	Last WB14	Gesamt
Wettbewerb gesamt (in Mrd)			1,5	0,8	0,4	1,2	0,9	0,1	0,03	0,06	0,2	0,03	0,5	0,03	0,01	0,06	5,81
analoge Leistung angreifbar			80	80	10	80	60	10	30	10	30	20	10	30	10	5	445
12			1	1	5	0	-	0	1	-	2	4	-	5	1	1	30
Außendienst-Kompetenz	professionell, systematisch	3	36														
(Charisma, verhandeln, fachlich, Fokus)	intuitiv	2		24		24		24	24		24	24					
	wechselhaft	1			12		12			12			12	12			
	chaotisch	0															
11																	
Innenverkauf-Kompetenz	professionell, systematisch	3	33														
(Freundlichkeit, Schnelligkeit der Lösung)	intuitiv	2		22		33	33		22								
	chaotisch konfliktär	2															
	negativ	1															
		0															
1																	
Angebote	navigierend ... differenzierend	3	3														
	standard	2		2	2	2	2	1	1	1	2	2	1	2	2	2	
	unübersichtlich	1															
	verwirrend	0															
			234	189	184	177	164	140	139	122	116	111	103	90	70	62	
			Best in Class	Hunter	Service & Charisma	Qualität goes first	Qualität goes first	Qualität goes first	Bananenschiff	Newcomer	Bauchladen	Innovation & Strong	Newcomer	Mystery	Chaos	Cheap & Dirty	

① Ihre Erfolgsfaktoren bestimmt der Kunde
② Was ist jeder Faktor wert?
③ Kennen Sie auch die wirtschaftlichen Hintergründe?
④ Wettbewerb nach Noten
⑤ Abgerechnet wird am Schluss: das Ranking
⑥ Keine Ausrede: Da stehen Sie!
⑦ Erkennen Sie Ihre Stärken gegenüber dem Wettbewerb
⑧ Strategische Entscheidung: Angreifen oder nicht?

Betrachten Sie bitte die Beispielmatrix auf der vorhergehenden Seite. Überlegen Sie später, wie sie am sinnvollsten auf Ihre Situation angepasst werden kann. Dazu finden Sie auf den folgenden Seiten Tipps und Hinweise. Nachdem Sie das Prinzip verstanden haben, erstellen Sie Ihre eigene Matrix und füllen sie dann gemeinsam auf. Im Gespräch mit Ihren Mitarbeitern. Nehmen Sie sich dazu ausreichend Zeit. Sie können sicher sein: Diese Zeit ist gut investiert.

Am besten haben Sie genügend Leercharts zur Hand. Eins für jeden Mitarbeiter und eins für sich selbst. Und am Ende noch einmal die gleiche Anzahl, um das Ranking in die richtige Reihenfolge zu bringen. Und die Strategien zu besprechen, die sich daraus für Sie ergeben.

4.1.1 Ihre Erfolgsfaktoren bestimmt der Kunde

Welche Kriterien sind wichtig, um in Ihrem Markt Erfolg zu haben? Was erwarten Ihre Kunden von Ihnen? Nach welchen Maßstäben bewerten sie Ihre Leistungsfähigkeit und die Zusammenarbeit mit Ihnen? Machen Sie ein Brainstorming. Sammeln Sie.

Am Ende wählen Sie gemeinsam die zwölf wichtigsten Aspekte aus. Das sind die Erfolgsfaktoren, an denen Sie Ihr PositionBoard aufhängen. Bringen Sie diese in eine Rangfolge. Das wichtigste Kriterium kommt zuerst, das unwichtigste zuletzt.

4.1.2 Was ist jeder Faktor wert?

Definieren Sie für jeden der zwölf Erfolgsfaktoren vier möglichst trennscharfe Qualitätsstufen. Zum Beispiel für den Außendienst: Wie beschreiben Sie seine Kompetenz? Wie in der Beispielmatrix? Also in einer Abstufung von professionell-systematisch über eher intuitiv und wechselhaft bis – am unteren Ende der Bewertungsskala – chaotisch? Oder sehen die vier Qualitätsstufen bei Ihnen anders aus? Es ist nicht wichtig, wie Sie sie im Einzelnen definieren. Wichtig ist: Sie machen plakativ die qualitativen Unterschiede deutlich. Und diese Unterschiede können in „Noten" ausgedrückt werden. In Zahlenwerten. Im Beispiel hat der professionell-systematisch arbeitende Außendienst die höchste Note. Das ist die 3. Und der chaotische hat die 0. Also keinen Wert.

Passen Sie die Beschreibungen Ihren unterschiedlichen Erfolgsfaktoren individuell an. Bei einigen Kriterien – zum Beispiel beim Preis – kann es auch sein, dass Ihre Bewertungen von denen in der Beispielmatrix drastisch abweichen. Je nachdem in welchem Markt Sie agieren beziehungsweise in welchem Preissegment Sie sich dort positionieren wollen. Das Wichtigste: Definieren Sie eindeutige Bewertungen und Noten für jedes einzelne Erfolgskriterium. Denn damit geht es später weiter.

4.1.3 Kennen Sie auch die wirtschaftlichen Hintergründe?

Übersehen Sie nicht, was jeder Ihrer Wettbewerber wirklich wert ist. Unabhängig von den Erfolgskriterien, nach denen Sie ihn im Wettbewerbsumfeld positionieren.

Vielleicht ist einer Ihrer wichtigsten Wettbewerber ein mittelständisches Unternehmen mit 200 Mitarbeitern, das in diesem speziellen Teilmarkt sehr effizient agiert. Das ist etwas ganz anderes als ein Mitbewerber, der als Tochter eines internationalen Konzerns eine ungleich höhere Marktmacht hinter sich weiß. Und entsprechenden – auch wirtschaftlichen – Rückhalt, wenn es darum geht, sich gegen Ihre Attacken zu behaupten. Damit Sie solche Fakten nicht aus dem Blick verlieren, erinnert Sie das PositionBoard gleich zu Beginn daran.

Diese Information halten Sie unter dem Punkt „Gesamt" fest. Ob Sie hier den Wert in Millionen oder in Milliarden angeben, hängt von den Dimensionen des Marktes ab, in dem Sie agieren. Hauptsache, Ihnen ist klar, welche Wirtschaftsmacht dieser Wettbewerber insgesamt repräsentiert. Zumindest ungefähr. Nehmen Sie beispielsweise an, Sie bewegen sich im Elektromarkt. Einer Ihrer Mitbewerber ist ein mittelständisches Elektrounternehmen. Allerdings gehört es zu einem Konzern, der auch im Sanitärbereich aktiv ist. Und vielleicht obendrein noch im Heizungsbau.

„Analoge Leistung" ist – in der Beispielmatrix in Millionen Euro – der Wert, den das Unternehmen für sich allein genommen darstellt. Ohne eventuelle große Mutter im Hintergrund. Der Wert, an dem es sich direkt mit Ihrem eigenen Unternehmen misst. Im Falle des Elektro-, Sanitär- und Heizungskonzerns also nur dessen Elektrobereich.

Und „angreifbar" zeigt die ungedeckte Flanke. Innerhalb Ihrer Branche bekommen Sie es mit, wenn ein Mitbewerber an irgendeinem Punkt in Schwierigkeiten gerät. Über die Fach- und Tagespresse, Radio und Fernsehen, über das Internet oder Ihren eigenen Außendienst. In welcher Höhe ist er in einem solchen Fall angreifbar? Das können Sie nur ungefähr abschätzen. Tun Sie es. Mit der Zeit entwickeln Sie ein Gespür für diese Dimensionen. Sie bekommen einen geschärften Blick dafür. Und Ihre Schätzungen werden mit jeder späteren Überarbeitung Ihres PositionBoard immer genauer.

Zum Beispiel gehört der Wettbewerber 1 (WB1) in der Beispielmatrix offenbar zu einem Konzern mit einem Wert von 1,5 Milliarden Euro. Seine analoge Leistung – in dem Marktbereich, in dem er direkt mit Ihnen konkurriert – liegt bei 80 Millionen. Und angreifbar ist er mit einer Million. Das ist die Summe, die einer seiner Mitbewerber ihm eventuell abnehmen könnte, wenn er es geschickt anstellt.

> **Der Preis ist gar nicht so heiß**
>
> In vielen Branchen heißt es heute nicht: schneller, weiter, besser. Sondern: billig, billiger, noch billiger. Aber die Relevanz niedrigster Preise wird vielfach überschätzt. Andere Aspekte wie Qualität, Service oder Lieferfähigkeit spielen oft eine weit wichtigere Rolle bei der Kaufentscheidung. Nicht zu unterschätzen ist auch die Rolle des Verkäufers: der „Nasenfaktor". Wie glaubwürdig, zuverlässig, integer kommen Ihre Verkäufer bei Ihren Kunden an? Wie gut können sie zuhören und Wünsche des Kunden antizipieren? Wie weit werden sie als vertrauenswürdige Partner wahrgenommen?
>
>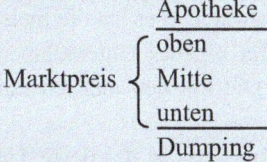
>
> Selten wird ein Preis über oder unter der Linie liegen. Je nachdem, wie sich ein Unternehmen positioniert, wird es sich in einer der drei Ebenen des Marktpreises bewegen. Die Kunst des Verkäufers besteht darin, ein Gespür dafür zu entwickeln, wo er individuell den Preis nach oben oder unten variieren kann und sollte. Bedenken Sie aber, dass ein transparentes Preis- und Rabattsystem eine überzeugende Vertrauen bildende Maßnahme sein kann.

4.1.4 Wettbewerb nach Noten

Sie kennen Ihre relevanten Erfolgsfaktoren und die Kriterien, nach denen sie bewertet werden. Für Ihre eigene Firma und ihre wichtigsten Wettbewerber. Ob das – wie im Beispiel – acht sind, zehn oder 20 spielt keine Rolle. Aber nehmen Sie in diesen Vergleich nicht alle Wettbewerber auf, sondern nur die, die für Sie wirklich eine Rolle spielen.

Und nun gehen Sie systematisch für jeden dieser Mitbewerber von oben nach unten die einzelnen Erfolgsfaktoren durch. Schätzen Sie ab, wie er in jedem Punkt dasteht. Präzisieren Sie das mit Noten zwischen 0 und 3.

Beim ersten (WB1) agiert der Außendienst professionell und systematisch, sagen Ihre Verkäufer, die die Kollegen einschätzen können. Das wäre die Note 3. Die multiplizieren Sie nun mit dem Wert des Erfolgsfaktors – beim ersten Erfolgsfaktor also mit der 12. 3 mal 12 ergibt 36. Das ist der Wert, den WB1 beim wichtigsten Erfolgsfaktor Ihres PositionBoard erreicht.

Der Innenverkauf ist ebenfalls professionell und systematisch? Hier hat der Erfolgsfaktor den Wert 11. 11 mal 3 ergibt 33. So geht es weiter bis zum letzten Erfolgsfaktor. Im Beispiel sind das Form und Inhalt der Angebote. Die Wertigkeit dieses Erfolgsfaktors – als letztem in der Reihe – ist 1.

Nach dem gleichen Prinzip checken Sie alle wichtigen Mitbewerber ab. Heraus kommen für jeden pro Erfolgsfaktor Werte zwischen 0 und 36.

4.1.5 Abgerechnet wird am Schluss: das Ranking

Im nächsten Schritt addieren Sie die Zahlen, die Sie für jeden einzelnen Wettbewerber errechnet haben. Das ist die Stunde der Wahrheit. Wer hat die meisten Punkte? An welcher Position steht in diesem Vergleich Ihr eigenes Unternehmen? Sortieren Sie alle nach ihrer jeweils erreichten Punktezahl. Die mit den meisten Punkten kommen nach links. Die mit den wenigsten nach rechts.

Daraus ergeben sich fünf Kategorien: Top – das ist der Beste. Und Last: das Schlusslicht. Dazwischen rangieren drei Kategorien: First, second, third. Das können Sie natürlich auch in jeder beliebigen anderen Sprache oder Begrifflichkeit ausdrücken.

Schauen Sie sich dann jeden Einzelnen an und charakterisieren Sie ihn. Damit geben Sie den Zahlen eine weitere Dimension. Eine qualitative. Im Beispiel gibt es einen eindeutigen Primus. Einen Klassenbesten. Er liegt in allen Kategorien vorn. Nicht zu toppen! An zweiter Stelle steht der „Hunter". Er heißt so, weil er dem Klassenbesten in vielen Punkten dicht auf den Fersen ist. Sie könnten ihn auch anders nennen – je nachdem, an welchem Punkt er aus Ihrer Sicht am besten profiliert ist. Fassen Sie für jeden Wettbewerber die zwölf Erfolgsfaktoren zusammen. In einer Form, die seine jeweilige Stellung im Wettbewerbsumfeld verbal am griffigsten beschreibt.

4.1.6 Keine Ausrede: Da stehen Sie!

Eines der Unternehmen, die Sie nach den zwölf Erfolgsfaktoren bewertet und ins Positionierungsranking gestellt haben, ist Ihr eigenes. Und spätestens nachdem Sie alle Wettbewerber nach Anzahl ihrer Gesamtpunkte sortiert haben, zeichnet sich ab: Da stehen Sie. So viele Unternehmen sind besser als Ihres. Und so viele sind schlechter.

Das gibt Ihnen die Möglichkeit, Ihr eigenes Unternehmen im Verhältnis zum Wettbewerb zu interpretieren. Stellen Sie sich zum Beispiel vor, Ihr Unternehmen sei der Wettbewerber 6 (WB6) in der Beispielmatrix. Das wäre eine recht gute Mittelposition. Nicht unter den Ersten, aber auch nicht unter den Letzten. Markieren Sie Ihre eigene Position. Dazu können Sie sie beispielsweise farbig unterlegen.

4.1.7 Erkennen Sie Ihre Stärken gegenüber dem Wettbewerb

Vergleichen Sie sich mit dem Wettbewerb. Seien Sie dabei fair zu sich selbst. Vergleichen Sie sich nicht mit den Besten. Aber auch nicht mit den Schlechtesten. Sondern mit denen, die etwa in der gleichen Liga spielen. Wenn Sie also im Mittelfeld liegen, vergleichen Sie sich in erster Linie mit Ihren Konkurrenten im Mittelfeld.

Und nun gehen Sie in Bezug auf Ihr Unternehmen – im Beispiel WB6 – die zwölf Erfolgsfaktoren noch einmal durch. Punkt für Punkt. Zuerst markieren Sie die Punkte, an denen Sie die Bestnote haben – also die 3 – grün. Schlechte Noten – die 0 oder die 1 – markieren Sie rot. Auf diese Punkte achten Sie besonders. Es sind wichtige Erfolgsfaktoren – und Sie sind dort schlecht aufgestellt. Wie können Sie sie gezielt verbessern?

Machen Sie sich auf diese Weise ohne Wenn und Aber klar, wo Ihr eigenes Unternehmen steht. Selbst wenn Sie sich dabei am unteren Ende des PositionBoard wiederfinden sollten. Auch das können Sie positiv sehen: In diesem Fall haben Sie besonders viele Möglichkeiten, besser zu werden. Entscheiden Sie, an welchen Punkten sie damit beginnen wollen. Wo es am leichtesten ist? Oder wo es am meisten „brennt"? Oder wo es am besten in Ihre Strategie passt?

4.1.8 Strategische Entscheidung: Angreifen oder nicht?

Das Ziel ist klar: Sie wollen Ihren Ranking-Platz verbessern. Besser werden. Wenn Sie in einem Wachstumsmarkt agieren, ist das kein großes Problem. Der Markt gibt noch einiges her. Aber wo gibt es heute noch Wachstumsmärkte? Sie müssen Ihr Plus also beim Wettbewerb holen. Die Frage ist nur: wo genau? Dazu sehen Sie sich Ihre Mitbewerber genauer an.

Zunächst schauen Sie in die oberste Spalte, Punkt 3 in der Beispielmatrix. Die wirtschaftlichen Hintergründe, Unterpunkt „angreifbar". Und stellen fest: Der einzige – außer dem Klassenbesten –, bei dem in diesem Feld eine attraktive Summe steht, ist der Wettbewerber 3 (WB3). Den nehmen Sie nun genauer unter die Lupe.

Gehen Sie dabei von Ihrem eigenen Unternehmen als Maßstab aus. Analysieren Sie: Wo ist WB3 besser, wo ist er schlechter als Sie? Arbeiten Sie wieder mit dem Rot- und dem Grün-Stift. Überall, wo Sie besser sind als WB3, markieren Sie die entsprechende Zahl in der Spalte WB3 grün. Wo Sie schlechter sind als er, markieren Sie seine Zahl rot. Sie werden zweierlei feststellen: Die Punkte, an denen Sie selbst eine rote Markierung haben, sind auch bei WB 3 rot. Außerdem hat er noch ein paar weitere rote Markierungen: Überall da ist er Ihnen überlegen.

Aber ausgerechnet beim wichtigsten Erfolgsfaktor, dem Außendienst, stehen Sie besser da als er. Und im Marketing. Ihre strategischen Vorteile gegenüber diesem Wettbewerber sind also Ihr Außendienst und Ihr Marketing. Wo setzen Sie den Hebel an, um ihm mit diesen Vorteilen Marktanteile abzunehmen? Welche anderen Erfolgsfaktoren sollten Sie dazu außerdem aufstocken? Was müssten Sie dafür investieren? Rechnet sich das? Wollen Sie diesen Wettbewerber, der Ihnen in den meisten übrigen Erfolgsfaktoren überlegen ist, überhaupt angreifen?

Oder nutzen Sie ihn lieber als Benchmark? Und betrachten ihn noch genauer – um von ihm zu lernen? Warum ist er so viel besser als Sie? Unter dem gleichen Aspekt können Sie sich auch die übrigen Wettbewerber ansehen, die im PositionBoard vor Ihnen rangieren. Auf den ersten Blick ist da nicht viel zu gewinnen – umsatzmäßig. Aber Sie können erst mal etwas anderes von ihnen holen: Know-how. Um sie zu einem späteren Zeitpunkt vielleicht doch noch anzugreifen – und mit ihren eigenen Waffen zu schlagen. Die Sie auf Ihren Bedarf anpassen und nach Möglichkeit noch ein wenig zuspitzen.

Ihre strategischen Angriffsziele suchen Sie sich jedoch vielleicht lieber weiter rechts im PositionBoard. Bei den Wettbewerbern, die schlechter aufgestellt sind als Sie. Oder auf gleichem Niveau. Um deren Stärken und Schwächen zu erkennen, nutzen Sie die gleiche Strategie wie bei WB3.

4.2 Klarer Überblick – klare Entscheidung

Das PositionBoard zeigt Ihnen Ihre Schwächen. Aber auch Ihre Stärken. Es legt den Finger in die Wunde und macht Ihnen klar, wo Sie im Vergleich zu Ihrem direkten Wettbewerb Aufholbedarf haben. Und es gibt Hinweise, wo Ihnen die anderen unterlegen sind. Wo für Sie also etwas zu holen sein könnte.

Das PositionBoard schult aber auch den Blick. Wenn Sie diese Matrix regelmäßig aktualisieren, schärfen Sie Ihre selektive Wahrnehmung für die Erfolgsfaktoren Ihres Marktes. Vielleicht fällt Ihnen nach einiger Zeit auf, dass Sie die falschen ausgewählt haben und andere viel entscheidender sind. Vielleicht erkennen Sie, dass Sie den einen oder anderen Ihrer Mitbewerber falsch eingeschätzt haben, und korrigieren das Board entsprechend. In jedem Fall gibt Ihnen das PositionBoard einen plakativen Überblick über Ihr Umfeld und dessen relevanten Eckpunkte. Je länger Sie damit arbeiten, umso deutlicher und klarer wird dieser Überblick.
Apropos plakativ: Vergrößern Sie das PositionBoard doch mal auf das plakative A0-Format und hängen Sie es im Vertriebsbüro auf. An einer Stelle, an der kein Kunde es jemals sehen wird. Sie geben dadurch Ihren Mitarbeitern eine kontinuierliche Orientierungshilfe. Damit sie die Zusammenhänge nicht aus dem Blick verlieren. Und damit ihnen die Schwächen, die sie selbst in ihrem Arbeitsalltag beheben können, stets vor Augen sind.

3-Level-Portfolio – Transparenz durch die Brille des Kunden

Siebenmal daneben

Es ist früher Nachmittag, Ort: eine Bereichsleiterkonferenz. In leichter Vital-Narkose nach einem zu üppigen Mahl gönnt sich der Vertriebschef einen kleinen Scherz zur allgemeinen Erheiterung. Er bittet jeden seiner sieben Bereichsleiter, das komplette Leistungsbündel des Unternehmens zu präsentieren. In einer übersichtlichen Struktur, die man den Kunden vorstellen kann. „Aber bitte auf einer einzigen Seite. Eben nicht die Marketing-Standard-Präsentation auf 18 Seiten. Ich will einen Überblick. Einen überzeugenden." Die Bereichsleiter überspielen ihr inneres Stöhnen mit einem Lächeln. Es hätte so ein schöner Nachmittag werden können …

Stunden später. Acht bleiche Gesichter. Vor dem Vertriebschef liegen
1. sieben unterschiedliche Darstellungen,
2. siebenmal keine Lösungen aus Kundensicht,
3. siebenmal passt das Ganze nicht auf eine Seite.

Hektik. Große Diskussionen. Unklarheit. Nach welchen Kriterien sollen die Leistungen systematisiert werden? Was ist die richtige Terminologie? Alle sieben Bereichsleiter machen sich Sorgen. Wird ihr offensichtlich gewordenes Unvermögen Konsequenzen haben? Mindestens leichte Ungemütlichkeiten nach sich ziehen? Und der Vertriebsleiter? Er überlegt, ob er im falschen Film ist. Hätte er seinerzeit lieber doch den landwirtschaftlichen Betrieb seiner Eltern übernehmen sollen?

Alle acht stellen sich schaudernd vor, wie 121 Verkäufer ihren Kunden in 121 verschiedenen Varianten die Produkte und Leistungen des Unternehmens präsentieren.

Schnitt. Hat der Vertriebsleiter nun doch mit Verspätung den elterlichen Landwirtschaftsbetrieb zurückerobert? Nein. Er schlug (mental) mit der Faust auf den Tisch. Und die Herren Bereichsleiter haben nachgearbeitet.

Eine Woche später: Eine exzellente Variante eines Produkt-Portfolios liegt vor. Überzeugend. Verständlich. In einer Sprache, die dem Kunden seinen Nutzen deutlich macht. Jeder Bereichsleiter kann diese Struktur vortragen. Logisch. Klar. Begeisternd. Nachvollziehbar. Und vor allem: verknüpft mit einem merkfähigen Bild.

Zwei Wochen später können das die 121 Verkäufer ebenfalls. Wir von Winner/s Edge durften sie auf dem Weg dahin sehr sanft unterstützen. Denn das Konzept kam von uns.

Was ist passiert? Nun, das Selbstverständliche ist mitunter allzu offensichtlich. Manchmal sieht man den Wald vor lauter Bäumen nicht mehr. Und wer hat schon einen Blick dafür, ob die eigene Leistung kunden- und nutzenorientiert und auch noch visuell auf den Punkt gebracht ist?

Sie. Spätestens, nachdem Sie das folgende Kapitel gelesen haben.

Es gibt einen zentralen Unterschied zwischen Gewinnern und Verlierern im härter werdenden Kampf um Märkte und Marktanteile. Ob global oder regional: Das ist egal. Der Unterschied liegt in der Blickrichtung. Will sagen: Betrachten Sie das, was Sie anbieten, nicht wie in einer Nabelschau. Also nicht aus dem Blickwinkel des eigenen Unternehmens. Sondern aus dem des Marktes. Aus dem Ihres Kunden. Immer. Grundsätzlich. Denn er ist es, der Ihr Gehalt zahlt. Der Kunde ist Ihr Maßstab. Der Kunde steht im Mittelpunkt. Wer die Musik bezahlt, sagt, was gespielt wird. Punkt.

Das beginnt beim Leistungsportfolio. Weiß Ihr Kunde, welche Lösungen Sie für seine Aufgaben, Herausforderungen und Probleme in petto haben? Vielleicht haben Sie geniale Produkte in der Pipeline, die er gar nicht kennt? Die er aber braucht. Vielleicht weiß er auch noch gar nicht, dass er sie braucht. Wie soll er das jemals herausfinden, wenn Sie mit ihm nicht darüber reden? Wie sollen Sie ahnen, dass genau das, was Sie gerade entwickeln, für Ihren wichtigsten Kunden die Lösung seiner Probleme ist? So wie Sie bisher mit ihm kommuniziert haben, erwartet er ganz andere Dinge von Ihnen. Und Sie von ihm.

Wer beispielsweise von einem Automobilzulieferer Komponenten für diverse Bremssysteme kauft, wird ihn nicht nach Airbags fragen. Es sei denn, er weiß, dass diese spezielle Technologie im Rahmen eines ganzheitlichen Konzepts zur Sicherheit am und im Auto ebenfalls zu den Kernkompetenzen dieses Herstellers gehört.

Es macht also Sinn, wenn Ihre Kunden – auch die potenziellen – Ihr Portfolio kennen. In überschaubarer Form. Strukturiert. So, dass die einzelnen Komponenten logisch zusammenhängen. So, dass sie sehen: Genau an diesem Punkt bieten Sie, was ich suche. Dass Zusammenhänge mit dem Geschäft des jeweiligen Kunden deutlich werden. Womöglich gar Synergien, die Sie ihm bieten können. Eventuell auch Ihr konturiertes Profil als Systemanbieter rund um sein konkretes Geschäft. Das vermittelt Ihrem einzelnen Kunden den Eindruck von Know-how. Von Kontinuität. Durchdringung seines Problemfeldes oder seiner Marktnische. Vertrauen. Es gibt ihm das Gefühl, dass er wichtig für Sie ist. Ist er das etwa nicht?

Hören Sie also als erstes auf, von Leistungen zu reden. Auch intern. Die Sprache formt die Gedanken und umgekehrt. Sprechen Sie von Lösungen. Ausschließlich. Lösungen für Ihren Kunden, nicht für sich selbst. Je besser Sie ihn zufrieden stellen, um so besser stehen Sie selbst da. So einfach ist das. Denken Sie also Ihr Angebot aus der Sicht Ihres Kunden. Das ist die Blickrichtung, die zählt.

Members first

Der erste Schritt ist, dass die Mitglieder Ihrer Crew Ihr Portfolio genau kennen. Ihre Mitarbeiter. Vor allem die im Vertrieb, im Support, in der Technik. Alle Produkte und/oder Leistungen, die Sie anbieten. Nicht nur die, mit denen jeder von ihnen im Alltagsgeschäft sowieso konfrontiert ist. Auch die anderen, mit denen er nicht persönlich zu tun hat. Die besonders.

Sehen Sie diese Produkte und Leistungen erst mal neutral. Sie sind vorhanden. Also listen Sie sie auf und bringen sie in ein Schema. Aber dann kommt auch gleich der zweite wichtige Schritt: Betrachten Sie diese Liste durch die Brille des Kunden.

| Leistungen | ➤ Kundenbrille ➤ | Lösungen |
| Produkte | | Kundennutzen |

Übersetzen Sie sie in seine Sprache. Trainieren Sie diesen Blick. Auch bei Ihren Mitarbeitern. Am Anfang geht das vielleicht noch etwas holprig, aber wenn Sie sich erst einmal systematisch angewöhnt haben, vom Kunden aus zu denken, zu handeln, zu planen, dann geht es Ihnen nach und nach in Fleisch und Blut über. Sie sprechen dann von Lösungen und vom Kundennutzen. Und damit beginnt Ihre Erfolgsgeschichte erst richtig.

Ein Blick genügt

Dazu brauchen Sie zuallererst eine Übersicht, die jeder versteht. Auf den ersten Blick. Weil sie klar und deutlich ist. Diese Übersicht ist das 3-Level-Portfolio. Am besten ist es, Sie benutzen darin von Anfang an konsequent die Begrifflichkeiten Ihrer Kunden. Wenn Sie mehrere unterschiedliche Kundengruppen ansprechen wollen, kann es also sinnvoll sein, Ihr 3-Level-Portfolio in entsprechend vielen Varianten für jede dieser Gruppen maßzuschneidern.

Vielleicht klappt das nicht auf Anhieb. Dann bauen Sie die Struktur erst mal in Ihrer gewohnten Terminologie auf. Wenn sie steht, gehen Sie ans Übersetzen. Setzen Sie sich dazu auf die andere Seite des Tischs. Auf den Stuhl des Kunden. Es hat sich bewährt, das tatsächlich zu machen. Physisch. Ein kleiner Perspektivwechsel kann Wunder wirken. Und dann formulieren Sie das Ganze um. So dass eindeutig der Kundennutzen „Name of the game" ist.

„Um klar zu sehen, genügt oft ein Wechsel der Blickrichtung."

Antoine de Saint-Exupéry

3-Level-Portfolio

CRM Vertrieb

0	I Chance	II Analyse, Plan Steuerung	III Vertriebs-prozesse	IV Support
1. Analyse	Potenzialfelder Kunden	Analyse	Pipeline Opportunity Management	Provisionssysteme
	Entscheidungsträger	Vertriebs-Jahresplanung	Channel Management	Wissensdatenbank
2. Empfehlung	Wettbewerbsbeobachtung	Vertriebsprognosen	Cross-Selling	Selflearning
	Positionierung	Vertriebsprojekte	Kontakt-Management	Training Argumentationsleitlinien
3. Risikobewertung	Produktportfolio	Reporting	Call-Center Kalkulationen	E-Sales
	Lösungsangebot	Kennzahlen	Bonitätsprüfung	Mobil-Clients
4. Resulting		Vergleiche Terminmanagement		
		Key-Account-management		

CRM Marketing

0	I Markt	II Planen, Steuern	III Channels	IV Support
1. Analyse	Markttrends	Jahresplanung Mittelfristplanung/Prognose	Eventmarketing	Marketing-Enzyklopädie
	Marktszenarien		Direktmarketing	Wissensdatenbank
2. Empfehlung	Analyse, Segmentierung	Risikoplanung	Telemarketing	Intelligent Scripting
	Wettbewerbsportfolio		Call-Center	Daten-Management-Integration
3. Risikobewertung			E-Marketing	Data Warehouse
			Kampagnenmarketing/Listenmanagement	Archivierung
4. Resulting				Korrespondenz

CRM Service

0	I Planen, Steuern	II Instrumente	III Funktionen	IV Support
1. Analyse	Jahresplan	Ersatzteilplanung	Vorgangs- und Aktivitätensteuerung/Workflow	Intelligent Scripting
	Personaleinsatzplanung	Teleservice		Archiv
2. Empfehlung	Call-Center Steuerung	Helpdesk/Problemlösung	Collaboration	
	Reporting	Beschwerdemanagement	Computer Telefon Integration	
3. Risikobewertung		Qualitätsmanagement	Universal Queuing	
		Technischer Kundendienst	Kontakt-Management	
4. Resulting		Call-Center indirekt	telefonisch E-Mail	
		Face to Face by client direct	Sachbearbeiter Einbindung Umsetzung	

① Level 1 – Strukturieren Sie Ihr Portfolio
② Level 2 – Packages machen Ihr Angebot griffig
③ Level 3 – Einzelmodule übersichtlich auflisten

Am besten geht das gemeinsam mit Ihren Mitarbeitern. Zum Beispiel in einem Workshop. Vormittags stellen Sie alle Produkte und Dienstleistungen zusammen und bringen sie in die richtige Systematik. Und nachmittags übersetzen Sie das komplette 3-Level-Portfolio in die Sprache des (oder der) Kunden.

Im hier gezeigten Beispiel geht es um einen CRM-Anbieter. Consumer Relationship Management. Denn das ist ein weites Feld. Ein diffuser Begriff. Hier gibt es so viele Programme und Anwendungen, dass es schwer fällt, sie griffig voneinander zu unterscheiden und in eine klare Systematik zu bringen. Aber es ist möglich. Auf einer DIN-A4-Seite. In einer eindeutigen, verständlichen, nachvollziehbaren Systematik. Wenn Sie die einmal verstanden haben, können Sie sie auf jede andere Branche übertragen. Auch auf Ihre eigene.

5.1 Level 1 – Strukturieren Sie Ihr Portfolio

Dieses Werkzeug heißt 3-Level-Portfolio, weil es Ihr Lösungsangebot logisch und stringent strukturiert. So dass es jeder versteht und nachvollziehen kann, was darin für ihn selbst an Potenzial steckt. Um diese Struktur klar zu etablieren, beginnen Sie mit klaren Oberbegriffen.

Im Beispiel des CRM-Anbieters umfasst die erste Abstraktionsebene, also Level 1, die wichtigsten Anwendungsgebiete der verschiedenen Software-Pakete: Vertrieb, Marketing und Support. Alle Leistungen dieses Anbieters lassen sich mindestens einer dieser drei Gruppen zuordnen. Würde der bereits zitierte Hersteller für Sicherheitssysteme im Automobilbau sein Portfolio strukturieren, wären die drei Rubriken seiner Wahl vielleicht Bremssysteme, Fahrzeugstabilitätssysteme und Sicherheitssysteme für die Passagiere im Wageninneren. Bei einem Kosmetikhersteller könnten Face, Körperpflege und Düfte die Oberbegriffe sein. Und bei Ihnen?

Anstelle von drei können Sie im Level 1 auch mit nur zwei Obergruppen arbeiten. Oder mit vieren. Hauptsache, Sie können jedes Ihrer Angebote unter einer dieser Überschriften subsumieren. Versuchen Sie aber auf dieser Ebene nicht zu viele verschiedene Rubriken zu definieren. Denn sonst verzetteln Sie sich. Und die so hoffnungsvoll angestrebte Transparenz versinkt im Chaos.

5.2 Level 2 – Packages machen Ihr Angebot griffig

Im zweiten Level gehen Sie in die Tiefe Ihres Angebots: Bilden Sie Packages. Cluster. Bündeln Sie Ihre Lösungsangebote, die Produkte und/oder Leistungen, in thematisch zusammenhängenden Gruppen. Orientieren Sie sich bei der Zusammenstellung dieser Gruppen an Ihren Kunden: Was gehört aus deren Sicht zusammen?

Im CRM-Beispiel gehören zu jeder Rubrik vier verschiedene Packages. Softwarepakete im Rahmen des Customer Relationship Management. Für den Vertrieb sind das Softwareprogramme, die im ersten Schritt unter „Chance" zusammengefasst sind. Also eine systematische Aufarbeitung im Vorfeld der Kundengewinnung. Das zweite Package umfasst CRM-Produkte im Zusammenhang mit Analyse, Plan und Steuerung der Vertriebsarbeit. Im dritten Package stecken Produkte, die Vertriebsprozesse transparent machen. Und im letzten alle Programme, die sich unter „Support" zusammenfassen lassen. Analog sind die Packages in den Rubriken Marketing und Service aufgebaut. Maßstab für die Zusammensetzung der Packages ist der Kundennutzen.

Wenn Sie beispielsweise ein Kosmetikhersteller sind, dann kann es sinnvoll sein, in der Rubrik „Face" die Packages „Jugendliche", „junge Frauen bis 25", „reife Frauen bis 40", „Frauen ab 40" und „Männer" zu segmentieren und darunter dann die Kosmetiklinien für jede dieser Gruppen aufzulisten.

Nicht immer sind Dienstleistungen und Produkte so deutlich unterschieden wie in der CRM- oder der Kosmetik-Branche. Oft gehört beides ins Portfolio. Zum Beispiel im Anlagenbau. Hier werden Maschinen hergestellt, also höchst handfeste Produkte. Aber quasi als Zubehör wird auch meistens ein ganzes Spektrum an Dienstleistungen mitverkauft. Hier ist der Lösungsansatz besonders offensichtlich.

Im Anlagenbau erzielen inzwischen mehr als 80 Prozent der Unternehmen über 15 Prozent ihres Umsatzes durch Dienstleistungen. In vielen dieser Unternehmen wird sogar schon jeder zweite Euro über Dienstleistungen umgesetzt. In nahezu jeder Branche gehören mittlerweile bestimmte Dienstleistungen zum Standard und werden ganz selbstverständlich erwartet. Wenn das in Ihrer Branche oder in Ihrem Unternehmen ähnlich ist, gehören solche Dienstleistungen im 3-Level-Portfolio mit in die entsprechenden Packages.

Als erstes Package ist in jeder Rubrik die 0 vorangestellt. Die Diagnose. Sie ist der obligatorische erste Schritt. Ganz gleich auf welchem Level Sie sich bewegen: Immer analysieren Sie zunächst die Ausgangssituation Ihres Kunden. Egal ob er – um im Beispiel zu bleiben – ein Modul zum Reporting will. Oder ein CRM-System für das gesamte Marketing. Oder für den kompletten Vertrieb. Der erste Schritt heißt: Analyse. Mit welcher Software arbeitet er bisher? Was sind seine konkreten Herausforderungen? Was braucht er also?

Erst wenn Sie das wissen, können Sie ihm die passende Lösung empfehlen. Dazu gehört zwingend ein Risiko-Check. Wie lange dauert es, bis das Modul störungsfrei läuft? Was kostet es? Wie ist der Return on Investment? Was ist das Schlimmste, was passieren kann, wenn es doch einmal ausfallen sollte? Und so weiter. Danach erst kommt das Resulting. Die Durchführung.

Diese Schritte sind unerlässlich. Das hat etwas mit Sorgfalt zu tun. Mit Zuverlässigkeit. Und wieder mit Kundenorientierung. Vergessen Sie solche Elemente nicht in Ihrem 3-Level-Portfolio. Sie gehören als Qualitätsfaktoren dazu.

5.3 Level 3 – Einzelmodule übersichtlich auflisten

Erarbeiten Sie Ihr 3-Level-Portfolio gemeinsam mit Ihrem Verkaufsteam. Nach diesem Prinzip bringen Sie alle Lösungsangebote buchstäblich auf den Punkt. Auf einen Blick. Überschaubar. Strukturiert. Professionell.

Sehen Sie sich dazu das Beispielportfolio genauer an. Das erste Package in der Rubrik Vertrieb umfasst alle CRM-Module im Bereich „Chance", also im Vorfeld der Kundengewinnung. Das sind beispielsweise Systeme, mit denen die Potenzialfelder der Kunden beziehungsweise der möglichen Kunden abgeklopft werden. Oder Programme, die die Strukturen der internen Entscheidungsträger transparent machen, um diese gezielt ansprechen zu können. Oder um die Mitbewerber zu analysieren. Das eigene Unternehmen im Umfeld des relevanten Wettbewerbs zu positionieren. Oder die Lösungsangebote des Kunden untereinander trennscharf abzugrenzen.

Mithilfe einer solchen Systematik können Ihre Sales-Teams auf Kundenprobleme schnell und gezielt reagieren. Nehmen Sie an, das CRM-Unternehmen ist Ihres. Ein Kunde spricht mit Ihrem Vertriebsmitarbeiter. Er sagt: „Nun ja, unser Kundenservice funktioniert unterm Strich gut. Aber das Reporting in die Organisation hinein hat Mängel …" Dann zückt Ihr Vertriebsmitarbeiter sein Portfolio und sagt: „Schauen Sie, zum Reporting können wir Ihnen ein Modul anbieten. Wir können es den konkreten Gegebenheiten in Ihrem Unternehmen leicht anpassen. Maßgeschneidert."

Dann schaut der Kunde auf die Matrix und sagt: „Sie haben offenbar auch ein Modul zum Key Account Management. Können Sie mir das genauer erklären?" Der Verkäufer beschreibt es. Oder er sagt: „Das kann Ihnen Herr Meier besser erklären, er ist unser Spezialist für das Key Account Management. Wünschen Sie einen persönlichen Beratungstermin mit ihm?"

Maßgeschneiderte Produkte binden Kunden

Kundenorientierung und Kundenbindung können auch dazu führen, dass Sie – zum Beispiel nach einem solchen Gespräch – maßgeschneiderte Produkte speziell für einzelne Kunden entwickeln. Oder noch besser: gemeinsam mit ihnen. Das ist besonders im B2B-Geschäft interessant, wenn es beispielsweise um Halbfertigprodukte geht. Oder im Dienstleistungssektor, etwa bei Softwareanwendungen. Erfährt der Vertrieb von einem Anwendungsproblem des Kunden, kann er zu innovativen Lösungen anregen, indem er diese Informationen mit den Ingenieuren und Forschern im eigenen Haus bespricht und diese mit ihren Kollegen beim Kunden an einen Tisch bringt. Das schafft Umsatz, verbessert das gegenseitige Vertrauen, die Zusammenarbeit und damit auch die Kundenbindung. Auch solche individuellen Lösungswege können einen Teil des flexiblen Produktportfolios ausmachen.

> *„Die meisten meiner Ideen gehörten ursprünglich anderen Leuten, die sich nicht die Mühe gemacht haben, sie weiterzuentwickeln."*
>
> *Thomas Alva Edison*

5.4 Alle Lösungen für den Kunden auf einer Seite

Nehmen Sie sich ausreichend Zeit, um Ihr 3-Level-Portfolio zu erarbeiten. Denken Sie in Ruhe darüber nach. Wie können Sie das vorliegende Beispiel adaptieren? So dass es Ihr Unternehmen, Ihre Lösungsangebote plakativ abbildet? Welche Rubriken stehen als zusammenfassende Klammer im Level 1 über den einzelnen Packages? Nach welchen Kriterien bauen sich diese Packages in Ihrem Unternehmen auf?

Sind wichtige, sinnvolle Lösungen denkbar, die in Ihrem Portfolio noch fehlen? Diskutieren Sie auch das mit Ihrem Team. Wenn Sie die gesamte Struktur vor Augen haben, werden manche Mängel erst deutlich.

Nehmen Sie auch Innovationen mit auf. Ideen, die Ihre Mitarbeiter schon lange mit sich herumtragen, weil sie wissen, dass sie bei wichtigen Kunden eine Chance hätten. Oder die ihnen helfen könnten, neue wichtige Kunden zu überzeugen. Die vielleicht noch nicht umgesetzt sind, für die es aber entsprechende Kapazitäten gibt.

Zum Beispiel hatten schon vor vielen Jahren Menschen den Wunsch, Umwelt schützende Waschmittel zu kaufen. Es gab aber keine. Und Strategen, die von diesem Wunsch erfuhren, schoben ihn beiseite. Weil sie ihn für irrelevant hielten. Vielleicht auch für utopisch. Und heute kräht kein Hahn mehr danach. Weil inzwischen kein Waschmittel mehr entwickelt wird, ohne dabei auch Aspekte des Umweltschutzes zu berücksichtigen.

Markieren Sie solche „Utopien" in Ihrem 3-Level-Portfolio farbig. Sind sie realistisch? Umsetzbar? Was sagt Ihre Produktion dazu? Vor allem: Was sagen Ihre wichtigen Kunden? Die mit dem besten Potenzial? Halten die sie für interessant? Unter welchen Bedingungen? Eventuell haben Sie hier eine Einflugschneise für neue Potenziale. An diesem Punkt fließen Potenzial Line und 3-Level-Portfolio ineinander und liefern Anhaltspunkte für eine strategische Marktbearbeitung.

> **Woher bekommen Sie neue Ideen für Produkte?**
>
> Neue Ideen wachsen nicht auf Bäumen. Aber wer bewusst nach ihnen sucht und dabei die Augen offen hält, kann eventuell sogar dort Anregungen finden. Merke: Tausende ungenutzter Ideen schwirren durch die Luft und warten nur darauf, umgesetzt zu werden.
>
> **Ideenquelle Mitarbeiter**
> Regen Sie die Neugier Ihrer Mitarbeiter an. Ihren Ehrgeiz, über die Grenzen des immer wieder Gleichen hinauszudenken. Erheben Sie Aufmerksamkeit, Offenheit und die hohe Kunst des Querdenkens zur Unternehmenskultur. Das funktioniert allerdings nur, wenn auch Ihre Führungsriege diese Tugenden glaubwürdig verkörpert und sie bei den Mitarbeitern immer wieder aufs Neue thematisiert. Dann haben Sie eine nie versiegende Ideenquelle im eigenen Haus. Ideenwettbewerbe, konsequentes Ideenmanagement, Workshops usw. können das unterstützen. Aber am motivierendsten ist ein grundsätzlich innovationsfreudiges Unternehmensklima.

Ideenquelle Kunden
Das ist das Revier Ihrer Außendienstler. Aber auch Sie selbst sollten regelmäßig das Gespräch mit Ihren Kunden suchen. Überlegen Sie gemeinsam, wo Sie ihnen einen Mehrwert bieten können. Nehmen Sie auch unter diesem Aspekt Reklamationen ernst. Sie können ein erstaunliches Innovationspotenzial bergen. Geben Sie qualifiziertes Feedback und behandeln Sie Kunden als aktive Partner in Sachen Innovation. Schreiben Sie attraktive Wettbewerbe für Ihre Kunden aus.

Ideenquelle Partnerunternehmen
Nutzen Sie Synergien mit Ihren Lieferanten und Vertriebspartnern. Erarbeiten Sie gemeinsame Strategien, von denen alle profitieren – die aber auch die Risiken auf mehrere Schultern verteilen. Unterm Strich hat jeder der beteiligten Partner davon im Wettbewerb einen Vorteil.

Ideenquelle Wettbewerb
Wie machen's die anderen? Was machen sie falsch – wo sind sie besser? Schauen Sie dabei nicht nur dem unmittelbaren Wettbewerb in die Kochtöpfe. Auch ein wacher Blick in völlig andere Branchen kann Gedankensprünge auslösen.

Ideenquelle Natur
Denken Sie in Analogien – übertragen Sie „artfremde" Muster auf Ihr Unternehmen und schauen Sie, was dabei herauskommt. Ytongsteine sind zum Beispiel aus dem Gedanken entstanden, dass sich Vögel zum Schutz gegen die Kälte aufplustern. Die Luft, die sich dabei zwischen den Federn sammelt, wirkt wie eine Wärmedämmung. Dieses Prinzip haben findige Köpfe auf Wärme dämmende Steine übertragen.

Ideenquelle Publikationen und Internet
Viele Leute mit guten Ideen sind auf ihre Geistesblitze so stolz, dass sie sie veröffentlichen. In Fachzeitschriften, in Studienarbeiten, in Büchern oder im Internet. Wahre Fundgruben für Ideensammler!

Ideenquelle Messen, Tagungen und Kongresse
Ob im Rahmen von Innovationswettbewerben, Fachtagungen, Messen oder Kongressen: Viele Unternehmen präsentieren gern ihre Innovationen. Gehen Sie hin. Hören Sie zu. Wenn möglich, reden Sie mit den Referenten. Es kann Sie auf neue Ideen für Ihr eigenes Unternehmen bringen. Auf jeden Fall aber können Sie dabei eine Menge nützliches Hintergrundwissen sammeln, das für Sie ungeahnte Früchte tragen kann – wenn auch vielleicht völlig anders als zunächst vermutet.

Ideenquelle Wissenschaft
Universitäten, Technische Hochschulen, Fachhochschulen – die Kaderschmieden der Zukunft. Hier finden Sie junge Menschen, die noch nicht um die Ecke denken. Sondern erfrischend geradeaus. Viele Unternehmen haben schon herausgefunden, wie befruchtend eine Partnerschaft mit solchen Institutionen ist – die dafür überwiegend sehr offen sind.

5.5 Alles frisch? – Die kontinuierliche Überprüfung

Wie vernichtend es sein kann, die Signale des Marktes zu verschlafen und zuzulassen, dass das Produktportfolio hoffnungslos veraltet, hat zum Beispiel im Jahr 2005 die Handysparte des deutschen Multis Siemens bewiesen: Hier haben die Manager Innovationen ihren aufmerksameren Mitbewerbern überlassen. Mit dem Ergebnis, dass sie ihnen letzten Endes ihre gesamte Handysparte überlassen mussten. Dumm gelaufen.

Stellen Sie Ihr Produktportfolio also regelmäßig auf den Prüfstand. Je nachdem, welchen Lebenszyklus Ihre Produkte und Lösungen haben. Also einmal im Monat, jedes Quartal oder in anderen Abständen, die sinnvoll sind. Viel zu viele Unternehmen sind dazu offenbar nicht flexibel genug. Bei vielen sind Innovationen überfällig. Und das in einem Land, in dem Innovationen ein zentraler USP im globalen Wettbewerb der Wirtschaftsstandorte sind.

Nutzen Sie Ihre erfahrenen Sales-Mitarbeiter als Spürhunde. Nicht nur, aber besonders die im Außendienst. Sie haben ständig die Nase im Wind – und wissen, woher der weht. Sie kennen Märkte und Menschen im Umfeld Ihrer Branchen. Sensibilisieren Sie Ihre Leute. Sie sollen Augen und Ohren offen halten. Ermutigen Sie sie, alles wahrzunehmen, was ihnen an Veränderungen im Markt oder an Problemen und Herausforderungen im Unternehmen Ihrer Kunden auffällt. Sorgen Sie für offene Kommunikationsstrukturen in Ihrem Unternehmen. Damit wichtige Botschaften nicht ungehört verhallen, sondern aufgegriffen werden.

Beleuchtet, überprüft, wenn möglich veredelt zu innovativen Lösungen. Damit Ihr Produktportfolio immer frisch, lebendig und attraktiv bleibt.

Ihr Produktportfolio hängt eng mit den Potenzialen zusammen, die Sie in der Potenzial Line analysiert haben. Eins greift ins andere. Je innovativer und attraktiver Ihre Angebote sind, umso größer werden Ihre Potenziale. Sorgen Sie dafür.

5.6 Exkurs: Denken in klaren Bildern

Es ist immer hilfreich, Ideen mit starken, plakativen, *merk*würdigen Bildern zu verknüpfen. Ein Bild sagt mehr als tausend Worte. Bei den meisten Menschen verankert es sich leichter im Gehirn als komplexe Botschaften. Es sollte als Metapher funktionieren, als mentale Brücke zu den Kernbotschaften. Und als Gedächtnishilfe.

Winner/s Edge, das Unternehmen, zu dem wir Autoren als Partner gehören, hat sich den Adler als eine solche mentale Brücke gewählt. Und das hat folgenden Hintergrund:

Zur Philosophie von Winner/s Edge gehört die Überzeugung, dass eine gute Arbeitsatmosphäre wesentlich zu guten Ergebnissen beiträgt. Deshalb ist unsere Basis ein Schloss im Großraum Köln (zu sehen unter: www.winners-edge.de/schloss). Dort hatten wir vor Jahren einen Nachbarn mit einer für diese Gegend eher exotischen Leidenschaft:

Er besaß zwei mächtige Steinadler, die er zur Jagd abgerichtet hatte. Mit ihnen reiste er regelmäßig zu den traditionellen Adlerjagden in Kirgistan.

Voller Begeisterung erzählte uns dieser Mann von seinen Adlern. Besonders lobte er ihre souveräne Art zu jagen. Ein Adler kreist majestätisch hoch in der Luft und verschafft sich aus dieser Perspektive in aller Ruhe einen Überblick. Er sucht sich sein Ziel sehr sorgfältig aus und weiß genau, welches Tier groß genug für ihn ist – aber nicht zu groß. Sein Timing ist perfekt. Offenbar ahnt er die zu erwartenden Bewegungen seines Opfers voraus und kommt ihm zuvor. Selbst ein erfahrener und starker Wolf hat dagegen kaum eine Chance.

Wesentlich für den Jagderfolg des Adlers ist das perfekte Zusammenspiel seiner Augen, die ebenso scharf sind wie sein strategisches Gespür, mit dem Schweif, der die Richtung austariert, und den kräftigen Schwingen, die für das notwendige Tempo und den optimalen Auftrieb sorgen, erklärte uns der Besitzer der Tiere. Das hat uns inspiriert, den Adler zum Symbol für strategisches Denken und Handeln zu ernennen.

Die Winner/s Edge-Partner haben sich als Resulter auf alle Fragen rund um den Vertrieb spezialisiert. Resulter – mit diesem erfolgsgerichteten Terminus heben sie sich bewusst ab von der Welt der Seminare, Workshops und Coaches aus dem Altertum des Vertriebs. Erfolgsgerichteter Vertrieb ist immer auf Expansion gerichtet. Auf ansteigende Kurven, auf lichte Höhen. Dafür ist der selbstbewusste, hoch aufsteigende König der Lüfte genau die richtige Metapher.

Die untenstehende Zeichnung soll die Skizze eines Adlers sein (wir üben noch). Sie transportiert anschaulich den systemischen Zusammenhang der einzelnen Schwerpunkte im Vertrieb. Beim Blick auf den Winner/s-Edge-Adler wird das auf Anhieb deutlich.

Diesem Adler werden Sie im zweiten Teil dieses Buches wieder begegnen. Er führt Sie durch die Schlüsselhebel, mit denen Sie die strategischen Herausforderungen bewältigen, die sich aus dem bisher Gesagten ergeben.

Finden Sie für Ihr Unternehmen, Ihre Sales-Gruppe oder Ihr Vertriebsteam ein vergleichsweise starkes Bild. Eines, das Ihr Business anschaulich symbolisieren kann. Arbeiten Sie damit. Ein solches Leit-Bild macht es einfacher, wesentliche Inhalte im Unterbewusstsein so stabil zu verankern, dass die zentralen Leitlinien in jeder Situation präsent sind. Es verhindert, dass im Alltag Wichtiges untergeht. Wie der berühmte Knoten im Taschentuch – nur ein wenig vielseitiger und komplexer.

6 Schlüsselhebel – Die entscheidenden Hebel finden

Aktion oder Aktionismus?

Unser Gesprächspartner war der Vertriebskoordinator einer Versicherung der Top Ten. Sein Problem: Im Hause überschütteten eine Reihe von Produktmanagern die Vertriebler unkoordiniert mit Marketingaktionen. Monat für Monat. Mit entsprechendem Aufwand und allen dazugehörigen Meetings. Hinzu kämen, seufzte er, gegen Monatsende noch ein paar charmante Blitzaktionen. Und die Personalabeilung habe auch noch stets einen bunten Strauß an Projekten parat. Dann noch ständig diese Events verschiedener Externer, die erheiternder Weise nicht selten in Widerspruch zu den übrigen stünden. Nicht zu vergessen das spezielle Programm für die sogenannten High Potentials. Und die laufenden Befragungen, denn die deutsche wie auch die europäische Marketingabteilung wollten offenbar den Analyse-Award International gewinnen.

Alles in allem zerrten 48 unterschiedliche, teils gegeneinander laufende Programme an dem armen Mann. Jeden Monat. Immer wieder, berichtete er achselzuckend, falle irgendjemandem etwas anderes ein. Und die Außendienstler hätten es auszubaden. Gemeinsam mit ihm.

Denn er sei der Koordinator all dessen. Leider habe er es nicht rechtzeitig geschafft, aus dem Raum zu entkommen, als es darum gegangen sei, jemanden für diese Aufgabe auszugucken. Pech. Und nun gab er sich noch genau zwei Monate Zeit, bis er auch noch mit den letzten der unterschiedlichen Aktions-Erfinder-Organen verkracht sei bis in die Steinzeit. Denn dieses Chaos sinnvoll zu koordinieren sei schlechterdings unmöglich. Wir fragten uns mitleidsvoll, wie diesem Manne wohl zu helfen sei.

Für uns als Externe gibt es natürlich elegantere Möglichkeiten. Unsere Kernidee: Prioritäten setzen und alle Aktivitäten ganzheitlich bündeln. Zugegeben, wir haben in diesem konkreten Fall dafür drei Monate gebraucht. Der stärkste Machtfaktor waren dabei die Vorstände. Zwar signalisierten sie für die angepeilte energetische Bündelung große Einigkeit. Im Einzelfall forderten sie jedoch die Argumentationskünste der Resulter von Winner/s Edge bis an ihre Grenzen.

Unterm Strich allerdings erwies sich der Markt als noch überzeugenderer Machtfaktor. Die Kunden auf den Punkt professionell zu betreuen – und zwar lösungsorientiert – hat am Ende auch das letzte Vorstandsmitglied mehr überzeugt als die egoistische Unternehmensbrille.

Schon Archimedes war davon überzeugt, dass er nur die richtigen Hebel finden müsste, um die Welt aus den Angeln zu heben. Das können Sie auch. Die richtigen Hebel sind schon da. Sie müssen sie nur finden. Aber wie?

„Besser plump tanzen als lahm gehen ... auch das schlimmste Ding hat gute Tanzbeine."

Friedrich Nietzsche

6.1 „Moments of Result" – die erfolgskritischen Punkte

Ihre Schlüsselhebel sind die Instrumente, mit denen Sie an bestimmten Punkten im Unternehmen und in seinem Umfeld etwas bewegen können. An den „Moments of Result". Das sind die erfolgskritischen Punkte, an denen Sie Ihre Hebel ansetzen, um Ihre Welt „aus den Angeln zu heben". Um die Resultate zu erreichen, die Sie sich auf die Fahnen geschrieben haben.

Solche Moments of Result haben Sie bereits gefunden. Während Sie sich mit den Tools auseinander gesetzt haben, die Sie zuvor gemeinsam erarbeitet haben:

Darin stecken mehr als genügend Ansatzpunkte. Die Basis für Ihre Schlüsselhebel. Aber nicht nur hier. Ähnlich entscheidende Knackpunkte können auch rund um Ihr Unternehmen verstreut liegen. Weiten Sie also zunächst Ihren Blick. Schauen Sie über die Grenzen Ihres Unternehmens. Sehen Sie sich sein Umfeld kritisch an. Den Markt. Die übrigen Rahmenbedingungen. Die politischen und die gesellschaftlichen. Suchen Sie auch hier gezielt nach erfolgskritische Punkten. Danach, wo die Maschinerie nicht rund läuft. Wo der Motor stottert. Wo Ihre inneren Alarmglocken schrillen – oder eventuell auch nur leise zu klingeln beginnen. Möglicherweise sind hier akut erfolgskritische Punkte, an denen es noch mehr brennt als im Inneren Ihres Unternehmens. Um das beurteilen zu können, müssen Sie erst mal genau hinschauen.

Es gibt viele erfolgskritische Punkte

Was zählt ist nicht, ob etwas potenziell erfolgskritisch ist. Das trifft auf vieles zu. Was zählt ist, ob es an diesem Punkt auch tatsächlich kritisch wird. Ein Beispiel:

Zu Ihren Rahmenbedingungen gehört Ihr Standort. Nehmen Sie an, Sie sind hier seit elfeinhalb Jahren etabliert. Es gibt keinen Ärger mit den Nachbarn, Sie haben sich als Sponsor des jährlichen Jugendfußballturniers profiliert. Sie kooperieren mit den weiterführenden Schulen im Einzugsbereich und haben deshalb keine Nachwuchsprobleme. Mit den Repräsentanten der lokalen Verwaltungsgremien pflegen Sie den Dialog. Alles bestens. Jeder Standort ist eindeutig ein potenziell erfolgskritischer Punkt. Eine Sollbruchstelle. Aber Sie haben Ihren im Griff. Es besteht kein Handlungsbedarf. Und damit ist hier kein Ansatzpunkt für einen Schlüsselhebel.

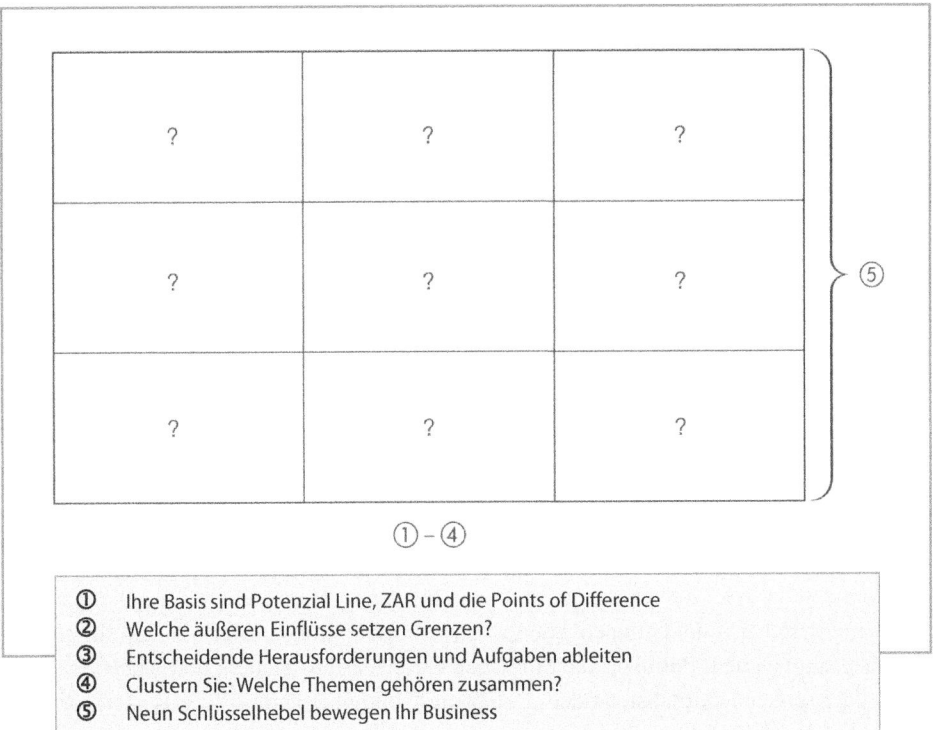

① Ihre Basis sind Potenzial Line, ZAR und die Points of Difference
② Welche äußeren Einflüsse setzen Grenzen?
③ Entscheidende Herausforderungen und Aufgaben ableiten
④ Clustern Sie: Welche Themen gehören zusammen?
⑤ Neun Schlüsselhebel bewegen Ihr Business

Wenn allerdings Ihr Betriebsgelände aus allen Nähten platzt und Sie das Nachbargrundstück zukaufen wollen, um anzubauen. Und wenn die Eigentümer dieses Grundstücks sich weigern, es Ihnen zu verkaufen. Vielleicht, weil sie den Preis in die Höhe treiben wollen oder ein anderer Interessent bereits vor Ihnen angeklopft hat. Wenn Sie deshalb Strategien entwickeln müssen, wie Sie entweder doch noch an dieses Grundstück kommen können oder an einen anderen Ort ausweichen – dann kann das Thema Standort zum Moment of Result werden. Zu einem möglichen Ansatzpunkt für einen Schlüsselhebel.

Nehmen Sie sich einen Tag Zeit. Mit Ihrem gesamten Team. Je mehr Ihrer Mitarbeiter involviert sind, um so weniger müssen Sie anschließend erklären. Sammeln Sie gemeinsam alle erfolgskritischen Punkte. Das ist der erste Schritt. Dann durchleuchten Sie jeden einzelnen daraufhin, ob Handlungsbedarf besteht. Und am Ende wählen Sie die wichtigsten aus und bündeln sie.

Das ist eine eindeutig strategische Aufgabe. Sie ist am ehesten im Team zu lösen. Und sie ist eine Voraussetzung für die Umsetzung Ihrer strategischen Ziele. Also orientieren Sie sich letztlich bei der Auswahl Ihrer Prioritäten an diesen Zielen.

6.2 Ihre Basis sind Potenzial Line, ZAR und die Points of Difference

Sie haben Ihre strategischen Kernpunkte erarbeitet. Kunden- und nutzenorientiert. Gemeinsam mit Ihrem Team. Mit der Potenzial Line haben Sie Ansatzpunkte gefunden, an denen Sie wachsen können. Zum Beispiel neue Potenziale, die Sie bisher übersehen hatten. ZAR hat Ihren Verkäufern – und Ihnen – gezeigt, wie die zur Verfügung stehende Zeit effizienter genutzt und gezielter die renditestarken Kunden ins Boot geholt werden können. Ihr PositionBoard hat die Schwächen – und die Stärken! – Ihres Unternehmens im Vergleich zum relevanten Wettbewerb deutlich gemacht. Sie wissen nun, wie Sie Ihre Position im Markt verbessern können. Und auch das 3-Level-Portfolio hat Ihnen Ansatzpunkte für Ihre Hebel geliefert. Zusammengenommen ist das eine gute Basis.

6.3 Welche äußeren Einflüsse setzen Grenzen?

Der Markt setzt den Rahmen, in dem Sie sich bewegen. Aber nicht nur er. Die erstaunlichsten Menschen und Gruppen können unvermittelt großen Einfluss auf Ihren Geschäftserfolg nehmen. Politiker, die mit neuen Gesetzen Ihre Steuern und Abgaben erhöhen – oder senken. Journalisten oder „Celebrities", die unerwartete Trends anstoßen und damit Ihre Produkte plötzlich zum Renner machen – oder zum Flop des Jahrhunderts. Umweltschutzgruppen, die auf Ihrem Firmengelände die Brutstätten seltener Vögel entdecken. Gewerkschafter, die Ihnen sagen wollen, wo Sie investieren dürfen – und wo nicht. Die Analysten an der Börse, die Ihre Shareholder auf die Barrikaden treiben, wenn die Aktie mal einen halben Prozentpunkt nach unten geht. Und wer weiß, wer sonst noch ein Wörtchen mitreden möchte ...

Eine negative Grundstimmung drückt auf die Kaufkraft. Märkte stagnieren oder fragmentieren sich. Nischen werden immer wichtiger, um wenigstens noch halbwegs attraktive Renditen zu erwirtschaften. Immer mehr Unternehmen orientieren sich in andere Länder. Nicht nur aus Exportinteressen. Sondern auch, um näher an ihren globalen Kunden zu sein. Oder um preiswerter zu produzieren. All das kann sich in der einen oder anderen Form auf Ihr Geschäft auswirken. Und – direkt oder indirekt – die Auswahl Ihrer Schlüsselhebel beeinflussen. Denn jeder der Marktakteure um Sie herum kann für Sie akut erfolgskritisch werden.

Wer zu spät kommt, den bestraft der Trend

In der Fotografie liegen nun schon seit einiger Zeit Digitalkameras im Trend. Klassische analoge Fotoapparate finden kaum noch Käufer. Was dazu führt, dass traditionsreiche Unternehmen wie Leica Probleme bekommen haben. Sie haben offenbar Entwicklungen der letzten Jahre verschlafen.

Wenn Sie mit offenen Augen durch die Welt gehen, kennen Sie die aktuellen Trends. Zusätzlich gibt es diverse Trendforscher in Deutschland, die regelmäßig durch die Lande streifen, um das Gras wachsen zu hören. Eventuell gehören Sie selbst ja sogar zu den Trendsettern, die erste Anzeichen für neue Entwicklungen früh erkennen und eine Welle auslösen? Auf jeden Fall bestimmen Trends die Konjunkturen vieler Märkte entscheidend mit – und wer eine solche Welle verpasst, läuft leicht auf. Verlieren Sie also aktuelle Trends nicht aus dem Blick.

Ihr Kunde hustet – und Sie bekommen Fieber

Marktmechanismen begrenzen Spielräume. Das gilt für Ihre Kunden ebenso wie für Sie. Deshalb werden Probleme, mit denen Ihre Kunden zu kämpfen haben, für Sie leicht zu akut erfolgskritischen Punkten.

Zum Beispiel kann das Management rasch wechseln. Bösartige Zungen behaupten, die Halbwertzeit eines Managers der mittleren Hierarchieebene nähere sich mittlerweile der eines Joghurtbechers. Das ist sicher ein wenig übertrieben. Tatsache aber ist, dass Ihr Außendienst es mit immer wieder neuen Entscheidungsträgern, nicht selten gar mit komplett runderneuerten Netzwerken zu tun haben. Das erfordert hohe Flexibilität auf Ihrer Seite. Denn nach wie vor entscheidet die individuelle Ansprache über den Erfolg. Sind die Gesprächspartner auf Kundenseite mit Restrukturierungswellen konfrontiert, reagieren sie auf Akquisitionsbestrebungen reserviert oder mit Ablehnung. Wenn schon ein neuer Lieferant, so meinen sie, dann muss dabei auch ein entscheidender Mehrwert herausspringen. Mit dem sie selbst sich intern profilieren können.

"Man muss noch Chaos in sich haben, um einen tanzenden Stern gebären zu können."

Friedrich Nietzsche

Wenn die Märkte enger werden und die Kaufkraft sinkt, stoppen viele Kunden erst mal geplante Investitionen. Was nicht unbedingt notwendig ist, wird aufgeschoben. Das setzt eine Kettenreaktion in Gang. Wenn beispielsweise öffentliche Auftraggeber ihre Straßenbauprojekte stoppen, weil die Kassen leer sind, trifft das nicht nur die Bauunternehmen. Sondern auch deren Zulieferer.

Eine beliebte Kundenstrategie ist auch die Risikostreuung: Sie kaufen ihre Rohstoffe, Produkte oder Dienstleistungen nicht nur bei Ihnen. Sondern auch bei Ihrem Wettbewerb. Das ist klug. Sie selbst machen es nach Möglichkeit ja ebenso. Wenn Sie aber auf der „falschen" Seite des Tisches sitzen, auf der Lieferantenseite, dann kann es ärgerlich sein. Vor allem, wenn Ihr Kunde zum Beispiel versucht, damit Ihre Preise zu drücken. Oder unfaire Vorteile für sich herauszuschlagen. Kunden sind schließlich auch nur Menschen.

Ihre Shareholder wollen Cash sehen

Die Shareholder sind Eigentümer des Unternehmens. Sie haben investiert in der Erwartung, dabei ein Geschäft zu machen. Das ist verständlich. Sie lassen ihr Geld für sich arbeiten. Und Sie. Selbstverständlich erwarten sie, dass Sie die Ziele, die ihnen präsentiert wurden, auch erreichen. Mit größtmöglicher Sicherheit. Dass Sie Gewinn machen. Möglichst viel. Und dass Sie dafür alle Kreativität und Initiative in die Waagschale werfen, die Sie mobilisieren können. Bei sich selbst und Ihren Mitarbeitern.

Allerdings kann eine solche Inhabersituation auch Entscheidungstrukturen in Ihrem Unternehmen beeinflussen. Unternehmen in Familienbesitz entscheiden tendenziell weit schneller und passen sich Marktveränderungen in aller Regel geschmeidiger an.

Politik, Gewerkschaften, öffentliche Meinung und Co.

Jedes Unternehmen bewegt sich in einem mehr oder weniger eng begrenzten Rahmen, der durch Gesetze, Beamte, Steuern, politische Parteien, gesellschaftliche Gruppierungen und ganz allgemein durch die öffentliche Meinung geprägt ist.

Besonders deutlich wird das in den Energie produzierenden Branchen. Denken Sie an die Atomkraft oder die Kohlewirtschaft. Selbst Betreiber von Windenergieanlagen stehen immer wieder in der Kritik von Naturschutz-Organisationen. Mobilfunkbetreiber sehen ihre Sendemasten der Kritik ausgesetzt. Krankenhäuser führten ein Qualitätsmanagement ein. Schulen und Universitäten kämpfen um bessere Rankingplätze. All das sind Reaktion auf Forderungen aus dem politischen und sozialen Umfeld.

Zusätzlich markieren hohe Steuerlasten und Auseinandersetzungen mit Gewerkschaften und Betriebsräten klare Grenzen. Die meisten Politiker, mit denen Sie konfrontiert sind, kommen aus Beamtenberufen. Ihnen sind noch nie die rauen Winde der freien

Wirtschaft um die Ohren geblasen. Dennoch haben sie die Macht, Ihnen empfindliche Beschränkungen aufzuerlegen.

Ihr Unternehmen wird also mit vielfältigen Anforderungen aus seinem Umfeld konfrontiert. Es geht hier nicht darum, zu bewerten, ob diese Anforderungen gut oder schlecht, gerechtfertigt oder überzogen sind. Sie existieren. Sie haben darauf nur geringen Einfluss. Sie sehen sich gezwungen, irgendwie damit umzugehen.

Diese Liste ist mit Sicherheit nicht komplett. Ergänzen Sie sie mit Blick auf Ihr eigenes Unternehmen und sein Umfeld. Dabei werden Sie feststellen: Die meisten Punkte können Sie trotz allem abhaken. Sie selbst haben sie im Griff. Es gibt keinen aktuellen Handlungsbedarf. Aber einige sind durchaus akut erfolgskritisch. Finden Sie heraus, welche. Stellen Sie sie auf den Prüfstand.

6.4 Entscheidende Herausforderungen und Aufgaben ableiten

Nachdem Sie alle einzelnen Faktoren identifiziert haben, die für Sie erfolgskritisch sind oder Ihren Handlungsspielraum begrenzen, geht es zum nächsten Schritt: Leiten Sie daraus die richtigen Herausforderungen ab.

Nehmen Sie an, Sie haben mit Ihrem Unternehmen wichtige Trends verpasst. Innovationen in Ihrer Branche haben stattgefunden – aber ohne Sie. Weil Sie einen anderen Fokus hatten und die Trends aus dem Blick verloren haben. Das ist eindeutig erfolgskritisch. Ob es letztlich Priorität hat, sei erst mal dahingestellt. Wenn Sie aber hier reagieren wollen, bedeutet das die Notwendigkeit neuer kreativer Schübe. Die Herausforderung könnte darin bestehen, kreatives Know-how zu akquirieren – in Gestalt neuer Mitarbeiter oder externer Berater.

Nehmen Sie an, Sie haben ein Straßenbauunternehmen, das mit größeren Ausbesserungsaufträgen auf Landstraßen gerechnet hat. Diese Aufträge werden gestoppt, weil die Kassen leer sind. Dabei wäre es für Ihren Kunden langfristig preiswerter, die Straßen jetzt zu reparieren, als sie später komplett zu erneuern, weil man zu lange mit dem Reparieren gewartet hat. Daraus könnten Sie die Herausforderung ableiten, die Argumentationsfähigkeiten Ihrer Außendienstmitarbeiter zu verbessern.

Oder Ihr Wettbewerb wildert in Ihrem Revier und macht Ihren Kunden schöne Augen. Das kann dann zum Problem werden, wenn Ihr eigener Außendienst den persönlichen Kontakt zu den Entscheidern auf Kundenseite in letzter Zeit vernachlässigt hat. Oder wenn der Wettbewerb einen neuen Service bietet, dem Sie nichts Gleichwertiges entgegenzusetzen haben. Solche Hintergründe sind als erstes zu klären. Daraus leiten sich dann die Herausforderungen ab. Entweder muss zum Beispiel Ihr Außendienst seine Hausaufgaben nachholen und ein Training in Sachen Beziehungsmanagement absolvieren. Oder Sie bessern Ihre Servicetools nach und setzen im besten Fall noch etwas obendrauf, das die Angebote Ihrer Wettbewerber toppen kann.

Ihre Herausforderungen spiegeln Ihre Marktposition

Die Herausforderungen, denen Sie aktiv begegnen, leiten sich aus den Analysen ab, die Sie im ersten Schritt gemacht haben. Eine Konsequenz könnte sein, Ihre Potenzial-Nischen trennschärfer zu definieren. Oder die Strategien Ihrer Wettbewerber genauer zu durchleuchten. Vielleicht müssen Sie einfach schneller werden. In Ihren Reaktionen. In Ihren internen Prozessen. Oder die Verhandlungsfähigkeiten Ihrer Sales-Teams in punkto Pricing schärfen. Nicht selten ergibt eine solche genaue Analyse auch die Notwendigkeit, sich besser um die Strukturen beim Kunden und um die Entscheidungsträger dort zu kümmern. Ihre Datenbänke zu optimieren und Schnittstellen zwischen den einzelnen Ebenen einzurichten oder zu verbessern, um dadurch Doppelarbeit zu stoppen. Zunehmend werden auch Cross-Culture-Kompetenzen wichtig – also Know-how über die politischen, wirtschaftlichen, kulturellen und gesellschaftlichen Gegebenheiten in Ländern, in die Sie – oder Ihre Kunden – exportieren oder expandieren wollen. Dazu gehört es nicht zuletzt, die entsprechenden Sprachen zu beherrschen.

„Alles Fertige wird angestaunt, alles Werdende wird unterschätzt."

Friedrich Nietzsche

Aber auch Dinge, die auf den ersten Blick banal klingen mögen, können sich zu akuten erfolgskritischen Punkten auswachsen. Zum Beispiel Form und Inhalt von Angeboten. Erschlagen Sie Ihre Kunden nicht damit! Specken Sie sie ab und achten Sie in erster Linie darauf, dass der Kunde seinen Nutzen deutlich erkennt, wenn er das Angebot liest. Angebote sind Werbebriefe.

Beispiel

Durchforsten Sie alle Prozesse und Arbeitsbereiche im Vertrieb nach erfolgskritischen Punkten. Sammeln Sie. Gemeinsam mit Ihren Mitarbeitern. Legen Sie erst mal alles auf den Tisch und leiten Sie daraus Herausforderungen ab. Vielleicht finden Sie 20, 30, 40 oder auch mehr. Schauen Sie sich jedes einzelne Thema genau an. In einem Fall sammelten die Resulter von Winner/s Edge im Brainstorming mit dem Verkaufsteam einen Berg von erfolgskritischen Punkten und einigten sich am Ende auf folgende Herausforderungen:

1. Maßnahmen entwickeln, die Kundenfragen lösen
2. Kunden mit Ideen ansprechen
3. charismatisch überzeugen
4. Führungsverhalten verbessern
5. die richtigen Kunden aufsuchen
6. die Verkaufsergebnisse besser checken
7. exakt renditeträchtige Unternehmen entdecken
8. wissen, wo die Coachingansätze sind
9. Entscheidungsträger genau ansprechen
10. neue Ansprachewege suchen

6 Schlüsselhebel – Die entscheidenden Hebel finden

11. klares Zeitmanagement
12. Hindernisse besser identifizieren
13. einfache Tools, IT-Systeme
14. Verhandlungskönnen verbessern
15. intelligente Ansprache der Kunden
16. neue Potenziale erkennen
17. Netzwerk etablieren
18. Verhandlungskönnen in Engpass-Situationen
19. Kleinkunden herausselektieren
20. Multiplikatoren aktivieren
21. massive Neukundenaktion
22. Stammkunden ausbauen
23. schneller sein als der Wettbewerb
24. Kunden überraschen
25. Führen nach Konsequenzen

6.5 Clustern Sie: Welche Themen gehören zusammen?

Am Ende des Tages haben Sie einen ganzen Berg derartiger Herausforderungen identifiziert. Sie haben die Ihrer Meinung nach akut erfolgskritischen herausgefiltert. Vermutlich völlig andere als in diesem Beispiel. Und nun wird es spannend: Es geht ans Clustern. Sortieren Sie Ihre Auswahl nach Themengruppen.

Für die 25 Herausforderungen aus dem Winner/s-Edge-Brainstorming sieht das beispielsweise folgendermaßen aus:

	Herausforderung/en	Cluster/Schlüsselhebel
1	7 exakt renditeträchtige Unternehmen entdecken 16 neue Potenziale erkennen	Sales-Research
2	9 Entscheidungsträger genau ansprechen 17 Netzwerk etablieren	Political Poster
3	2 Kunden mit Ideen ansprechen 10 neue Ansprachewege suchen 15 intelligente Ansprache der Kunden 24 Kunden überraschen	Channel Selling
4	22 Stammkunden ausbauen	Potenzial-Management
5	1 Maßnahmen entwickeln, die Kundenfragen lösen 5 die richtigen Kunden aufsuchen 11 klares Zeitmanagement 12 Hindernisse besser identifizieren 19 Kleinkunden herausselektieren	Erfolgsplattform

	Herausforderung/en	Cluster/Schlüsselhebel
6	6 besser die Verkaufsergebnisse checken 8 wissen, wo die Coachingansätze sind 13 einfache Tools, IT-Systeme 21 massive Neukundenaktion 23 schneller sein als der Wettbewerb	Pipeline
7	14 Verhandlungskönnen verbessern 18 Verhandlungskönnen in Engpass-Situationen	Sales-Know-how
8	4 Führungsverhalten verbessern 20 Multiplikatoren aktivieren 25 Führen nach Konsequenzen	Leadership
9	3 charismatisch überzeugen	Charisma

Wenn Sie jede Themengruppe unter einem Kernbegriff zusammenfassen, haben Sie neun Schlüsselhebel definiert.

Beispiel für die neun Schlüsselhebel

1 Sales Research	2 Political Poster	3 Channel Selling
4 Potenzial Management	5 Erfolgsplattform	6 Pipeline
7 Sales-Know-How	8 Leadership	9 Charisma

Jeden dieser neun Schlüsselhebel finden Sie ausführlicher im nächsten Schwerpunktteil dieses Buches erläutert – exemplarisch.

Diese neun Schlüsselhebel sind Beispiele. Sonst nichts

Damit es ganz klar ist: Es gibt mehr als neun Schlüsselhebel. Viel mehr. Denn in jedem Unternehmen stellen sich andere Herausforderungen. Ihre individuellen Rahmenbedingungen, Märkte, Produkte und Dienstleistungen, ihre Ziele und Möglichkeiten und die Menschen, die in ihnen arbeiten, sind jedes Mal anders. Die neun Schlüsselhebel, an denen wir in diesem Buch arbeiten, haben sich allerdings in der Praxis als besonders häufig herauskristallisiert. Deshalb haben wir sie gewählt, um Ihnen daran beispielhaft zu demonstrieren, wie man Schlüsselhebel findet und ansetzt.

Jedes der genannten Details im Umfeld eines Unternehmens und noch eine Menge weiterer Einzelheiten kann sich zu einem erfolgskritischen Moment of Result auswachsen – zu einem Ansatzpunkt für neue Hebel. So wie jeder Golfplatz 18 Löcher hat (oder neun) und Sie trotzdem vor ganz individuelle Herausforderungen stellt. Weil letztlich keiner ist wie der andere.

Schauen Sie sich Ihre eigenen erfolgskritischen Punkte genau an. Verdichten Sie sie auf ihre Essenz. Überlegen Sie, wie Sie am besten clustern und wie Sie sie am besten visualisieren und strukturieren können. Denken Sie dabei in einfachen Strukturen und Bildern. Manchmal wird es ausreichen, den einen oder anderen der Schlüsselhebel in diesem Buch (beziehungsweise das entsprechende Tool) lediglich ein wenig abzuwandeln. Vermutlich aber werden Sie nicht umhinkommen, immer wieder völlig neue zu entwickeln. Lassen Sie sich dabei durch unsere Beispiele inspirieren.

Vergessen Sie über all dem aber nicht, dass Schlüsselhebel mit Strategien und mit dem Leben im Allgemeinen eines auf fatale Art gemeinsam haben: Sie können sich nicht hundertprozentig darauf verlassen. Weil Sie sich auf gar nichts im Leben hundertprozentig verlassen können. Die Ansatzpunkte für Ihre Schlüsselhebel können sich nämlich über Nacht – wie könnte es anders sein? – ebenso unerwartet und unberechenbar verändern wie alles andere im Leben. Das erfordert von Ihnen permanente Flexibilität und Kreativität. Das Gute daran: Sie kommen nicht aus der Übung und trainieren diese Fähigkeiten immer wieder aufs Neue. Falls Sie damit ernsthafte Probleme haben – fragen Sie uns. Wir helfen Ihnen gern.

6.6 Neun Schlüsselhebel bewegen Ihr Business

Nun könnten Sie sich fragen: Warum ausgerechnet neun Schlüsselhebel? Warum nicht zehn? Oder 20? Ganz einfach: damit Sie nicht zu viele Bälle gleichzeitig in der Luft haben. Konzentrieren Sie sich auf eine überschaubare Anzahl. Sie können dabei mehrere Fliegen mit einer Klappe beziehungsweise mit einem Schlüsselhebel schlagen, wenn Sie geschickt clustern. Vermutlich wird es oftmals sogar ausreichen, die Dinge mit Ihren Schlüsselhebeln und dem nötigen Nachdruck in Gang zu bringen, anzustoßen. Nach einer gewissen Strecke werden sie zu Selbstläufern. Und Sie können sich guten Gewissens den nächsten Herausforderungen zuwenden.

Im Übrigen hat sich die Zahl Neun in diesem Zusammenhang gut bewährt. Immerhin muss ja, während Sie verstärkt an Ihren erfolgskritischen Punkten arbeiten, das normale Tagesgeschäft weiterlaufen. Neun Projekte können Sie parallel bewältigen. Mehr sind in aller Regel zu viel. Weniger sind – außer in kleinen Unternehmen meist zu wenig.

Diese Erklärung befriedigt Sie nicht? Probieren Sie es selbst aus. Finden Sie Ihr eigenes Maß.

Sprung nach vorn …

Das mittelständische Unternehmen war recht gut aufgestellt. Die Branche: Gebäudesicherheit. Aber warum nicht mal über die eigenen Strategien nachdenken? Kann nicht schaden, sagte der Geschäftsführer. Schaun wir mal. Aber machen wir es simpel.

In einem einfachen Waldhaus traf er sich mit neun seiner Top-Führungskräfte und einem Winner/s-Edge-Resulter. Rustikale Kleidung. Casual. Tags verpflegten sie sich selbst, abends aßen sie in einem nahe gelegenen Gasthaus, wo sie auch übernachteten.

Drei Tage sollte das so gehen. Ziel war, die eigene Strategie mit Abstand zu betrachten und womöglich zu optimieren. Jeder hatte die notwendigen Unterlagen, Zahlen, Daten und Fakten in der Tasche.

Die erste Überraschung traf sie schon am Nachmittag des ersten Tages. Mit der Potenzial Line hatten die Strategen ihre Potenziale durchleuchtet. Keiner wollte glauben, was er da sah. Waren ihre Potenziale wirklich so groß, wie es die Potenzial Line nahe legte? Vor allem beim Blick über die europäischen, noch mehr über die globalen Grenzen hinweg hatten sie offenbar viel mehr Möglichkeiten, als ihnen bis dahin bewusst gewesen war. Vor diesem Hintergrund war ihre bisherige Marktbearbeitung ja ein Witz!

Das konnte keiner glauben. Also das Ganze noch mal von vorn. Mit dem gleichen Ergebnis. Den Strategen schwirrte der Kopf. Beim Abendessen ging es hoch her. Jeder wusste, was das bedeutete. Wenn die Zahlen stimmten, was das Chart deutlich bewies, dann waren grundlegend neue Entscheidungen zu treffen. Eine deutliche Expansion war nicht nur möglich, sondern unumgänglich. Goldgräberstimmung machte sich breit.

Die Wettbewerbsanalyse am nächsten Tag unterstrich: Das Unternehmen lag im Vergleich zur Konkurrenz eindeutig vorn. Weit eindeutiger, als ihnen bisher klar gewesen war. Dieser Point of Difference war belastungsfähig.

Am dritten Tag nahmen sie ihre Ergebnisse noch mal gründlich unter die Lupe. Versteckte sich nicht doch irgendwo ein Denkfehler, ein Rechenfehler, ein Irrtum? Nein. Alles hieb- und stichfest. Sie waren weit besser, als sie dachten. Und zogen die Konsequenzen. Neuinvestition, Verlagerung des Unternehmens, regionale Niederlassungen. Neue Verantwortungsbereiche. Umzug der Führungskräfte. Dezentrale Aufbau- und Ablauforganisation.

Das war vor 22 Jahren. Inzwischen hat das Unternehmen seinen Umsatz etwa verzwanzigfacht und die Instrumente der ResultStrategie verfeinert und optimiert. Mit weiterer Unterstützung von Winner/s Edge.

Teil 2

Umsetzung

Setzen Sie Ihre Strategie um. Schritt für Schritt 7

Von Rot nach Grün ...

Unser Kunde war ein mittelgroßes IT-Unternehmen irgendwo im Ruhrgebiet. Eins von denen mit amerikanischem Eigentümer. Jeder kleinste Schritt musste hart protokolliert werden. Natürlich auf einer Software-Plattform.

Dieses Unternehmen war erfolgreich. Und – keine Frage – es wollte es noch erfolgreicher werden. Konkret: Der Umsatz sollte von 47 auf 54 Millionen Euro wachsen.

Die Projektmanager arbeiteten hart daran. Sie hatten eine Unmenge von Projekten parallel in Arbeit, jedes davon detailliert heruntergebrochen mithilfe dieser sehr komplexen Softwareplattform. Die Projektverantwortlichen machten alles genau richtig. Wie aus dem Lehrbuch. Jeder Zwischenschritt war minutiös festgelegt – aber komisch: Trotzdem funktionierte das Ganze irgendwie hinten und vorn nicht. Ständig ereigneten sich kleinere und größere Katastrophen.

Kein Wunder, sagten wir uns. Das ist alles zu perfekt, zu technokratisch, zu weit weg vom wirklichen Leben. Das überrollt jeden, der damit konfrontiert wird, wie eine Lawine aus Daten und Zahlen. Kalt. Unmenschlich. Geradezu bedrohlich. Der Stoff, aus dem Alpträume sind.

Die Frage war: Wie kriegen wir das alles zurück ins Leben? Oder, wie der Amerikaner sagt: „down to earth".

Wir haben das Ganze zurück ins Leben geholt. Raus aus dem PC. Auf Papiercharts, die man anfassen kann. Mit der Red-to-Green-Matrix. So haben wir jedes Projekt überschaubar heruntergebrochen. Aufgeteilt auf zwölf Monate. Konzentriert: qualitativ und quantitativ.

Wir haben die Red-to-Green-Matrix in der notwendigen Anzahl auf großflächige Plakat-Formate gebracht und da platziert, wo sie jeder sehen konnte. Und natürlich fortlaufend aktualisiert. Von Woche zu Woche konnte darauf jeder den Fortschritt jedes Projekts verfolgen, Schritt für Schritt nachvollziehen.

Zum Erfolg dieser Umsetzungsmethode trug sicher die kontinuierliche Erfolgskontrolle bei. Und die damit verbundenen Erfolgserlebnisse. Die jeder mitverfolgen konnte – was eine gewisse psychologische Sogwirkung auslöst, einen positiven Handlungsdruck. „Red-to-Green" stellte jeden Einzelnen auf die Bühne, in den Fokus – und wer will da nicht gut dastehen.

„Red-to-Green" war nicht der einzige Grund, warum das Unternehmen seine Ziele mit Bravour erreicht hat. Aber ein wichtiger.

Wenn Sie den Anregungen im ersten Teil dieses Buchs gefolgt sind, haben Sie im Rahmen der ResultStrategie systematisch die strategischen Ziele Ihres Unternehmens auf die Ebene des Vertriebs heruntergebrochen. Ihre Verkäufer blicken durch. Sie haben verstanden, worum es geht. Die Unternehmensziele sind für sie nachvollziehbar. Das ist die beste – und im Grunde auch die einzige – Voraussetzung dafür, sie zu ihren persönlichen Zielen zu machen. Und um sie leichter zu erreichen, haben Sie handliche Tools kennen gelernt – immer nah am Kunden und dessen Potenzialen.

Nun geht es darum, die ganze Truppe ohne Umwege direkt zu diesen Zielen zu führen. Dabei kommen die Schlüsselhebel zum Einsatz, die Sie aus den strategischen Grundlinien abgeleitet haben. Das folgende Kapitel gibt Ihnen Hinweise, wie Sie das am besten machen. Wobei es nicht darum gehen kann, dass Sie die Schlüsselhebel im Detail übernehmen. Das wird in den seltensten Fällen möglich sein. Wir sehen es vielmehr als unsere Aufgabe, Ihnen Denkanstöße zu geben und Möglichkeiten zu eröffnen. Ihnen das Grundmuster zu zeigen, damit Sie es später passgenau für Ihr Unternehmen adaptieren können.

„Eine Chance zu sehen ist keine Kunst. Die Kunst ist, eine Chance als Erster zu sehen."

Benjamin Franklin

Denn wenn Sie das System verstanden haben, die Idee der Schlüsselhebel und ihrer Umsetzung, dann eröffnet Ihnen das ein unerschöpfliches Reservoir an Handlungsmöglichkeiten. Sie können es immer wieder flexibel Ihren sich wandelnden Rahmenbedingungen anpassen. Die Basis dafür ist allerdings ein grundsätzlich ganzheitliches, also systemisches Denken und Handeln.

7.1 Denken Sie systemisch – handeln Sie ganzheitlich

Schon ein kurzer Blick aus dem Fenster zeigt Ihnen, was gemeint ist: Alles Leben, alles Wachsen und Gedeihen in der Natur funktioniert in vernetzten Systemen. In jeder Zelle steckt bis ins Detail der gesamte Organismus. Das ist bei jedem Grashalm so, beim höchsten Baum und beim kleinsten Insekt. Und immer ist das Ganze mehr als die Summe seiner Teile. Eine Biene kann man beispielsweise nicht begreifen, indem man sie beschreibt: die Form ihrer Flügel, die Farbe ihres Körpers, selbst das phantastische

Kommunikationssystem, mit dem sie ihren Artgenossen mitteilt, wo die ergiebigsten Blüten zu finden sind. Diese eine tanzende Biene ist Teil eines Systems. Sie trägt zu dessen Überleben bei und erfüllt in ihm klar umrissene Aufgaben. Und sie kann nicht überleben ohne dieses System.

Beim Menschen ist die Beschreibung seines Äußeren ebenfalls weit weniger als die halbe Wahrheit. Auch der menschliche Körper ist ein System, in dem jede einzelne Körperzelle zum Funktionieren des Ganzen beiträgt. Jede Zelle trägt das komplette Muster des ganzen Menschen in sich. Aber keine Zelle kann ohne die übrigen ihre Aufgaben erfüllen. Und doch sind alle zusammen wenig wert, solange das auf den ersten Blick Unsichtbare fehlt: die Seele, die Emotionen, das Charisma, die Ausstrahlung, die den Einzelnen zum unverwechselbaren Individuum machen – das aber gleichzeitig wiederum Teil eines komplexen sozialen Systems ist.

7.2 Auch das Unternehmen ist ein komplexes System

Analog zu diesen Beispielen aus der Natur ist auch ein Unternehmen ein lebender Organismus. Und als solcher ein komplexes System. Jeder einzelne Teil für sich genommen mag erfolgreich sein. Aber wirklich effizient wird das Ganze erst, wenn die einzelnen Teile – Bereiche, Abteilungen, Teams – wie die Glieder eines Körpers kooperieren und jeder von ihnen den gesamten Organismus spiegelt. Allerdings nicht rein funktional, sondern mit einer lebendigen Dynamik. Und die entsteht erst, wenn sie durch möglichst jeden einzelnen Akteur gelebt wird.

Wer sich also vom Aktionismus der Vergangenheit verabschiedet und diesen systemischen Blick schult, ist auf dem richtigen Weg. Das Unternehmen als Ganzes, seine strategische Basis und Ausrichtung, spiegelt sich in jedem Unternehmensbereich. Alle sprechen die gleiche Sprache. Das Erscheinungsbild ist rund – nicht nur oberflächlich nach außen. Sondern durchgehend. Von innen nach außen, gewachsen wie die Jahresringe eines Baums. Ein Teil dieses Systems ist der Vertrieb: ebenfalls ein System im System, das das Unternehmen und seine Strategie als Ganzes spiegelt und relevante Teile davon umsetzt.

Wie Sie bereits festgestellt haben, illustrieren wir unsere Gedanken gern anhand von *merk*würdigen Bildern. Im ersten Kapitel dieses Buchs haben wir die Strategie als Fundament visualisiert, auf dem Sie sich einigermaßen sicher bewegen. Die Idee des systemischen Denkens und Handelns dramatisieren wir an der Metapher des Adlers.

Auf starken Schwingen zum Erfolg

Warum ein Adler? Im Gegensatz zu erdverhafteten Organismen, an denen sich systemisches Denken im Unternehmen auch gut illustrieren ließe, symbolisiert der König der Lüfte Stärke und Überlegenheit, aber auch das Charisma des Himmelsstürmers. Er erhebt sich in lichte Höhen – und das wollen Sie mit Ihrem Unternehmen schließlich auch.

Unstrittig ist: Kein Adler fliegt in Einzelteilen durch die Luft. Sondern nur als Ganzes. Das lässt sich auf jede Form von erfolgsorientiertem Handeln übertragen. Wer komplexe Aufgaben nicht holistisch angeht, der wird unweigerlich scheitern. Um Ihnen das zu verdeutlichen, sind die neun Schlüsselhebel-Beispiele, die wir im ersten Kapitel gemeinsam abgeleitet haben, auf der folgenden Grafik dem Adler zugeordnet. Das unterstreicht deutlich: Eins geht nicht ohne das andere.

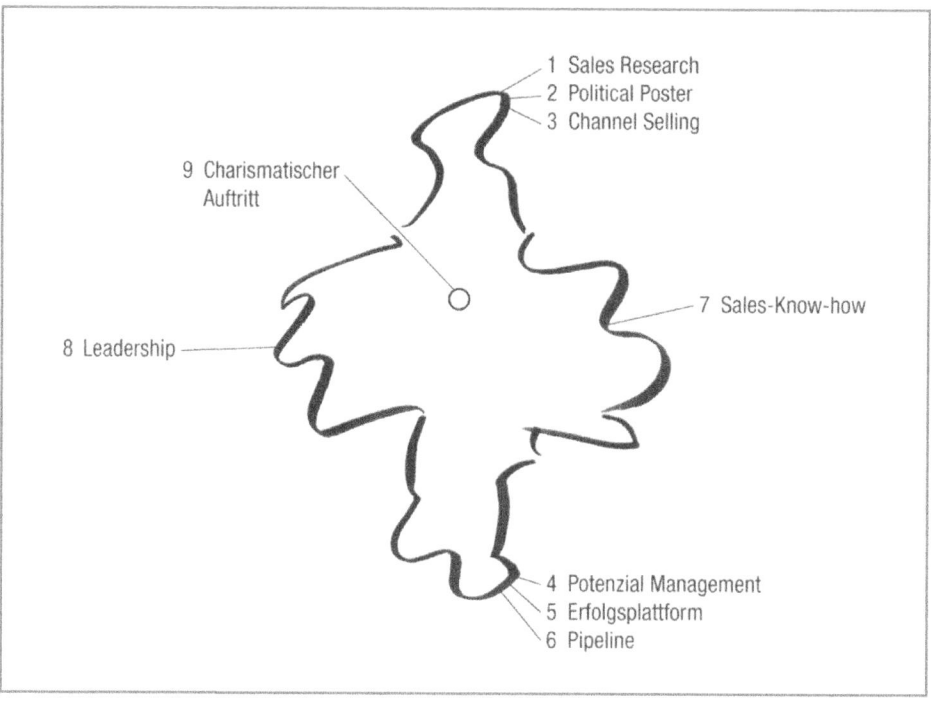

Der Kopf gibt Orientierung

Der Kopf des Adlers steht für die logische Intelligenz. Ohne ihn, ohne das analytische Denken und die Voraussicht also, gibt es kein Ziel und keinen Weg zum Ziel. Der Kopf entscheidet, wo es lang geht. Er hat buchstäblich die Visionen, die Ziele, die Märkte im Blick. Oder, übertragen auf den Bereich Sales: Wie wollen Sie die allemal knappen Ressourcen – Zeit, Geld, Manpower – am sinnvollsten investieren? Welche Stammkunden wollen Sie ausbauen? Auf welche neuen Themen und Lösungen setzen Sie künftig? Wo erkennen Sie zusätzliche Potenziale? Welche neuen Kunden können Sie – wie? – gewinnen? Welche Sales-Profis setzen Sie strategisch wo ein? Zum Kopf gehören Schlüsselhebel wie Sales-Research, Political Poster und Channel Selling.

Der Schweif steuert

Der Schweif des Adlers steht für die zweite wichtige Seite der logischen Intelligenz. Er lenkt den großen Vogel und tariert dabei immer wieder die Richtung aus. Wenn scharfe Gegenwinde den Vogel aus der Bahn zu treiben drohen, korrigiert der Schweif die Richtung. Ein Gewitter kommt von links? Kein Problem, der Schweif steuert gegen. Im Sales ist eines der möglichen Instrumente der Steuerung zum Beispiel die Pipeline, mit deren Hilfe die Akquise über jeden einzelnen Schritt gelenkt und verfolgt werden kann. Ebenso gehören dazu Schlüsselhebel wie die Erfolgsplattform und das Potenzial-Management.

Tempo und Aufschwung geben die Schwingen

Die Schwingen stehen für die praktische Intelligenz. Sie geben dem Adler Tempo und Auftrieb. In unserem Bild steht die rechte Schwinge für Fähigkeit und Können der Verkäufer. Sie setzen in Verhandlungen vor Ort – beim Kunden – die Vorgaben des Kopfes konkret um. Sie finden die Wege zum Kunden und wissen, wo sie an dessen Bedarf andocken können. Mit diesem Wissen entwickeln sie passgenaue Ideen zur Kundenbindung und überzeugen durch Sales-Know-how. Auch alle übrigen potenziellen Schlüsselhebel in diesem Themenbereich gehören zur rechten Schwinge.

Die linke Schwinge dagegen symbolisiert die Führungskompetenzen. Eine Führungspersönlichkeit motiviert, fördert persönliches Wachstum, setzt Ziele. Sie „kennt ihre Pappenheimer", deren individuelle Stärken und Schwächen. Ein Führungsverantwortlicher setzt die Teams so zusammen, dass deren Mitglieder sich untereinander optimal ergänzen. Im besten Fall beherrscht er den Mix aus emotionaler, logischer und praktischer Intelligenz. Er weiß, wer ins Team passt und wer nicht. Wer genügend persönliches Potenzial hat, um in neue Aufgaben hineinzuwachsen, und wer mit Mühe den einmal erreichten Standard hält. Und er ist konsequent genug, daraus die richtigen Schlüsse zu ziehen. Und sie umzusetzen. „Leadership" heißt der Schlüsselhebel, den wir dazu beispielhaft gefunden haben.

Wie beim Adler ist auch im Sales keine der beiden Schwingen erfolgreich ohne die andere. Sie ergänzen sich wechselseitig. Nur solange sie im gleichen Takt schlagen, kann der Vogel Höhe gewinnen, souverän seine Bahn ziehen – und gerät nicht ins Trudeln.

Charisma kann man lernen!

Damit aber alle Teile dieses „Systems Adler" den stolzen Vogel tatsächlich zum Erfolg bringen, brauchen sie einen starken Motor. Dieser Motor ist das Herz des Adlers. In unserem Beispiel ist damit das Charisma gemeint.

Was aber ist das Charisma eines Unternehmens? Eine Basis dafür kann das Unternehmensleitbild sein. Dort sind die Werte festgeschrieben, an denen sich alle orientieren, die für alle Hierarchieebenen bindend sind. Hier kann jeder nachlesen, wofür das Unternehmen steht, welche kulturelle Identität es hat, welche Überzeugungen es leiten. Schön und gut.

Aber das beste Unternehmensleitbild ist das Papier nicht wert, auf dem es steht, wenn es nicht gelebt wird. Das Charisma Ihres Unternehmens strahlt jeder Mitarbeiter aus, der dieses Unternehmen vertritt – oder es existiert nicht. Denn Charisma steht für Glaubwürdigkeit. Deshalb ist es die Grundlage für Vertrauen und Überzeugungskraft. Und die kann nur vermitteln, wer in Einklang ist mit sich selbst und dem, was er vertritt. Nur wer sich selbst und seinem Unternehmen vertraut, kann dieses Vertrauen auch beim Kunden wecken. Erst dieses letzte Puzzleteilchen macht das Bild rund.

„Es ist nicht genug zu wissen, man muss auch anwenden; es ist nicht genug zu wollen, man muss auch tun."

Johann Wolfgang von Goethe

Früher sagte man achselzuckend: Man hat's oder man hat's nicht. Heute weiß man, dass das nicht stimmt. Charisma lässt sich – zumindest weitgehend – lernen. Voraussetzung ist der Wille zur Selbstreflexion und zur persönlichen Weiterentwicklung. Und wer den nicht hat, ist bei Ihnen ohnehin an der falschen Adresse.

7.3 Erfolg entsteht aus der Kombination von Wissen, Können und Wollen

Erst zusammengenommen führen die drei Ebenen der logischen (Wissen), praktischen (Können) und emotionalen Intelligenz (Wollen) zum Erfolg. Selten sind allerdings alle drei bei einem Menschen gleich stark ausgeprägt.

Die Kunst eines erfolgreichen Vertriebsleiters besteht darin, sie innerhalb seiner Teams optimal so zu kombinieren, dass die Kompetenzen und Fähigkeiten der einzelnen Teamplayer sich gegenseitig ergänzen und sie unterm Strich gemeinsam die angepeilten Ziele erreichen können. Ein bisschen Wettbewerb hat dabei noch nie geschadet. Nutzen Sie dazu zum Beispiel das Red-to-green-Poster.

Auf den folgenden Seiten lernen Sie jeden der neun Schlüsselhebel, die wir im Rahmen der ResultStrategie im ersten Teil dieses Buches beispielhaft für Sie entwickelt haben, in seiner Funktion und Anwendung genauer kennen. Das soll Sie inspirieren, für die individuellen erfolgskritischen Punkte in Ihrem Unternehmen eigene Schlüsselhebel zu entwickeln. Am Beispiel des ersten Schlüsselhebels, des Sales-Research, vollziehen Sie zunächst nach, wie ein Schlüsselhebel seine Wirkung am besten entfaltet.

Dazu definieren Sie die Ausgangsposition und das Ziel, das Sie erreichen wollen. Dazwischen liegen Etappenziele. Jedes davon wird in einer Form definiert, die es messbar macht – und das für den gesamten Zeitraum des Umsetzungsprozesses. Dabei hilft Ihnen die Red-to-green-Matrix: Jedes Zwischenziel, das erreicht wurde, wird grün markiert. Solange es noch nicht – oder noch nicht ganz – erreicht ist, ist es rot gekennzeichnet. So können Sie jederzeit klar ablesen, wo Ihr Schlüsselhebel-Projekt steht. Wo es noch "hängt". Und wo Sie gut im Plan liegen. Und das machen Sie für jeden einzelnen Ihrer Schlüsselhebel. Alle parallel auf der gleichen Red-to-Green-Matrix.

Am besten vergrößern Sie diese Matrix auf das DIN-A0-Posterformat und hängen sie an die Wand in Ihrem Büro. So haben Sie – und die Mitarbeiter, mit denen Sie sprechen – den aktuellen Stand immer vor Augen.

Diese Matrix wird Sie auf den folgenden Seiten begleiten.

7.4 Setzen Sie Ihre Schlüsselhebel gezielt an

Lenken Sie nach dem kleinen Exkurs ins systemische Denken auf den vorigen Seiten Ihren Blick zurück auf Ihren eigenen Vertrieb. Ihre Perspektive hat sich nun vermutlich etwas verschoben. Noch deutlicher als bisher ist Ihnen klar, wie sich die einzelnen Schlüsselhebel gegenseitig ergänzen und verstärken.

Jeder Schritt ergänzt den anderen

Was sich hier wie ein schönes Theorem liest, ist eine sehr praktische „Gebrauchsanleitung" für Ihren persönlichen Erfolg und den Ihres Unternehmens. Nehmen Sie das virtuelle Schlüsselbund zur Hand. Setzen Sie jeden einzelnen Schlüsselhebel gezielt an. Und geben Sie Ihrem Adler den letzten Schubs, damit er abhebt – und Sie mit ihm.

Der erste Schritt war, die Schlüsselhebel überhaupt zu finden. An einem Beispiel haben wir das im vorigen Kapitel durchgespielt und dabei neun exemplarische Schlüsselhebel abgeleitet. Neun aus einer großen Anzahl möglicher Schlüsselhebel. Die nehmen Sie als Muster. Entwickeln Sie nach dem gleichen Rezept Ihre eigenen Schlüsselhebel. Werden Sie also kreativ und nutzen Sie das Know-how und die Erfahrung Ihrer „alten Sales-Hasen". Greifen Sie dabei auf die Anregungen und Hilfsmittel auf den folgenden Seiten zurück. Sie können von Fall zu Fall brauchbare Ansatzpunkte liefern.

Der erste Schritt: Reißen Sie die Mauern und Denkbarrieren („haben wir schon immer so gemacht", „haben wir noch nie so gemacht", „wer soll das bezahlen?") in den Köpfen Ihrer Mitarbeiter ein. Weiten Sie den Blick auf neue, systemisch geprägte Möglichkeiten des Denkens. Sie werden sich wundern, wie viele unerwartet neue Ideen auch „alte Köpfe" ausspucken können.

7.5 So verfolgen Sie Ihre Ziele planmäßig

Im ersten Teil dieses Buchs haben Sie die Unternehmensstrategie Schritt für Schritt auf die maßgeschneiderte ResultStrategie für Ihren Vertrieb heruntergebrochen. Dabei bewegen Sie sich in einem klar definierten Rahmen. Bestehend aus der Potenzial Line, der ZAR-Matrix, Ihren Points of Difference, nämlich dem PositionBoard und dem 3-Level-Portfolio, und – als Essenz all dessen – Ihren Schlüsselhebeln.

Jeder dieser Schlüsselhebel verfolgt ein anderes Detailziel – aber die Grundrichtung ist bei allen gleich: Es geht darum, Kunden aufgrund ihrer realisierbaren Potenziale auszuwählen. Dann sollen ihnen Lösungen angeboten werden, die den Kundennutzen im Fokus haben. Und bei all dem sollen die Verkäufer ihre Zeit, sprich ihre Prioritäten so gestalten, dass sie sich mit Ruhe und Gelassenheit auf jeden einzelnen Kunden individuell konzentrieren können. Leichter gesagt als getan? Mag sein. Aber auch leichter getan, als es auf den ersten Blick scheint. Nämlich dann, wenn Sie nicht nur die richtigen Schlüsselhebel identifizieren, sondern sie auch konsequent an- und umsetzen.

Dazu brauchen Sie neben den Hebeln selbst die Red-to-Green-Matrix. In sieben Schritten erläutern wir Ihnen auf den folgenden Seiten, wie Ihnen dieses Tool dabei hilft, Ihre Schlüsselhebel gekonnt anzusetzen und damit Ihre ResultStrategie planmäßig umzusetzen.

Red-to-Green-Matrix

Schlüsselhebel ①	Ist	Wer? ⑤	Priorität ② 1 | 2 | 3	Red to Green ⑥	Jan ④	Feb	März	2. Quartal	3. Quartal	4. Quartal	Ziel ③
1. Sales Research											
2. Political Poster											
3. Channels											
4. Potenzial Management											
5. Erfolgsplattform											
6. Pipeline											
7. Sales Know-how											
8. Leadership											
9. Charisma											

⑦

① Die Hebel und ihre Ansatzpunkte
② Definieren Sie Ihre Success-Schritte
③ Setzen Sie konkrete Ziele
④ Definieren Sie messbare Etappenziele
⑤ Bestimmen Sie Ross und Reiter
⑥ Red-to-Green? – Ziel erreicht?
⑦ Schließen Sie Ihren Erfolg auf – mit System

7.6 Die Hebel und ihre Ansatzpunkte

Lernen Sie zunächst die einzelnen Schlüsselhebel besser kennen. Das soll Ihnen Anregungen geben, wie Ihre eigenen Schlüsselhebel aussehen könnten und wo Sie sie am Erfolg versprechendsten ansetzen könnten. Wir stellen sie Ihnen einen nach dem anderen vor.

7.6.1 Sales-Research – Finden Sie Ihre Rendite-Kunden

In der Potenzial Line haben Sie die Branchen definiert, die für Sie interessant sind. In einigen sind Sie bereits mit Erfolg aktiv. Andere haben Sie neu im Visier, weil Ihre Analyse ergeben hat, dass dort wahrscheinlich bisher noch unentdeckte Potenziale zu heben sind. Mit derart geschärftem Blick sehen Sie sich diese Branchen nun genauer an. Denn aus rund 5,5 Millionen Unternehmen allein in Deutschland, Österreich und der Schweiz (ganz zu schweigen von den internationalen Märkten) und mehr als 20.000 ausdifferenzierten Unterbranchen diejenigen herauszufiltern, mit denen unterm Strich die besten Renditen zu erwirtschaften sind – das ist eine besondere Herausforderung. Dabei sollten Sie sich keine Schnitzer leisten. Denn Ihre Ressourcen – Zeit, Geld, Manpower – sind begrenzt. Und nur wenn Sie diese Ressourcen effizient einsetzen, ist die Bilanz am Ende des Tages positiv. Gehen Sie also systematisch vor.

Blick in die Datenbanken. Online
Auf den Internet-Seiten profilierter Datenbank-Anbieter – zu den bekanntesten gehören beispielsweise Schober oder Hoppenstedt in Deutschland oder LexisNexis mit Daten von rund 55 Millionen internationalen Unternehmen – können Sie online recherchieren. Es gibt alternativ auch die Möglichkeit, solche Daten über deutsche Industrie- und Handelskammern im In- und Ausland zu beziehen. Entscheiden Sie im Einzelfall, was für Ihr Unternehmen sinnvoller ist.

Für die Recherche in internationalen Märkten mit ihren vielen unterschiedlichen Bezeichnungen und Klassifizierungen von Produkten, Lösungen und Dienstleistungen wurden internationale Standards wie der SIC-Code (Standard Industrial Classification Code) entwickelt.

Wie definieren Sie renditeträchtige Unternehmen?
Sie haben mithilfe der Potenzial Line „Ihre" relevanten Branchen und Unterbranchen definiert. Und sehen nun den Wald vor lauter Bäumen nicht mehr. Die Zahl der Unternehmen, die nach dieser Selektion auf den ersten Blick interessant erscheinen, ist kaum zu managen. Sie brauchen individuelle Selektionskriterien, um näher an Ihre ganz speziellen Zielgruppen heranzukommen. Denn die Datenbänke geben Ihnen zwar unternehmensscharfe Daten. Aber das ist es nicht, was Sie wollen bzw. brauchen. Sie suchen nach den Unternehmen, die Ihnen Potenziale bieten. Also behalten Sie Ihre Potenzial Line im Hinterkopf und konzentrieren sich auf

- Unternehmen, mit denen Sie bereits im Geschäft sind, bei denen die Rendite gut und die Aussichten erfreulich sind,
- Unternehmen, in denen Sie mit größtmöglicher Wahrscheinlichkeit zusätzliche Potenziale realisieren können,
- Unternehmen, in denen Ihr direkter Wettbewerb erfolgreich ist,
- Unternehmen – und hier betreten Sie die Ebene des Spekulativen –, in denen Sie aufgrund Ihrer Potenzial Line zusätzliche Potenziale vermuten.

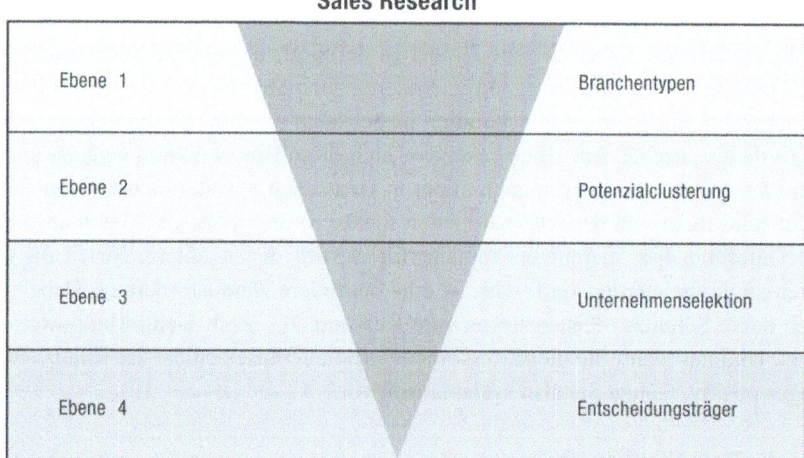

Welche Potenziale sind realistisch?

Angenommen, Sie arbeiten für ein Chemieunternehmen und produzieren ein spezielles Basisprodukt zur Herstellung einer definierten Gruppe von Klebstoffen. Nun haben Sie aus 1.500 selektierten Chemieunternehmen in Deutschland, Österreich und der Schweiz 320 herausgefiltert, die solche Klebstoffe produzieren. Aber um welche Renditen geht es da für Sie?

Um das näher einzukreisen, verfeinern Sie Ihre Suchkriterien. Wie viele Tonnen Ihres Produkts ordert das Unternehmen bereits – beziehungsweise wie viel Umsatz erwarten Sie von ihm? Für die erste Gruppe können Sie die Frage anhand Ihrer Auftragslage ziemlich eindeutig beantworten. Für die zweite Gruppe – die potenziellen Neukunden – müssen Sie schätzen. Dazu können Sie Erfahrungswerte von vergleichbaren Unternehmen in Korrelation mit der Unternehmensgröße heranziehen. Diese Größe können Sie beispielsweise – je nach Branche oder Marktnische – anhand von Daten über den Umsatz oder die Zahl der Mitarbeiter ermessen. Auch andere Details können Sie je nach Datenbank aus einem definierten Spektrum an Möglichkeiten auswählen. Wenn Sie zum Beispiel in einer überschaubaren Marktnische agieren und dort ein besonders spezialisiertes Unternehmen anpeilen, können die gleichen Daten für Ihr konkretes Ziel eine andere Aussage ergeben als bei einem breiter aufgestellten.

Finden Sie heraus, mit welchen der zur Verfügung stehenden Kriterien Sie am besten vermeiden, Zeit, Kosten und Energie in die falschen Adressaten zu investieren.

Clustern Sie Ihre Zielunternehmen nach Potenzialgruppen

Angenommen, es bleiben nach dieser Selektionsphase noch 200 aktive und potenzielle Kunden, von denen Sie mit guten Argumenten attraktive Renditen erwarten. Um diese Zahl auf eine Größe zu bringen, die Sie auch tatsächlich bewältigen können, clustern Sie. Bilden Sie beispielsweise der Potenzialgruppen: „hoch", „mittel" und „niedrig". Woran Sie diese Dimensionen orientieren, hängt von Ihren besonderen Umständen ab. Bei dem Chemieunternehmen mit den Klebstoffzutaten könnte die Menge ein Kriterium sein, die es dem jeweiligen Kunden pro Jahr verkauft. Zum Beispiel könnten Unternehmen, die zehn bis 25 Tonnen ordern, in die niedrigste Kategorie gehören. Bei Abnahme von mehr als 100 Tonnen wären sie der höchsten und dazwischen dem breiten Mittelfeld zuzuordnen. In anderen Branchen sind es eben entsprechend andere Kriterien. In dieses Hoch-mittel-niedrig-Schema sortieren Sie alle (potenziellen) Kunden ein. Damit haben Sie Ihr Klientel schon mal deutlich transparenter gemacht.

Managen Sie Ihren Rendite-Kunden-Pool

Am Ende haben Sie einen Pool von Unternehmen, die Sie nach individuellen Kriterien bewertet haben. Handverlesen. Kunden, die konkret für Sie die besten Renditen versprechen. Sie auf diese Weise zu definieren und zu identifizieren ist ein Haufen Arbeit. Jede Stunde, die Sie dafür investieren, erspart jedoch im weiteren Verlauf ein Vielfaches dieser Zeit. Denn Sie werden damit künftig wesentlich weniger Kosten und Energien als zuvor an die „falschen" Kunden verschwenden. Weil Sie sich mehr und mehr auf diejenigen konzentrieren, die sich „rechnen". Und je länger Sie das tun, umso genauer werden auch die Daten, die Sie zunächst nur schätzen können. Unterm Strich haben Sie früher oder später keine Kunden mehr, die mehr kosten als sie einbringen.

Überprüfen Sie die Daten. Regelmäßig

Datenbanken sind immer nur so gut, wie sie gepflegt sind. Nur wenn Sie dafür sorgen, dass alle Daten regelmäßig und zuverlässig aktualisiert werden, sind sie eine zuverlässige Arbeitshilfe für Ihren Vertrieb. Das beginnt mit dem ersten Tag.

Ihre Recherche hat Ihnen nicht nur Namen und sämtliche Kontaktdaten Ihrer künftigen Wunsch-Kunden geliefert. Sondern auch alle Namen und Funktionsbezeichnungen Ihrer möglichen Ansprechpartner. Bevor Sie die allerdings an Ihren Verkauf weiterreichen, setzen Sie einen Ihrer Research-Mitarbeiter ans Telefon. Bitten Sie ihn, jede einzelne Adresse, jeden Namen und jede weitere relevante Angabe auf ihre Aktualität zu prüfen.

Denn das Tempo der Fluktuation ist in vielen Unternehmen – besonders auf der mittleren Managementebene – geradezu Atem beraubend. Sogar Zuschnitt und Ausrichtung ganzer Unternehmen können sich angesichts der Globalisierung und der ständigen Mergers ziemlich schnell verändern. Es soll Manager geben, die die Schilder am Unternehmensgebäude schon gar nicht mehr auswechseln, so rasch ändern sich die Verhältnisse. Widmen Sie diesen Details also die notwendige Aufmerksamkeit. Damit haben dann Ihre Sales-Teams hieb- und stichfeste Arbeitsgrundlagen. Je besser, aktueller und sicherer diese Informationen sind, umso intensiver können sich Ihre Verkäufer – ganz gleich, ob im Innen- oder im Außendienst – auf ihre eigentlichen Aufgaben konzentrieren. Nämlich auf den Verkauf. Und auf die Betreuung Ihrer Kunden vor Ort.

Gehen Sie planmäßig vor

Zerlegen Sie alle Prozesse nach dem Muster der Red-to-Green-Matrix in Einzelschritte. Wie genau Sie das am besten machen, beschreiben wir im Abschnitt 7.7 „Definieren Sie Ihre Success-Schritte".

„Red-to-Green" – Sales-Research

IST	Schritte	Wer	Wann	Ziel
Zufall, ad hoc, ungesteuerte Suche	Gezielte Branchen – Unterbranchenauswahl			Renditesichere Nischen
Kundenname statt Potenziale	Die Umsätze/Mitarbeiterzahl korrelieren mit hoch-/mittelprofitablen Potenzialsklassen, geordnet nach zu differenzierenden Branchen-Typen			Potenziale nach Kundenname
Undifferenzierter Überblick	Zuordnung nach Postleitzahlen, Ländern, weiter differenziert nach Anwendungen			Systematisierte Ordnung nach Ländern, PLZ etc.
Entscheidungsträger – unscharf	Identifikation der Entscheidungs träger durch int. Top-Datenbanken und Selektiv-Calling			Entscheidungsträger – scharf

7.6.2 Political Poster – „Who is who" beim Kunden?

Wo auch immer mehr als zwei Menschen an einem Ort sind, werden als erstes die Rollen verteilt. Hierarchien entstehen. Und die sind nicht immer deckungsgleich mit den offensichtlichen Rangordnungen. Manchmal haben Leute in der zweiten Reihe, die man glatt übersehen hat, viel mehr Einfluss, als man auf den ersten Blick vermuten würde. Gut zu wissen.

Das ist in Unternehmen nicht anders. Wenn Ihre Sales-Mitarbeiter oder Sie zum ersten Mal zu einem potenziellen Kunden kommen, tasten Sie sich auf dünnem Eis über sehr kaltes Wasser. Sie können sich einen veritablen Schnupfen holen, wenn Sie einbrechen. Wohl dem, der ein Gespür dafür hat und die unsichtbaren Fallstricke und Netzwerke rechtzeitig erkennt.

Landkarte der Beziehungsmuster

Wenn Sie in eine Gegend kommen, in der Sie sich nicht auskennen, nehmen Sie eine Landkarte mit, um sich zu orientieren. So etwas Ähnliches ist das Political Poster. Es dokumentiert anschaulich die Entscheiderstrukturen bei Ihrem Kunden, die unterschiedlichen Denkmuster und die Linien, die einzelne Protagonisten verbinden. Die Stärke oder die Brüchigkeit dieser Linien. Und nicht zuletzt auch die Qualität Ihrer eigenen Beziehung zu jedem Einzelnen. In ihrer einfachsten Form könnte so eine Topografie ungefähr so aussehen:

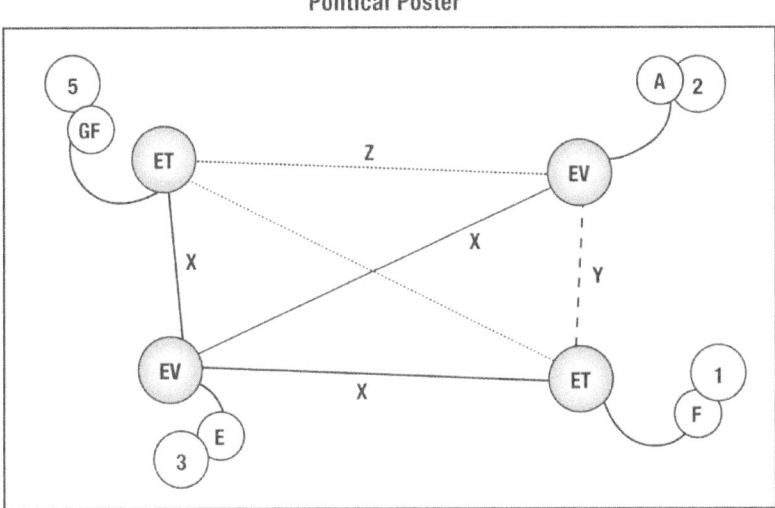

Struktur der Beziehungen untereinander

ET sind die Entscheidungsträger – beispielsweise der Einkaufschef und die Marketingchefin. EV sind diejenigen ihrer Mitarbeiter, die ihnen direkt zuarbeiten. Die Entscheidungsvorbereiter. Diese vier aus der Beispielgrafik sind ein Ausschnitt des komplexen Beziehungsgeflechts im Unternehmen Ihres potenziellen Kunden – oder auch bei Kunden, mit denen Sie bereits zusammenarbeiten.

Schauen Sie sich die Linien an, die diese vier Personen miteinander verbinden. Sie sind unterschiedlich. Durchgezogene Linien (x) bedeuten: Die Beziehung zwischen diesen beiden ist gut. Die unterbrochene Linie (y) muss Ihnen noch keine Sorgen machen. Hier ist die Beziehung neutral nach dem Motto: leben und leben lassen. Aber die beiden gepunkteten Linien (zwischen beiden Entscheidungsträgern und zwischen dem einen Entscheidungsträger und dem Entscheidungsvorbereiter des anderen Entscheidungsträgers) geben zu denken. Hier sind die Beziehungen schlecht. Wenn Sie sich in diesem Beziehungsgeflecht souverän bewegen wollen und mit allen vier Zeitgenossen konfrontiert sind, können Sie sich nun vermutlich die möglichen Stolpersteine ausmalen.

Wer hat welche Perspektive?

Jeder Mensch kann den gleichen Sachverhalt unter völlig unterschiedlichen Aspekten bewerten und dabei zu geradezu diametral entgegengesetzten Einschätzungen kommen. Wenn Sie wissen, welche Perspektive Ihr Gesprächspartner hat, können Sie Ihre Argumentation entsprechend aufbauen. Bei einem der Entscheidungsträger im Beispiel überwiegt die Sicht aufs große Ganze. Er argumentiert aus der Sicht des Geschäftsführers (GF), der strategisch und interdisziplinär denkt und viele Interessen unter einen Hut bringt. Der andere hingegen sieht die Dinge in erster Linie unter finanziellen Aspekten (F). Er legt besonderen Wert auf eine gute Preis-/Leistungsbalance, ist ein Zahlenmensch.

Auch die beiden Entscheidungsvorbereiter haben ihre sehr individuellen Denkstrukturen. Der eine bewertet Ihr Angebot unter eher pragmatischem Aspekt aus der Anwenderperspektive (A), beim anderen dominiert seine Rolle als Einkäufer (E). Er hat zu beiden Entscheidungsträgern eine gute Beziehung und auch zum zweiten Entscheidungsvorbereiter – also wird er vermutlich derjenige sein, mit dem Sie sich am besten stellen sollten. Aus seiner Einkäufer-Perspektive kann er sich vermutlich in das Denken des GF-Entscheidungsträgers ebenso wie in das preisorientierte des F-Entscheidungsträgers hineinversetzen. Das sagt Ihnen einiges darüber, welche Argumentationsstrategie die größte Aussicht auf Erfolg hat.

Stimmt die Chemie?

Last but not least ist Ihre eigene Beziehung zu jedem der Gesprächspartner auf Kundenseite wichtig. Und da haben Sie im Beispiel die beste Beziehung (1 steht für „exzellent") zum Entscheidungsträger F. Der jedoch eine schlechte Beziehung zu seinem Kollegen, dem Entscheidungsträger GF hat. Aber eine gute zum Entscheidungsvorbereiter E, der seinerseits eine gute zum Entscheidungsträger GF hat.

Sie selbst haben allerdings nur eine neutrale (dafür steht die 3) Beziehung zu demjenigen, der zu allen übrigen Protagonisten beim Kunden eine gute Beziehung hat. Mit dem zweiten Entscheidungsträger GF haben Sie sogar einen Konflikt (dafür steht die 5). Daraus könnten Sie den Schluss ziehen, dass es sinnvoll sein könnte, Ihre Beziehungen zu EV E aus der neutralen Ecke herauszuholen und zu verbessern – in der Hoffnung, dass er Ihnen dann helfen wird, den Konflikt mit ET GF über kurz oder lang beizulegen. Denn das Political Poster lässt vermuten, dass dieser Mitarbeiter Ihres Kunden ohnehin eine Vermittlerrolle hat. Warum nicht auch für Sie?

Solche „Straßenkarten zum Erfolg" können Sie für jeden Kunden anlegen. Damit machen Sie sich Linien und Sollbruchlinien bewusst und erkennen, wo Beziehungen verbessert werden könnten – oder wo das vielleicht illusorisch ist und Sie sich lieber andere Verbündete suchen. Wenn ein Sales-Mitarbeiter zum ersten Mal zu einem Kunden geht, den ein anderer bereits kennt, kann so ein Political Poster ihm helfen, von Anfang an Fehler zu vermeiden. Kleiner Tipp: In dem Buch „Professionelle Neukundengewinnung" geben wir zum Thema Beziehungsmanagement eine Reihe erprobter Tipps.

Legen Sie diese Orientierungshilfen an. Gehen Sie dabei nach dem gleichen Muster vor wie beim Schlüsselhebel des Sales-Research:

Red-to-Green – Political Poster

IST	Schritte	Wer	Wann	Ziel
Teilstrukturen sind bekannt	Die Entscheidungsträger und/-vorbereiter identifizieren durch Aktivierung der internen Wissens-Ressourcen			Entscheidungsstruktur ist klar
Eingeschränkte Kenntnis der Beziehungsstruktur	Die Beziehungsstruktur durch Bewertung 1–6 und durch „Beziehungslinien" kennzeichnen			Beziehungsstruktur ist klar

Aufs falsche Pferd gesetzt …

Das Chemieunternehmen war erfolgreich und die Sales-Teams glaubten die Gründe dafür genau zu kennen: Sie nutzten eine breite Palette von Channels, Kontakt-Kanälen, und bauten darüber zielstrebig ihre Umsätze und ihr überwiegend positives Image aus.

Zum Beispiel investierten sie regelmäßig rund drei Millionen Euro – inklusive der damit verbundenen Werbe- und PR-Ausgaben – in eine Fachmesse, der sie eine zentrale Rolle zumaßen. 14 Prozent des Jahresumsatzes, so schätzten die Verkäufer, gingen allein auf dieses Konto. Den regelmäßigen Mailingaktionen schrieben sie etwa den gleichen Erfolg zu, und persönliche Kontakte schlugen ihrer Meinung nach mit rund 10 Prozent des Umsatzes zu Buche. Weitere 6 Prozent vermuteten sie als Ergebnis der sehr kreativen Anzeigenwerbung.

Aber Vermuten und Glauben ist etwas anderes als Wissen, und wir vermuteten, dass diese Schätzungen unseres Kunden nicht ganz zutrafen. Womöglich setzten sie da einiges aufs falsche Pferd. Die einzige Chance, das herauszufinden: eine gründliche Analyse. Ab sofort wurde es den Außendienstlern zur Pflicht gemacht, nachzuhaken und aufzuschreiben, über welche Kanäle neue Aufträge gekommen waren. Das war bei 180 Verkäufern mit einem einigermaßen heftigen Organisationsaufwand verbunden. Aber es lohnte sich.

Denn es konnten einige veritable Irrtümer aufgedeckt werden: Erhebliche Summen waren zum Beispiel in die Anzeigenwerbung investiert worden, weil man glaubte, damit 6 Prozent des Umsatzes zu generieren – mit womöglich wachsender Tendenz. Irrtum! Gerade mal ein Prozent kam über diesen Channel ins Haus. Auch die Mailingaktionen hatten weniger als die Hälfte der erwarteten 14 Prozent des Umsatzes gebracht, und besonders schlimm sah die Bilanz bei der Messe aus: Statt der vermuteten 14 Prozent wurde gerade mal ein Prozent der Umsätze über diesen Channel erzielt.

Dafür stellte sich heraus, dass die persönlichen Kontakte fast doppelt soviel wie erwartet gebracht hatten – nämlich 19 statt 10 Prozent – und auch Kundenempfehlungen deutlich höher zu Buche schlugen als bis dahin gedacht. Die folgende Grafik zeigt das Gesamtergebnis der Analyse.

Nun war klar, dass ein paar Korrekturen fällig waren: Das Unternehmen baute sein Beziehungsmanagement und alle Channels aus, die über persönliche Kontakte funktionieren. Es wurde in Trainings für die Mitarbeiter investiert – nicht nur für die im Vertrieb – mit dem Ziel, jedem Einzelnen das Bewusstsein zu vermitteln, ein persönlicher Botschafter seines Unternehmens zu sein. Die Erfolge dieser Strategie können sich sehen lassen: die Umsätze konnten erheblich gesteigert werden.

	Channel-Auswertung: geschätzt und tatsächlich			
	2012 (geschätzt)		2012 (tatsächlich)	
Kontakt	Einschätzung der Sales-Teams (Anteil in %)	Summe in €	Zuordnung nach tatsächlichem Wert (in %)	Summe in €
Alte Freunde	–		2	35.600
Anzeigen-Werbung	6	106.800	1	17.800
Artikel	4	71.200	2	35.600
Ausschreibung	8	142.400	7	124.600
Brief-Mailing	14	249.200	6	106.800
Buch	–		4	71.200
Direkt anrufen	1	17.800	2	35.600
Empfehlung Kunden	10	178.000	14	249.200
Essen gehen	6	106.800	1	17.800
Events	3	53.400	9	160.200
Internet	6	106.800	2	35.600
Lead	2	35.600	6	106.800
Messe	14	249.200	1	17.800
Netzwerk/Partner	2	35.600	8	142.400
Persönlicher Kontakt	10	178.000	19	338.200
Seminare	2	35.600	4	71.200
Vorträge	1	17.800	6	106.800
Unbestimmte Kontaktquelle	11	195.800	6	106.800
	100 %	1.780.000	100 %	1.780.000

7.6.3 Channel Selling – Viele Wege führen nach Rom

Es gab einmal Zeiten, da war der Vertrieb mehr oder weniger ein Selbstläufer. Die Märkte waren hungrig. Keiner musste sich ernsthafte Gedanken machen, wie er seine Produkte an den Kunden brachte. Die guten alten Zeiten! Damals schon hat uns Bob Dylan gewarnt: „The times, they are a-changin'". Und da stehen Sie heute. Die Zeiten haben sich geändert, sogar sehr. Die Luft ist dünner geworden. Die Kunden des 21. Jahrhunderts sind anspruchsvoll, fragen immer genauer nach, erwarten immer mehr Leistung fürs Geld. Viele klassische Vertriebler fühlen sich diesen Ansprüchen kaum noch gewachsen. Das ist einer der Gründe, warum immer mehr Techniker, Ingenieure, Produktentwickler ihre Reihen füllen. Und warum sich vielfältige neue Channels gebildet haben.

Channels sind Wege zum Kunden

Im Grunde kennen Sie das schon immer: Jeder Verkäufer im Außendienst, der zu einem Kundengespräch fährt, benutzt einen Channel. Die Innendienst-Mitarbeiterin, die ein individuelles Angebot schreibt, benutzt einen anderen Channel. Aber auch der Geschäftsführer, der einem Redakteur der örtlichen Tageszeitung ein Interview gibt, benutzt einen weiteren Channel. Kurz: Channels sind die Wege, auf denen Sie Ihre derzeitigen oder potenziellen Kunden erreichen. Direkt, also durch persönliche Ansprache. Oder indirekt über Medien. Merke: Channels sind keine Medien – aber sie nutzen die unterschiedlichsten Medien, oft auch in ungewohnten Kombinationen.

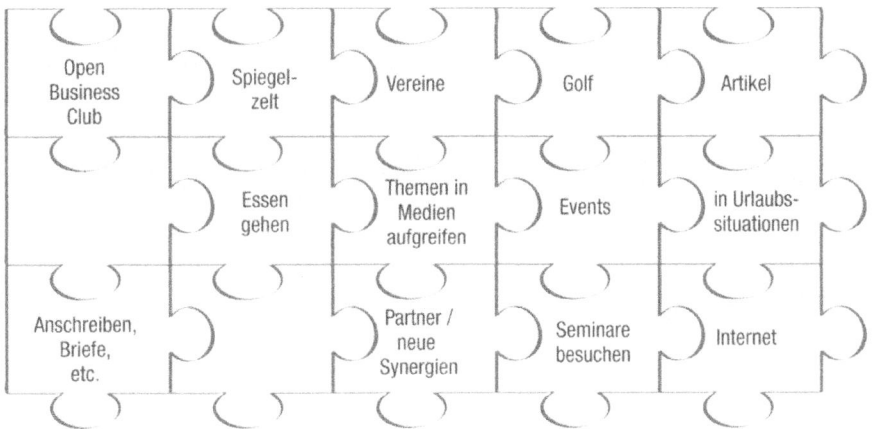

Wie viele Channels nutzen Sie?

Lehnen Sie sich bitte mal einen Augenblick zurück und denken Sie nach: Wie viele Channels nutzen Sie in Ihrem Unternehmen bewusst und aktiv? Fünf? Zehn? Fünfzig? Die meisten Unternehmen kümmern sich planvoll nur um eine Handvoll Channels. Die klassischen. Die sie schon immer genutzt haben. Dabei stehen – je nach Branche – locker 40 bis 50 potenzielle Channels zur Verfügung. Die meisten davon liegen brach oder führen ein Schattendasein. Damit werden wertvolle Potenziale verschenkt. Denn die Erfahrung zeigt: Ein Unternehmen, das sein „Kanalnetz" erweitert, das sich aktiv und offensiv weitere Channels erschließt, macht ziemlich schnell einen Riesensprung nach vorn. Probieren Sie es aus.

Channels sind Chancen

Vielleicht nutzen Sie ja bereits Channels, deren Relevanz Ihnen bisher noch gar nicht so klar war. Jeder Mitarbeiter ist ein Botschafter Ihres Unternehmens, jeder Kontakt nach außen ist ein Baustein für das Image Ihrer Firma in der Öffentlichkeit. In der Wahrnehmung Ihrer Kunden, der Kunden Ihrer Kunden, der direkten und indirekten Marktakteure aus Politik, Verwaltung, Banken und Börse. Im gesamten Beziehungsgeflecht Ihres Unternehmens. Das kann auf den ersten Blick erschrecken. Bei genauem Hinsehen eröffnet es Chancen. Also sehen Sie bitte genauer hin.

Zielen Sie genau

Wenn Sie ein neues Magazin auf den Markt bringen wollen, schauen Sie sich als erstes Ihre potenzielle Zielgruppe an. Was interessiert diese Leute? Wenn es Fußballfans sind, werden Sie ihnen kein Heft über die schöne Welt der Berge anbieten. Sondern versuchen, ihnen zu „ihrem" Thema Details zu servieren, die selbst eingefleischte Hobbykicker überraschen können. Die gleiche Sorgfalt ist bei der Auswahl Ihrer Channels angesagt.

Finden Sie also heraus, was Ihre direkten Ansprechpartner beim Kunden interessiert. Suchen Sie dabei vorzugsweise nach Gemeinsamkeiten. Denn einem Fußballfan Interesse an seinem Sport vorzuheucheln, während Sie selbst lieber in der Oper sitzen würden, funktioniert auf lange Sicht nicht. Verlieren Sie also bei allem Engagement Ihre eigene Glaubwürdigkeit nicht aus dem Auge. Aber bleiben Sie offen: Vielleicht entdecken Sie bei dieser Gelegenheit ja auch für sich selbst interessantes Neuland und lernen Dinge kennen, die Ihr eigenes Interessensspektrum bereichern?

Welche Channels für welche Kunden?

Marianne S. ist Verkaufsleiterin eines Softwareentwicklers. Eine Meisterin der Organisation, ein wahres „Beziehungstier". Diese Kompetenzen kennt inzwischen buchstäblich jeder, der im Wirtschaftsleben ihrer Region etwas zu sagen hat – denn Marianne S. ist seit zwei Jahren Geschäftsführerin des örtlichen Marketingclubs. Ehrenamtlich. In dieser Funktion zeigt sie großes Geschick, hat kreative Ideen für zugkräftige Events und gewinnt für die regelmäßigen Treffen immer wieder hochkarätige Referenten. Für ihren Arbeitgeber rechnet es sich, dass er ihr für dieses Ehrenamt ein bestimmtes Stundenkontingent innerhalb der Bürozeiten einräumt: Der Marketingclub ist eine wahre Fundgrube für erfolgreiche Kontakte.

Klaus R. ist Maschinenbauingenieur bei einem Metallbauunternehmen. Er ist im VDI organisiert und ein begabter Netzwerker. Zu Veranstaltungen seines Verbands fährt er gern. Dort knüpft er emsig Kontakte, erfährt Wissenswertes aus verwandten Branchen und ist immer bestens informiert über neue Trends oder grundsätzliche Probleme, die andere nicht in den Griff bekommen. Einen Namen hat sich Klaus R. bisher unter anderem durch drei Beiträge für das Magazin seines Bezirksverbands und einen Vortrag im Rahmen einer Fachmesse gemacht. Die informellen Kommunikations- und Informationsnetze dieses Mitarbeiters haben dem Unternehmen schon so manchen Vorsprung eingebracht und sind mitverantwortlich für dessen Image als kreativer, innovativer Anbieter. Wo liegen die Channels, die Ihr Unternehmen weiterbringen könnten? Finden Sie es heraus.

Um Ihre aktuellen Channels objektiv zu beurteilen und herauszufinden, ob Sie in die richtigen investieren, gehen Sie auch hier nach dem Red-to-Green-Muster vor:

Red-to-Green – Channel Selling

IST	Schritte	Wer	Wann	Ziel
Traditionelle Channels	Erarbeiten Sie die möglichen Channels für Ihre Branche			Mögliche Channel-Plattform
Unklare Situation der Channel-Range	Exakte Analyse der genutzten Channels/Welche Channels haben welche Erfolge gebracht			Klare Ist-Situation der Channel-Range
Einsatz eingeschränkter Channels	Neuvereinbarung der Channels pro Außendienst			Nutzung der vollen Channel-Breite

7.6.4 Potenzial-Management – Das Potenzial entscheidet

Die Organisation von Sales-Teams baut häufig auf geografische Aspekte auf: Die „Reviere" sind nach Regionen oder nach Nielsen-Gebieten geordnet. Oder nach Kunden- oder Produktgruppen. Dann kümmert sich Verkäufer Schmidt beispielsweise um die Verbrauchermärkte, während sein Kollege Heinrich sich auf Handwerksbetriebe konzentriert. Alles schön und gut. All das mag pragmatisch sein. Aber zweitrangig. Priorität Nummer eins ist das Potenzial Ihrer Kunden.

Also nennen Sie das Ganze am besten gleich Potenzial-Management und behandeln es auch so. Das setzt die richtigen Akzente und unterstützt Ihren Blick auf die Parameter, die wirklich eine Rolle spielen. Nicht ob ein Kunde sich gut in den Besuchsplan einbauen lässt, weil sein Standort nahe an der Autobahn liegt. Nicht ob Ihr Verkäufer dort gern hinfährt, weil sein Gesprächspartner immer so leckere Kekse kredenzt. Sondern ob der Kunde für Ihr Unternehmen interessante Potenziale hat, ob bei ihm unterm Strich die Rendite stimmt und wie die Aufwand-/Erfolgsbilanz aussieht: Das sind die ausschlaggebenden Kriterien bei der Planung Ihrer Sales-Teams.

Wo die Potenziale liegen, wissen Sie. Das haben Sie in der Potenzial Line eruiert und im Sales-Research verifiziert. Alle relevanten Daten liegen auf dem Tisch. Ehe Sie nun den „passenden" Außendienstler auf die Spur setzen, fehlt noch ein wenig Detailarbeit. Damit Sie zielgenau die „richtigen" Kunden treffen.

Verschaffen Sie sich einen klaren Überblick

Trommeln Sie Ihre Vertriebsmannschaft zusammen und verschaffen Sie sich einen Überblick. Ihre Leute kennen aus jahrelanger Erfahrung die Märkte, die Marktakteure und können Potenziale weitgehend abschätzen. Listen Sie also gemeinsam die Namen Ihrer aktiven Kunden auf.

Auf einer zweiten Liste sammeln Sie die Unternehmen, die noch nicht zu Ihren Kunden zählen. Die Sie aber gewinnen wollen. Weil Sie wissen: Da liegen Potenziale brach und warten quasi nur darauf, von Ihnen entdeckt und gehoben zu werden.

Wenn Sie diese beiden Listen haben – Ihre aktuelle und Ihre Wunsch-Kundenliste –, geht's ans Sortieren. Das klappt am schnellsten, wenn Sie es am Laptop machen. Da können Sie die einzelnen Positionen per Mausklick locker hin- und herschieben, bis jeder an der Stelle steht, an die er nach Ihrem internen Ranking gehört.

Kundengruppen: Stamm-, Wachstums-, Neukunden

Dabei sortieren Sie nach Potenzial. Die Potenziale Ihrer aktuellen Kunden kennen Sie ziemlich genau. Sie wissen einigermaßen, wie viel davon Sie schon ausschöpfen und was eventuell noch zu holen wäre. Bei möglichen Neukunden schätzen Sie diese Größen anhand Ihrer Datenlage erst mal ein. Dabei sind die voraussichtlich erzielbaren Renditen ein wichtiges Kriterium.

Unterscheiden Sie gleichzeitig Ihre (potenziellen) Kunden in drei Gruppen nach Stamm- oder Haltekunden, Wachstumskunden und Neukunden:

- Bei Ihren **Stamm- bzw. Haltekunden** schöpfen Sie bereits deutlich mehr als 50 Prozent des für Sie interessanten Potenzials aus. Es ist noch Luft drin – aber irgendwann ist hier alles ausgereizt.
- Bei den **Wachstumskunden** ist das Ende der Fahnenstange noch längst nicht erreicht. Hier steckt wesentlich mehr drin, als Sie bisher realisieren. Alles eine Frage Ihrer Herangehensweise.
- Und **Neukunden** sind Neuland. Die Herausforderung schlechthin für Pioniere und Abenteurer. Ihre Potenzial Line sagt: Diese Unternehmen gehören einfach in Ihr Portfolio. Also überlegen Sie gut, womit Sie sie am sichersten begeistern können. Nutzen Sie alle Hebel – vom Political Poster bis zum charismatischsten Ihrer Mitarbeiter. Dazu später mehr.

Potenzial-Management

	Stammkunden 50 %+		Wachstumskunden 50 %-		Neukunden	
Top 300+	Kunden		Kunden		Kunden	
	Tage		Tage		Tage	
	Potenzial 2012		Potenzial 2012		Potenzial 2012	
	Vorjahr 2011		Vorjahr 2011		Vorjahr 2011	
	Ziel 2012		Ziel 2012		Ziel 2012	
	% Ziel 2012		% Ziel 2012		% Ziel 2012	
Hoch 100-300	Kunden		Kunden		Kunden	
	Tage		Tage		Tage	
	Potenzial 2012		Potenzial 2012		Potenzial 2012	
	Vorjahr 2011		Vorjahr 2011		Vorjahr 2011	
	Ziel 2012		Ziel 2012		Ziel 2012	
	% Ziel 2012		% Ziel 2012		% Ziel 2012	
Mitte 50-100	Kunden		Kunden		Kunden	
	Tage		Tage		Tage	
	Potenzial 2012		Potenzial 2012		Potenzial 2012	
	Vorjahr 2011		Vorjahr 2011		Vorjahr 2011	
	Ziel 2012		Ziel 2012		Ziel 2012	
	% Ziel 2012		% Ziel 2012		% Ziel 2012	
Basis 50-50			Kunden			
			Tage			
			Potenzial 2012			
			Vorjahr 2011			
			Ziel 2012			
			% Ziel 2012			
Ground 15-0			Kunden			
			Tage			
			Potenzial 2012			
			Vorjahr 2011			
			Ziel 2012			
			% Ziel 2012			
Total Gesamt			Kunden			
			Tage			
			Potenzial 2012			
			Vorjahr 2011			
			Ziel 2012			
			% Ziel 2012			

Potenzialklassen: die Großen nach vorn

Nachdem Sie Ihre Kunden auf diese Weise qualitativ geclustert haben, geht es in die nächste Dimension: die Potenzialklassen. Dazu clustern Sie nach quantitativen Kriterien. Von welchen Summen reden Sie? In welchem Markt, in welchen Umsatzdimensionen bewegen Sie sich? Daran orientieren Sie sich, wenn Sie nun Ihre (potenziellen) Kunden umsatzmäßig einordnen.

Um das Prinzip zu verdeutlichen, gehen Sie zum Beispiel davon aus, dass Sie sich in Dimensionen zwischen 25.000 und 500.000 Euro Jahresumsatz bewegen. Vielleicht haben Sie nur einen einzigen 500.000-Euro-Kunden und alle anderen liegen deutlich unter dieser Marke. Dieser eine Kunde würde Ihre gesamte Statistik verfälschen. Geben Sie ihm deshalb eine eigene Kategorie: Solche „Ausreißer" nach oben sind Ihre Triple-A-Kunden.

Die nächste Potenzialgruppe umfasst die Unternehmen, bei denen Sie sich unterhalb dieser Top-Umsätze bewegen. Alle, mit denen Sie zwischen 250.000 und 499.000 Euro Umsatz machen (wollen). Ihre großen Kunden. Die Bigs. Schreiben Sie die Anzahl dieser Kunden in Ihre Matrix. Ihre Namen hinterlegen Sie auf einer Liste dahinter. Wie in jeder Kategorie gibt es auch in dieser Stamm-, Wachstums- und hoffentlich Neukunden.

Ergänzen Sie die Matrix mit ein paar zusätzlichen Informationen: Wie groß ist im kommenden Geschäftsjahr das Potenzial dieser Kundengruppe? Wie groß war es im vergangenen beziehungsweise ist es im aktuellen Jahr? Welches Ziel setzen Sie Ihrem Außendienst für das kommende Jahr? Das gesamte mögliche Potenzial werden Sie in diesen 365 Tagen kaum knacken. Aber ambitionierte Ziele haben noch keinem geschadet. Letztlich: Wie viel Prozent können Sie hier im laufenden Jahr realistischerweise zulegen? Ebenso gehen Sie bei allen Gruppen vor – auch bei den Triple-A-Kunden.

Relation von Aufwand und Ertrag

So geht es weiter, in abnehmender Reihenfolge. Die nächste Gruppe würde etwa zwischen (möglichen) 100.000 und 249.000 Euro liegen. Diese Kunden sind immer noch sehr interessant. Vermutlich beginnt spätestens hier die Relation von Umsatz und Anzahl der Kunden auffällig zu kippen: im Vergleich zur höchsten Gruppe wenig Umsatz mit relativ vielen Kunden. Aber immer noch Dimensionen, bei denen sich intensiver Einsatz lohnt.

Anders sieht es vielleicht schon bei der nächsten Kundengruppe aus: (möglicher) Umsatz zwischen 50.000 und 99.000 Euro. Um mit ihnen die gleichen Renditen zu erreichen wie bei den oberen Gruppen, muss Ihr Außendienst schon ordentlich seine Schuhsohlen strapazieren. Oder seine Autoreifen. Richtig anstrengend wird es dann bei der untersten Gruppe. Im Beispiel heißt sie „Ground". Der Bodensatz. Die vielen Kleinen. Sie bringen ebenfalls Umsatz, und ganz sollten Sie sie nicht vernachlässigen. Vielleicht wächst ja der eine oder andere noch? Aber schicken Sie dort keine Außendienstler mehr hin: Die kann auch Ihr Innendienst telefonisch und via E-Mail mitbetreuen.

„Was man lernen muss, um es zu tun, das lernt man, indem man es tut."

Aristoteles

Der Return on Investment zählt

Wenn Sie das alles zusammenzählen, kommen Sie auf eine eindrucksvolle Zahl von Kunden und eventuellen Neukunden mit einem Gesamtumsatz, der mit Sicherheit motiviert. Sie sehen die Potenziale – die aktuellen und die möglichen. Sie sehen die Ziele. Und Sie stehen vor der Entscheidung: Wo fangen wir an?

Keine Frage. Oben. Bei den Big Spendern. Den Triple-A's und den Bigs. Setzen Sie Prioritäten. Investieren Sie Ihre Ressourcen – Zeit, Geld, Manpower – schwerpunktmäßig da, wo Sie den besten Return on Investment erwarten. Diese Kunden brauchen vermutlich intensiveren Service. Mehr Vorbereitung. Aber sie bringen auch mehr Rendite. Rollen Sie die Liste von oben nach unten auf.

Denken Sie immer wieder daran: Managen Sie nicht Ihre Verkaufsgebiete. Managen Sie nicht Ihre Produktpalette. Managen Sie Ihre Potenziale!

Auch die Schritte beim Potenzial-Management können Sie mit der Red-to-Green-Matrix überschaubar und klar strukturieren und verfolgen. Probieren Sie es aus.

Red-to-Green – Potenzial-Management

IST	Schritte	Wer	Wann	Ziel
Viel EDV, aber overkilled & overcontrolled	Alle Kunden, die betreut werden, nach Potenzialen bewerten und nach Hoch-, Mittel- und Niedrig-Potenzial sowie nach Stammkunden/Wachstumskunden und Neukunden ordnen			Klare Struktur
Traditionelle Zeit-Cluster	Neue Ordnung, wer welche Priorität, Zeit etc. zugeordnet bekommt			Klare Zeitordnung pro Kunde
Überbewertung der unattraktiven Kunden	Die Niedrig-Potenzial-Kunden in Zukunft anders, ohne Außendienst, betreuen			Neue Bewertung in klare Struktur

7.6.5 Erfolgsplattform – Der Kunde im Fokus

Behalten Sie jeden einzelnen Ihrer Kunden – auch jeden Neukunden, an dem Ihre Verkäufer „baggern" – im Auge. Sorgen Sie dafür, dass Sie immer wissen: Wie ist der aktuelle Stand beim Kunden A? Warum geht es beim Kunden B nicht voran? Wo kann ich den Verkäufer konkret in seiner Arbeit mit Kunde C unterstützen? Konzentrieren Sie sich dabei auf die wirklich wichtigen Informationen. Vermeiden Sie es, sich mühsam durch ausufernde IT-Programme zu scrollen. Damit verlieren Sie nur Zeit.

Nutzen Sie zu diesem Zweck die Erfolgsplattform. Jeder Verkäufer kann sie für jeden Kunden ohne viel Aufwand kontinuierlich aktualisieren. Und Ihnen nach jeder Aktualisierung eine Kopie zuleiten. So sind Sie immer auf dem Laufenden.

Erfolgsplattform (Kunde)

	Potential 2012	Vorjahr 2011	Wettbewerb 2012	Ziel 2012	Ziel in % 2012	Prioritäten 2012	Sellingteam
Ziel							

		1	2	3	4	5	6	7	8	9	10	11	12
Ist	Ist												
	Ziel												

	Schlüsselhebel	Buying Team				
		Denk-Struktur	Entscheider-Struktur		Beziehungsstruktur	
Weg		E: Einkäufer GF: Geschäftsführer T: Techniker	ET: ET: ET: *Entscheidungs-Träger*	EV: EV: EV: *Entscheidungs-Vorbereiter*	1 = +++ 2 = + 3 = −	4 = / 5 = ⟵ 6 = 0
	Hindernisse / Chance	Maßnahmen			Zeit	

Ziel – Ist – Weg

Die Erfolgsplattform gibt Auskunft über die Fragen, die wirklich zählen. Auf einen Blick. Sie stellt – und beantwortet – kurz und knapp die drei zentralen Fragen:

- Ziel: Wo wollen Sie hin?
- Ist: Wo stehen Sie?
- Weg: Was wollen Sie tun, um Ihr Ziel zu erreichen?

Das Ziel beschreibt möglichst präzis die Zukunft, die Sie anstreben. An erster Stelle steht das Potenzial des Kunden. Welcher Umsatz, welcher Deckungsbeitrag, welcher Profit ist denkbar? Ihr Kunde hat eigene Ziele. Sie haben konkrete Lösungen und Dienstleistungen zusammengestellt, um ihn dabei zu unterstützen. Was ist das Thema, um das es dem Kunden vorrangig geht? Wann rechnen Sie mit einem Auftrag? Und vor allem ist hier festgehalten, wer dafür verantwortlich ist.

Die Rubrik „Ist" spiegelt die einzelnen Schritte der Pipeline vom ersten Kontakt zum Kunden bis zum Resultat. Also bis zum Auftrag. Das jeweils aktuelle Stadium, in dem der Kundenkontakt gerade ist, zeigt auch die prozentuale Zielerreichung. So können Sie die Erfolgsplattform als Akquisewerkzeug einsetzen oder damit ein konkretes Projekt für einen „Altkunden" im Blick behalten.

Teil 3, der Weg, besteht aus zwei Teilen: Im ersten (siehe auch „Political Poster") erhalten Sie einen Überblick über die Akteure auf Kundenseite. Daraus lassen sich interne Konfliktlinien und Seilschaften ablesen. Sie sehen, wer die Entscheidungen trifft, wer dabei im Vorfeld welche Rolle spielt und so weiter. Dieses Wissen hilft jedem, der mit diesem Kunden konfrontiert ist, mögliche Klippen zu umsegeln.

„Der Erfolgreichste ist im Leben der, welcher die beste Information besitzt."

Benjamin Disraeli

Im zweiten Teil des „Wegs" geht es um das konkrete Handeln. Welche strategischen Schlüsselhebel, die fachlichen und die auf der persönlichen Ebene, setzen Sie an? Welche Chancen räumt Ihr Kunde Ihnen und Ihrer Zusammenarbeit ein? Wo sieht er mögliche Hindernisse? Wie wollen Sie reagieren? Oder haben Sie die Chance, das Heft in die Hand zu nehmen und selbst Maßnahmen zu ergreifen, um Hindernisse in den Griff zu bekommen? Viel zu häufig unterbewertet wird der Faktor Zeit, und deshalb taucht er auch an diesem Punkt der Erfolgsplattform noch einmal auf. Gehen Sie bewusst und eindeutig mit der Ressource Zeit um. Bestehen Sie darauf, dass Ihre Teams die richtigen Prioritäten setzen und ihre Zeit effizient nutzen. Im Abschnitt 3.2 „ZAR – Zeit, Aufgaben, Resultate ... " im ersten Teil dieses Buches finden Sie dazu wertvolle Informationen.

Wenn Sie in Ihrer Erfolgsplattform nur oberflächliche Angaben machen, wenn Sie die einzelnen Fragen nur schwer beantworten können, zeigt Ihnen das: Dieser Kunde muss intensiver betreut werden. Ihre Leute müssen mehr Beziehungsarbeit leisten. Kontakte vertiefen. Die richtigen Fragen stellen – aber in einer Form, die auch Aussicht auf Antworten hat. Mehr dazu unter der Überschrift „Sales-Know-how – Das erfolgreiche Kundengespräch".

Transparenz – bei Kunden und Mitarbeitern

Der Vorteil der Erfolgsplattform ist die Transparenz, die sie herstellt. Und zwar auf mehreren Ebenen. Zum einen gibt sie Ihnen kontinuierlich einen Überblick über den jeweils aktuellen Stand der Dinge – der Neukundenakquise, des Ausbaus von Kundenbeziehungen, von konkreten Projekten.

Gleichzeitig erfahren Sie beim Blick auf diese Matrix vieles über die Akteure bei Ihren Kunden, über deren Zuständigkeiten und Rollen, interne politische Seilschaften, mögliche Sollbruchstellen, Rivalitäten und Konfliktpotenziale. Die meisten dieser Informationen stehen mehr oder weniger zwischen den Zeilen und sind nicht nur für Ihre Sales-Teams, sondern auch für Sie persönlich nützlich. Zum Beispiel, wenn Sie zwecks längerfristiger Planungen mit Ihren Pendants beim Kunden an einem Tisch sitzen oder in anderen Zusammenhängen mit ihnen zusammentreffen – etwa bei Branchentreffen, Tagungen etc.

Nicht zuletzt ist die Erfolgsplattform aber auch ein gezieltes Führungsinstrument. Sie sagt Ihnen viel über Ihre eigenen Mitarbeiter. Über ihre Sorgfalt, ihre Termintreue, ihre Zuverlässigkeit. Sie können daran die Qualität der Leistung jedes Einzelnen und jedes Teams ablesen. Und finden Ansatzpunkte, um einzugreifen, gezielt zu fördern oder zu unterstützen. Wenn jemand auch nach mehreren Versuchen nicht zu den erwarteten

Ergebnissen kommt, muss das nicht zwangsläufig heißen, dass bei ihm Hopfen und Malz verloren ist. Vielleicht haben Sie ihn einfach am falschen Ort eingesetzt und seine Stärken liegen ganz woanders.

Und wieder: der ganzheitliche Blick

Sie können mit dem Political Poster und der Pipeline (siehe nächste Seite) allein sehr erfolgreich arbeiten. Um aber komplexe, in sich abgeschlossene Vertriebsprojekte im Blick zu behalten, ist die Erfolgsplattform *das* Instrument der Wahl. Denn es macht die Vernetzung der unterschiedlichen Ebenen und die Komplexität des Gesamtprojekts transparent und zeigt an jedem Punkt des Prozesses den Stand der Dinge. Die Erfolgsplattform kombiniert alle relevanten Einzelinformationen wie in einem Puzzle zu einem runden Bild.

Und auch hier hilft die Red-to-Green-Matrix bei der Umsetzung.

Red-to-Green – Erfolgsplattform

IST	Schritte	Wer	Wann	Ziel
Overkill Müllberg-IT	Konzentration der Key-Infos auf eine Seite			Eine Seite pro Kunde
Undifferenzierter Kunden-Fokus	Statt viele Kunden total pflegen vielleicht 10–15 auf IT richtig pflegen			Nur auf wenige Kunden gezielt die Ressourcen konzentrieren
Besprechung der Kunden oberflächlich, problemorientiert	Statt über Kunden „so la la" problemorientiert reden, diese via Beamer/Laptop mit der Erfolgsplattform an die Wand projizieren, und dann gezielt besprechen			Erfolgsplattform Pflicht bei Kundenbesprechungen

7.6.6 Pipeline – Vom Interessenten zum Kunden

Der Weg vom ersten Kontakt mit einem neuen Kunden bis zur erfolgreichen Zusammenarbeit folgt einem bestimmten Muster. Er besteht aus einer Reihe vorhersehbarer, aufeinander folgender Schritte. Diese Erkenntnis ist die Mutter der Pipeline.

Die leichte Trichterform entspricht der Erfahrung, dass nicht alles, was oben reinkommt, auch unten wieder rauskommt. Viele sind berufen, aber nur wenige sind auserwählt: Nicht alle, mit denen Sie im Januar einen ersten Kontakt haben, sind im Dezember Ihre Kunden. Zwischen Start und Ziel gibt es auch der sorgfältigsten Planung zum Trotz Imponderabilien. Allerdings ist es ein schönes Ziel, die Trefferquote mit der Zeit zu erhöhen. Werden anfangs aus drei von zehn Erstkontakten Kunden, können es im Laufe der Zeit vielleicht fünf oder sechs von zehn werden. Oder mehr?

Der erste Kontakt

Genau wie jede andere Beziehung beginnt auch die zu Ihrem Kunden mit dem ersten Kontakt. Die besten Karten haben Sie, wenn Ihr potenzieller Neukunde aufgrund der Empfehlung eines Ihrer zufriedenen Stammkunden bei Ihnen anfragt. Aber auch eine Kalt-Akquise kann der Beginn einer wunderbaren Freundschaft sein.

Machen Sie gleich im ersten Schritt Nägel mit Köpfen und gehen Sie in Ihrer Pipeline ein wenig ins Detail. Das hilft Ihnen, die Qualität dieses Kontakts richtig einzuordnen. Denn Sie sind schließlich nicht nur kunden-, sondern auch potenzialorientiert und wollen Ihre Energien nicht auf Kunden konzentrieren, die mehr kosten, als sie einbringen. Verknüpfen Sie das Projekt also mit dem Umsatzvolumen, das Sie sich davon erwarten – wenn auch vielleicht nicht gleich im ersten Wurf. Mit dem Potenzial, das dieser Kunde für Sie verkörpert. Mit Kennzahlen wie Rendite oder Deckungsbeitrag, auch wenn Sie die zunächst nur grob schätzen können. Bewerten Sie ebenso die Wahrscheinlichkeit, diesen Kontakt zum Erfolg zu führen. Und schließlich: Denken Sie an eine realistische Zeitlinie.

Vielleicht sagt Ihnen bereits diese erste Analyse, dass der neue Interessent in die Gruppe derjenigen Kunden gehört, die Sie im Zuge Ihres Potenzial-Management bereits ausgemustert haben. Dann bedanken Sie sich nett für das Interesse und wenden sich lohnenderen Objekten zu.

Die Pipeline ist ein flexibles Werkzeug

Alle qualitativen Zusatzinformationen, die zunächst in der ersten Abteilung der Pipeline stehen und mit dem weiteren Verlauf des Projekts Schritt um Schritt nach unten rutschen, können sich ändern. Wenn Sie dazu genauere Informationen bekommen, passen Sie Ihre Pipeline sofort entsprechend an. Sollten für Sie andere als die hier genannten Kriterien eine Rolle spielen, konstruieren Sie sie nach Ihren eigenen Bedürfnissen um.

Das betrifft auch jede der Stationen zwischen dem ersten Kontakt und dem verbindlichen Auftrag. Wenn Sie wollen, ergänzen Sie die einzelnen Zwischenschritte aus dem Beispiel durch weitere Detailschritte. Wenn Sie den einen oder anderen Schritt für überflüssig halten, lassen Sie ihn weg. Wichtig ist unterm Strich nur eines: Dass Sie mit dieser Pipeline eine handliche, überschaubare und pragmatische Arbeitshilfe haben, die Ihnen einen knappen Überblick über Ihre Akquiseaktivitäten gibt. Und damit auch über die Effizienz Ihrer eigenen Mannschaft.

Vom Briefing zum Angebot

Wichtig ist, eine möglichst offene, vertrauensvolle Beziehung zu Ihrem potenziellen neuen Kunden aufzubauen. Dazu gehört in erster Linie: nicht interpretieren, sondern zuhören. Finden Sie heraus, was der Kunde wirklich will. Wo können Sie ihm mit Ihren Lösungsmöglichkeiten einen echten Nutzen bieten? Stellen Sie die richtigen Fragen. Und fassen Sie das Briefing am Ende noch einmal schriftlich zusammen, um Fehlinterpretationen auszuschließen.

Während Ihre Verkäufer herausfinden, was Ihr potenzieller neuer Kunde will, erfahren sie ganz nebenbei auch darüber hinaus das eine oder andere über ihn. Je ausgeprägter die Soft Skills Ihres Verkäufers, je besser seine Menschenkenntnis und sein Einfühlungsvermögen, umso aufmerksamer wird er zwischen den Zeilen lesen. Und um so mehr werden Sie am Ende über die Hidden Agenda des Kunden wissen. Zu diesem Punkt lesen Sie mehr unter der Überschrift „Political Poster".

Auf der Basis all dieser Hintergrundinformationen entwickeln Sie eine maßgeschneiderte, lösungsorientierte Idee, um diesen Kunden für eine Zusammenarbeit mit Ihrem Unternehmen zu begeistern. Seien Sie dabei ruhig kreativ. Bieten Sie ihm etwas, was er bei Ihren Mitbewerbern so nicht bekommt. Mit welchem Service können Sie ihn überzeugen?

Wenn Sie dann das Angebot formulieren, stellen Sie diesen Kundennutzen in den Mittelpunkt. Hängen Sie Ihr Angebot an den Details auf, die Sie von der Konkurrenz unterscheiden. Die allgemein üblichen Fakten können Sie auch weiter unten noch aufführen. Spielen Sie zuerst Ihre Trümpfe aus.

Begeistern Sie Ihren Kunden

Vielleicht genügt ein schriftliches Angebot. Wo Sie aber die Möglichkeit haben, Ihre Ideen persönlich zu präsentieren, nutzen Sie diese Chance. Nur Sie selbst oder Ihre charismatischen Star-Verkäufer sind in der Lage, die Begeisterung und das Commitment zu vermitteln, die dem Kunden die Gewissheit geben, bei Ihnen gut aufgehoben zu sein. Am Ende steht der Auftrag. Und, wenn Sie mit dem gleichen Elan, mit derselben Kreativität, Berechenbarkeit und Zuverlässigkeit weitermachen, noch viele weitere.

Verfolgen Sie den Fortgang der einzelnen Umsetzungsschritte mithilfe von Red-to-Green:

Red-to-Green – Pipeline

IST	Schritte	Wer	Wann	Ziel
Unterschiedliche Pipeline-Verständnisse	Die unterschiedlichen Ansätze sehen und zu einem für alle verbindlichen Prozessablauf bringen			Einheitliche Pipeline
Unterschiedliche Kundenbewertung nach Pipeline	Alle Kunden in die Pipeline einsetzen			Alle Kunden final erfassen
Pipeline + Erfolgsplattform getrennt	Die Prozess-Stufen der Pipeline auf einer Key-Account-Zeile pro Kunde erfassen			Pipeline und Erfolgsplattform verbinden

7.6.7 Sales-Know-how – Das erfolgreiche Kundengespräch

Ihr wesentliches Kapital ist das Können Ihrer Verkäufer. Ohne sie können Sie die schönste Strategie vergessen. An Ihnen ist es, sie gezielt zu führen. Sie ihren individuellen Stärken gemäß einzusetzen. Ihnen die Leitlinien und Standards vorzugeben, an denen sie sich orientieren können.

Jedes Verkaufsgespräch ist planbar und vorhersehbar – weitgehend. Diese Chance nicht zu nutzen, wäre also grob fahrlässig. Denn nicht der Kunde mit seinen vielen Unwägbarkeiten setzt den Rahmen und entscheidet, ob ein Gespräch gut oder schlecht, erfolgreich oder als Flop endet. Sondern der Verkäufer, der es führt. Ein Gespräch führen – verstehen Sie das im direkten Sinne des Wortes. Sie führen den Kunden – zu einem klaren Ziel.

Gute Vorbereitung ist die halbe Miete

Oft verfallen selbst erfahrene Verkäufer dem Irrtum, Gespräche mit langjährigen Stammkunden müssten nicht besonders vorbereitet werden. Man kenne sich ja. Das kann fatal sein. Wer so überheblich ist zu meinen, man müsse langjährigen Bekannten nicht die gleiche Aufmerksamkeit widmen wie neuen Kontakten, der setzt seine guten Beziehungen aufs Spiel. Und bietet den Kollegen von der Konkurrenz eine offene Flanke.

Eine gute Basis für jedes Gespräch ist die Erfolgsplattform. Sinnvoll ist es, zusätzlich vorab eine Liste mit Fragen zu erarbeiten, um die Führung des Gesprächs in der Hand zu behalten. Die Antworten helfen anschließend, gezielt und konkret an den Interessen des Gesprächspartners anzudocken, wenn Ihre Lösungsvorschläge präsentiert werden. Zur Vorbereitung auf das Gespräch und eine anschließende Reflexion, um das eigene Verhalten des Verkäufers schrittweise zu optimieren, bietet sich außerdem das Sales-Know-how-Chart auf der übernächsten Seite an.

Ihr Kunde wird den Verkäufer als guten Kommunikator empfinden, der ihn nicht endlos zutextet. Gute Karten hat, wer aufmerksam zuhört, interessiert Fragen stellt, sich ernsthaft für die Probleme seines Gesprächspartners interessiert. Wer sich Notizen macht und die zentralen Punkte seines Kunden im weiteren Verlauf des Gesprächs wieder aufgreift, um dafür konkrete, nutzenorientierte Lösungsangebote auf den Tisch zu legen.

Zur Einstimmung ein wenig Small Talk

Zu Beginn stimmen sich die Gesprächspartner aufeinander ein. Jeder erkennt bereits beim Eintreten mit einem Blick, ob die Chemie stimmt. Dabei spielen mehr oder weniger unbewusst Details wie der direkte Blickkontakt, die Körpersprache, die Selbstbewusstsein oder Zurückhaltung signalisiert, und die Verteilung der Sitzpositionen der Beteiligten eine wesentliche, oft unterschätzte Rolle. Viele Sympathien oder Aversionen haben in diesem ersten Aufeinandertreffen ihre Wurzel.

Je nachdem, ob man sich bereits kennt oder sich zum allerersten Mal begegnet, dauert diese Phase ein paar Minuten oder auch länger. Belanglosigkeiten werden ausgetauscht, die alles andere als belanglos sind: Sie lockern die Atmosphäre auf und bereiten den Boden. Nun erst ist der Verkäufer wirklich „angekommen" und kann mit ein paar einleitenden Worten das eigentliche Thema ansteuern.

Wer nicht fragt, bleibt dumm

Die nächste Phase ist die wichtigste: die Bedarfsphase. Gehen Sie davon aus, dass sie rund 60 Prozent des gesamten Gesprächs umfasst. Der beste Start dafür ist ein überleitender Satz, zum Beispiel: „Darf ich Ihnen jetzt ein paar Fragen stellen, um Ihr Problem richtig zu verstehen?"

> *„Wenn sie dich fragen, ob du die Aufgabe erledigen kannst, sag ihnen: ‚Natürlich kann ich das!' Dann fang an zu arbeiten und finde heraus, wie du es tun kannst."*
>
> *Theodore Roosevelt*

Grundsätzlich ist „Reden ist Silber, Schweigen ist Gold" das erste Gebot im Katechismus jedes Verkäufers. Aber das gilt niemals mehr als in dieser Gesprächsphase. Die Rolle Ihres Verkäufers beschränkt sich in dieser Kernphase des Gesprächs auf: Fragen stellen, zuhören, gezieltes Nachfragen, reden lassen, mitschreiben. Am Ende fasst er das Problem seines Kunden knapp zusammen. Damit dokumentiert er, dass er gut aufgepasst hat, und versichert sich, dass er alles richtig verstanden hat.

Vom Problem zur Lösung

Ein erfahrener Verkäufer wird in der nächsten Gesprächsphase nahtlos an die vorangegangene anknüpfen und seinen Kunden mit dessen eigenen Worten überzeugen: Er greift die zuvor geschilderten Probleme auf und leitet daraus Ihre angepassten Lösungsvorschläge ab. Das kann er natürlich nur, wenn er im allerersten Schritt – in der Gesprächsvorbereitung – sorgfältig gearbeitet hat. Durchdachte Lösungen kann schließlich niemand einfach aus dem Ärmel schütteln.

Sehr wahrscheinlich wird der Kunde dann nicht sofort einen Auftrag erteilen. Er erwägt immerhin, einen anderen Lieferanten durch Sie zu ersetzen. Das hat für ihn weitreichende Konsequenzen. Oder er hat weitere Alternativen, die er zu Ihren Gunsten verwerfen soll. Das muss er abwägen. Seine Einwände zeigen allerdings, dass er Ihr Angebot ernsthaft prüfen will. Und dass er Argumente hören will, die ihm seine Entscheidung erleichtern. Einwände sind also grundsätzlich Chancen. Und ein gut vorbereiteter Verkäufer wird sie antizipieren und überzeugende Antworten in petto haben. In unserem Buch „Stammkunden profitabel managen" gehen wir darauf sehr ausführlich ein. Enden sollte diese Gesprächsphase in jedem Fall, indem der Verkäufer zusammenfasst, welche Nutzen der Kunde von einer positiven Entscheidung haben wird.

Sales-Know-how

			Eigenbewertung			
			exzellent	gut	ausbau-fähig	unzu-reichend
Vorbereiten		ZAR				
		90 - 10				
		Weißes Blatt				
Changer		Erfolgsplattform				
Einstieg	(A) Atmosphäre	Begrüßung (Hand/Augen)				
		Sprache: Sie/Ich				
		Aufhänger, Lob & Story				
		Vorstellen/Visitenkarte				
		Unterlagen auf dem Tisch				
		Neugierde/Gegenstand				
	(B) Wellenlänge	Small Talk (Ja…)				
		Sitzposition/Erlaubnis				
		Sprache/Körper spiegeln				
		Unsichtbares Outfit				
	(C) Klarheit	Ziel (heute) & Zeit				
		Kurze Präsentation				
		Unternehmen				
		Agenda				
Changer		Frage-Erlaubnis				
Bedarf	(A) Verstehen	W-Fragen ○○○○○○				
		Wiederholen + Konkretisieren/zuhören				
		Mitschreiben				
		Schweigen				
	(B) Selection	Selektion ○○○⊗○○				
		Priorität (Was ist wichtig?)				
		Hamster				
	(C) Dramatisieren	Problemdramatisierung				
Changer		Zusammenfassen Prioritäten				
Beweis	(A) Mehrwert	Selektion ○○○⊗○⊗○○				
		Argumente (Nutzen/Mehrwert)				
	(B) Interesse	Einwand				
		Vorwand				
	(C) Präsentation	Lange Präsentation				
Changer		Zusammenfassen/Nutzen				
Abschluss	(A) Sack zu	Schweigen				
		So als ob				
		In Abwicklung denken				
		Einkreisen				
	(B) Leistung-Nutzen	Pricing				
	(C) Bestätigung	Future Pacing/Black Story				
Changer		Zusammenfassen/Verstärkung				
Ausstieg	(A) Verbindlichkeit	Commitment				
		Nächste Schritte				
		E-Mail etc.				
	(B) Next	Quick stage				
	(C) Atmosphäre	Appell				
		Verabschieden				
		Zielerreichung				
Changer		Erfolgsplattform				
Nachbereiten	(A) Entscheider					
	(B) Hindernis & Schlüsselhebel					
	(C) Maßnahmen					

Ende gut – alles gut

Ein erfolgreiches Verkaufsgespräch endet mit einem Auftrag – oder der Vereinbarung eines weiteren Gesprächstermins. Auf jeden Fall war es erfolgreich, wenn am Ende ein positiver Ausblick in eine gemeinsame Zukunft steht. Die nächsten Schritte werden abgesteckt, die Form des weiteren Kontakts besprochen und der Verkäufer verlässt beschwingt einen zufriedenen Kunden. Vorhang.

Auch um Ihre Verkäufer darin zu unterstützen, ihr Sales-Know-how zu optimieren, hilft Ihnen wieder Red-to-Green.

Red-to-Green – Sales-Know-how

IST	Schritte	Wer	Wann	Ziel
Intuitive, unsystematische Vorgehensweise	Durch eine systematisches Herangehen ersetzen			Systematische Vorgehensweise
Gaps pro Außen-/Innendienst nicht bekannt	Verkaufs-Gaps identifizieren			Klare Gap-Architektur
Chaotische Insel-Ausbildung	Klare Case-Orientierung, Mentoring statt Berater-/Trainer-/Coachansätze			Fokus zielbezogenes Mentoring

7.6.8 Leadership – Die hohe Kunst des Führens

Führung bedeutet, Menschen und Aufgaben so zu kombinieren, dass Ziele erreicht werden. Gute Führungspersönlichkeiten erkennt man daran, wie einfühlsam sie Menschen einschätzen können. Wie zielsicher sie ihre Stärken und Schwächen erfassen, sie an den richtigen Stellen unterstützen und sie zu Höchstleistungen motivieren. Wer diese hohe Kunst beherrscht, macht aus einem Haufen gnadenloser Primadonnen und Individualisten – also einer Gruppe von Verkäufern – ein schlagkräftiges Verkaufsteam.

Dazu ist eine gewisse Lebens- und Berufserfahrung ebenso hilfreich wie einige grundsätzliche Mechanismen im Umgang mit Menschen zu kennen. Und Konsequenz.

Auditing fördert Teamplayer mit Potenzial

Viele Unternehmen scannen ihre Mitarbeiter regelmäßig. Dabei nutzen sie hoch effiziente Auditverfahren. So weit, so gut. Nur hapert es dann allzu oft an den Konsequenzen. Sehen Sie es so: Die Verkäufer in Ihrem Team sind entweder Profis, die Ihr Unternehmen voranbringen. Dann sind sie selbst die ersten, die ein starkes Interesse an ihrem eigenen Erfolg haben. Oder sie sind es nicht. Dann können Sie sie vielleicht mit Coaching motivieren. Aber wenn das nicht fruchtet, gibt es nur eine Konsequenz: die Trennung.

7 Setzen Sie Ihre Strategie um. Schritt für Schritt

Orientieren Sie sich an der 2-6-2-Regel: Sie beruht auf Erfahrungswerten und geht von folgender Überlegung aus: Wenn Sie eine Gruppe von zehn Leuten für ein gemeinsames Ziel gewinnen wollen, können Sie rein rechnerisch davon ausgehen, dass zwei dieser zehn so begeisterungsfähig sind, dass sie sofort auf Ihrer Seite sind. Sechs sind unentschieden, aber motivierbar. Und die restlichen zwei sind dagegen. Prinzipiell.

	262 Audit	
	6 Potential	
2 High Performer	3 High Potentials	3 Low Potentials	2 Low Performer

Was werden Sie also tun? Sie verfügen über begrenzte Ressourcen an Zeit und Überzeugungskraft. Die beiden, die ohnehin im Boot sind, können Sie schon einbuchen. Die müssen Sie nicht mehr überzeugen: Sie sind es bereits. Die beiden, die ohnehin dagegen sind, können Sie abhaken. Es ist Energieverschwendung, sich hier anzustrengen. Wenn sie überhaupt zu überzeugen sind, dann doch nie völlig. Sie werden ewig bremsen. Also konzentrieren Sie sich bei Ihrer Überzeugungsarbeit mit einiger Aussicht auf Erfolg auf die sechs Unentschiedenen.

Auch in Ihren Teams werden Sie eine ähnliche Verteilung finden. Sie werden einige charismatische, überzeugte Verkäufer haben, die ihren Job im Griff haben. Im Grunde können Sie diese Mitarbeiter „an der langen Leine" laufen lassen – und froh sein, dass Sie sie haben.

Die Verkäufer in der mittleren, der größten Gruppe sind ausbaufähig und motivierbar. Einige davon erreichen regelmäßig ihre Ziele. Vielleicht können sie durch Coaching oder andere Formen der persönlichen Motivation noch selbstständiger werden. Andere haben nachvollziehbare Gründe, warum sie vorübergehend nicht so erfolgreich sind. Das können Krankheiten sein, familiäre Probleme oder ein mentales Tief. Das geht vorüber. Danach geht es wieder aufwärts. Geben Sie ihnen eine Chance.

> „Wer nicht kann, was er will, muss wollen, was er kann. Denn das zu wollen, was er nicht kann, wäre töricht."
>
> *Leonardo da Vinci*

Dann gibt es aber noch die Mitarbeiter, die offenbar im falschen Job sind. Kundenkontakt liegt ihnen nicht wirklich, und sie müssen sich vor jedem Gespräch überwinden. Oder ihre Soft Skills sind unterentwickelt und nicht zu aktivieren – vielleicht haben sie einfach gar keine? Dafür mag es Gründe geben, aber das ist nicht Ihr Problem. Vielleicht passen sie auch einfach nicht ins Team, weil die Chemie zwischen ihnen und den Übrigen nicht stimmt. Mit solchen Mitarbeitern sollten Sie sich darüber unterhalten, ob sie sich nicht anderswo wohler fühlen. Wenn sie Kompetenzen in Bereichen haben, die an anderen Stellen im Unternehmen gebraucht werden, können Sie ihnen helfen, dort eine neue Aufgabe zu finden. Von Ihnen sollten sie sich jedenfalls trennen – in beiderseitigem Interesse.

Leadership bedeutet, Mitarbeiter auf den drei Ebenen der Intelligenz anzusprechen, zu fördern und zu fordern. Je nachdem, ob die praktische, die logische oder die emotionale Intelligenz das Denken und Handeln eines Menschen bestimmt, ist Coaching, Training oder Mentoring die richtige Methode, um seine Fähigkeiten weiterzuentwickeln.

Leadership		
7	7	7
Denken (Mind set)	**Kompetenz** (Methoden & Techniken)	**Handeln** (konkrete Situationen)
– emotionale Intelligenz –	– logische Intelligenz –	– praktische Intelligenz –
… Wollen …	… Wissen …	… Können …
Grundsätze/Leitlinien	Aufgabe/Werkzeuge	Situatives Erinnern
– Mission/Vision/Sinn Priorität/Klarheit Talent, Stärken nutzen – ganzheitliches Denken Holistik – Kreativität/Flexibilität – Selbstverantwortung unternehmerisches Denken Pflicht/Disziplin konstruktiv/positiv Commitment/Wort halten Charisma/direkt Leidenschaft/Initiative – Mut/Risiko/Handeln – belastbar/stressfähig machen/umsetzen/ durchsetzen – Speed/mentale Kraft	– Markt/Trend/Kunde Strategie/Taktik Point of Difference Zielsetzung vereinbaren (Stelle, Aufgabe) Vereinbarung formaler Strukturen – Organisation (Aufbau-/Ablauforganisation) – Kontrolle, Kennzahlen – Politik/Hidden Agenda, informelle Strukturen – Entscheidung Konflikt-Methoden Self-Management-Methoden – Fördern & Fordern, entwickeln – Leistungsbewertung/ (Auditing, Recruitment)	– Konferenz + Meeting – Entwicklungsgespräch, Konfliktgespräch – Präsentation & Vortrag – Berichtswesen, Reporting E-Mail, Brief, Fax Telefon – Event, Veranstaltung – Kreativ-Session Workshop, Moderation, – Problem- oder Ziel-/ Lösungsprozess
Coachen	**Trainieren**	**Mentoring**

Auch die Prozesse im Leadership lassen sich via Red-to-Green strukturieren und in einem überschaubaren, kontrollierbaren Rahmen umsetzen.

Red-to-Green – Leadership

IST	Schritte	Wer	Wann	Ziel
Unklare Fähigkeitsprofile	Eindeutig nach 262 ohne offenes Auditing			Einordnung nach 262 steht
Inkonsequente Führungspolitik	Konsequentes Training + Förderung der Person (Rahmen)			Konsequente Führungspolitik

7.6.9 Charisma – Mitten ins Herz: der charismatische Auftritt

Viele Unternehmen verteilen an ihre Kunden eine Hochglanz-Imagebroschüre, in der in wohl gesetzten Worten die Werte formuliert sind, denen sich das jeweilige Unternehmen verbunden fühlt. All diese edel gestalteten Produkte der jeweiligen PR-Abteilungen können Sie in der Pfeife rauchen, wenn sie nichts weiter sind als die Träger leerer Worthülsen. Niemand kann sie ernst nehmen – Ihre Kunden nicht, Ihre Mitarbeiter nicht und auch nicht die allgemeine Öffentlichkeit –, wenn diesen Worten keine Taten folgen. Unternehmensleitlinien müssen gelebt werden. Nur dann sind sie glaubwürdig. Und nur ein glaubwürdiges Unternehmen hat Charisma und schafft Vertrauen.

Charisma – das ist ein Zauberwort. Was reißt andere mit, was überzeugt und begeistert, was schafft Vertrauen und Loyalität? Charisma. Aber was genau ist eigentlich Charisma? Jeder weiß es, aber versuchen Sie mal, es in knappen Worten zu beschreiben.

Charisma hat, wer ganz er selbst ist. Ein charismatischer Mensch spielt keine Rolle, nur weil sie von ihm erwartet wird. Man merkt ihm an, dass sein Erscheinungsbild keine Fassade ist, sondern Teil eines „Gesamtkunstwerks" – in sich stimmig von innen nach außen. Das strahlt er aus – mit jeder seiner Bewegungen, in der Art, wie er auf andere zugeht. Wer sich selbst ernst nimmt und respektiert, nimmt auch andere ernst und respektiert sie. Wer sich selbst mag und mit sich in Einklang ist, kann auch auf andere offen zugehen. Diesen Gleichklang von Innen und Außen nennt man Kongruenz. Sie kennen ja die klassische Frage: „Würden Sie von diesem Mann einen Gebrauchtwagen kaufen?" Von diesem, dem Mann mit Charisma, würde jeder alles kaufen. Oder wenigstens fast alles.

Ein charismatischer Mensch übernimmt Verantwortung

Und zwar in erster Linie für sich selbst. Für sein Denken und Handeln. Er entscheidet, dass ein Glas halb voll ist und nicht halb leer. Er entscheidet, dass eine Stunde im Stau auf der Autobahn eine gute Chance ist, sich in Ruhe die Kassette zum Englischlernen anzuhören, anstatt sich über verlorene Zeit zu ärgern. Er beschließt, sich weiterzuqualifizieren, weil er Lust hat, etwas Neues auszuprobieren. Wenn er eine Aufgabe übernimmt, dann mit vollem Einsatz und dem unbedingten Willen zum Erfolg. Er weiß: Wenn ich zum Kunden gehe und die Chance zu einem Gespräch habe – dann werde ich auch den Auftrag bekommen. Denn mein Kunde spürt, dass er mir vertrauen kann, und ich werde ihn nicht enttäuschen. Ich werde mir ein Bein ausreißen, um seine Erwartungen nicht nur zu erfüllen, sondern zu übertreffen.

Für einen charismatischen Menschen gibt es keine Zwänge

Wer die Verantwortung für sich selbst, für seine Gedanken und Gefühle, für seine Entscheidungen und seine Aufgaben übernimmt, kennt keine Zwänge. Denn was er tut, hat er sich ausgesucht. Und wenn er damit nicht zufrieden ist, wird er es ändern und sich etwas anderes aussuchen. Sie werden nie erleben, dass ein charismatischer Mensch jammert, lamentiert oder andere für irgendetwas verantwortlich macht, das ihm geschieht. Auf so eine Idee käme er gar nicht. Denn er weiß, dass niemand außer ihm selbst für ihn verantwortlich ist. Er weiß, dass er jeden Tag aufs Neue die Wahl hat, wie dieser Tag, wie der Rest seines Lebens aussehen soll. Und so handelt er auch.

Ein charismatischer Mensch macht Erfahrungen, keine Fehler

Das Leben definiert sich in der Polarität. Was schön ist, erkennt man am besten an dessen Gegenpol, dem Hässlichen. Reichtum – im wörtlichen und im abstrakten Sinne – misst sich an Armut, der Tag an der Nacht, die Zufriedenheit an der Verzweiflung. Das Leben ist nicht immer schön, reich und zufrieden. Auch ein charismatischer Mensch erlebt Situationen auf der dunklen Seite des Lebens. Auch er macht Erfahrungen, die einen Menschen zerbrechen können. Genau die gleichen Erfahrungen aber können ihn auch bereichern. Es gibt keine schlechten Erfahrungen – nur angenehme und unangenehme. Für einen charismatischen Menschen gibt es keine Fehler, sondern Lernchancen, die ihm neue Perspektiven bieten. Vielleicht nicht auf den ersten Blick – aber er wird sich immer einen zweiten Blick zugestehen. Und unterm Strich lernt man aus „Fehlern" allemal mehr als aus angenehmen Erfahrungen.

Diese wenigen Beispiele sollen genügen, um Ihnen Charisma ansatzweise zu erklären. Wenn Sie sich nun in Ihrem Unternehmen, in Ihrem Bekanntenkreis, unter Ihren Freunden umschauen – wie viele charismatische Menschen finden Sie da? Nicht sehr viele, stimmt's? Aber warum ist das so, wenn doch Charisma lernbar ist? Es ist einfach eine weit verbreitete menschliche Eigenschaft, den Weg des geringsten Aufwands zu wählen. Und Selbstverantwortung, Eigeninitiative, Mut, Risikobereitschaft, Fleiß und Ausdauer, Wort zu halten und mehr zu tun als von einem erwartet wird – das klingt nun mal nicht sehr nach geringem Aufwand.

Die Grafik auf der nächsten Seite gibt Ihnen einen Überblick zu dem, was Charisma ausmacht, was die persönliche Selbst-Kompetenz – die Personal Power – kennzeichnet.

Charisma – Personal Power

⑧ Mission + Klarheit	Eigene Klarheit = äußere Klarheit · seine Ziele kennen · Straße nach Nirgendwo führt nach Irgendwo · Vision, das Unsichtbare sehen · Ziele ziehen · Ziele schenken den Weg dorthin · KOBEPRO · Prioritäten setzen	
⑦ Kreativität + Flexibilität	Neuland betreten · verrückt denken 2+2=8 · eigene Grenzen sprengen · Idee kreiert Idee · ungewöhnliche Kombinationen · Energie der Gedankenblitze	
⑥ Fleiß + Ausdauer	Sich anstrengen · 110 % arbeiten · Effektivität · Speed · Prioritäten · Eigensteuerung · dran bleiben · Einsatz · Pensums-Idee · mehr tun als erwartet	
⑤ Energie + Power	Positiv denken · Möglichkeiten sehen · Chancen wahrnehmen · Power-Skills · moment of excellence · zukunftsorientiert · lösungsorientiert · optimistisch	
④ Commitment + Wort halten	Zu seinem Wort stehen · Spielregeln schenken Freiheit · 79/21 · sein Wort hält man für sich ein, nicht für andere · die Klarheit von Vereinbarungen · Direktheit, die Schwester des „Commitment" · „Ja" = GO for it	
③ Selbstverantwortung + Unternehmerisches Handeln	Unternehmerisch denken · Eigen-Initiative · keine Schuldzuweisungen und Rechtfertigungen · Regisseur seines Lebens sein, nicht Opfer · Bewusstsein der Wahlfreiheit · JA zum Leben	
② Mut + Risikobereitschaft	Grüne Linie · mutig handeln · tun, um es nicht zu tun · Wachstums-Signale · Fehler sind „Resultate" · Pendel des Lebens · vitale Lebensenergien spüren · Konflikte lieben	
① Leidenschaft + Initiative	Eigene Talente wecken · Not-„Wendigkeit" des Handelns erkennen · „Dilemma" der 40-Jahre-Falle · Bewusstsein gewinnen · positive Weltsicht konstruieren · 79/21 · Fokus wählen · NOW	

Wie lernt man Charisma?

Es gibt aber trotzdem immer wieder Menschen, die sich nicht abschrecken lassen. Sie wollen lernen. Sie wollen sich weiterentwickeln. Dafür nehmen sie auch gern Anstrengungen in Kauf – und das sind die besten Voraussetzungen, um Charisma zu erlernen.

Dazu ist es in erster Linie notwendig, sich mit sich selbst auseinander zu setzen. Und das auf konstruktive Weise. Herauszufinden, wo die eigenen Stärken liegen, und sie aktiv und bewusst auszubauen. Aber auch sich mit den eigenen Schwächen zu beschäftigen. Nicht, um sich selbst immer wieder mit der Nase drauf zu stoßen, wo man nicht „performt". Sondern um gewisse Schwächen einfach zu akzeptieren als Teil der eigenen Persönlichkeit und dazu zu stehen. Und um andere Schwächen, bei denen einem das möglich erscheint, schrittweise auszugleichen oder in den Griff zu bekommen.

Ein charismatischer Mensch bringt seinen **Körper**, seine **Beziehungen** und seine **Profession** in Balance. KO-BE-PRO heißt die Formel. Leicht zu merken. KO – das bedeutet: Sorgen Sie dafür, dass Körper und Seele gesund sind. Dass Sie innerlich ausgeglichen sind und in sich selbst ruhen. Denn auch das bedeutet, dass Sie sich selbst ernst nehmen. BE steht für Ihren Umgang in der Familie, mit den Menschen, die Ihnen nahe stehen. Ein charismatischer Mensch geht achtsam mit den Menschen in seiner direkten Umgebung um, bringt ihnen Wertschätzung und Aufmerksamkeit entgegen. Und PRO bedeutet, im Beruf nicht einfach auf die Rente zu warten. Sondern ihn – wie das Leben überhaupt – aktiv zu gestalten.

Wenn Sie als Vertriebsleiter charismatische Menschen in Ihren Teams haben, freuen Sie sich. Und fordern Sie die, die ebenfalls auf diesem Weg sind. Mit diesem Thema haben wir uns übrigens bereits in einer Reihe von Büchern ausführlich auseinander gesetzt („Stammkunden profitabel managen", „Personal Power", „Charisma", „Motivation und Begeisterung", alle im Gabler Verlag erschienen). Und auch hier kann die Red-to-Green-Matrix Ihnen weiterhelfen.

Red-to-Green-Charisma

IST	Schritte	Wer	Wann	Ziel
Charisma hat man oder nicht	Eindeutige Überzeugung des charismatischen Auftritts, der lernbar ist (Leitprinzipien-Transfer)			Mentale Neuorientierung als Rahmen anbieten
Leitlinien als Verkörperung von Exzellenz-Auftritt unklar	Die Leitlinien des Unternehmens werden als neue Wertestruktur verankert (aus egoistischen Gründen)			Leitlinien sind klar

7.7 Definieren Sie Ihre Success-Schritte

Sie haben aus Ihrer ResultStrategie neun Schlüsselhebel abgeleitet und dazu entsprechende Tools entwickelt. An diesen exemplarischen Schlüsselhebeln haben Sie einige Erfahrungen sammeln können, um zu wissen, wie man dabei Erfolg-gerichtet vorgeht. Sie haben auch schon Hinweise bekommen, wie diese Ansätze zielgerecht umgesetzt werden können.

Dazu machen Sie am besten jeden Einzelnen zu einem kleinen Projekt. Das Prinzip ist höchst einfach und funktioniert jedes Mal gleich. Damit ist es problemlos auf jedes vergleichbare Projekt zu übertragen – im Verkauf wie in nahezu jedem anderen Unternehmensbereich. Am Ende der Beschreibung jedes einzelnen Schlüsselhebels haben wir auf den vorhergehenden Seiten ein solches Projekt skizziert. An einem davon können Sie jetzt nachvollziehen, wie das Ganze funktioniert. An unserem Beispiel-Schlüsselhebel Nummer 1 – dem Sales-Research.

Die „Tour de Sales"

Bei der Tour de France und jedem vergleichbaren Rennen über längere Strecken wird im Vorfeld nicht nur die Route genau festgelegt, sondern auch die Etappenziele werden gesteckt. Das hat einige Vorteile. Zum einen wird damit eine auf den ersten Blick überwältigende Herausforderung in einzelne Schritte portioniert, die – jeder für sich – leichter zu schaffen sind. Und zum anderen weiß jeder von vornherein genau, was in einem bestimmten Zeitraum von ihm erwartet wird. Wer sich dazu nicht in der Lage sieht, braucht gar nicht erst anzutreten. Andererseits wird aber niemand Etappenziele vorgeben, die objektiv unerreichbar sind. Nicht bei der Tour de France. Und nicht im Sales.

Systematisches Sales-Research ist die Basis für alle weiteren Anstrengungen im Verkauf. Und die erarbeiten Sie nicht im Null-acht-fünfzehn-Stil, sondern auf der Grundlage Ihrer Potenzial Line. Damit haben Sie vorab Ihre Potenziale so sorgfältig wie nötig analysiert – in einer Form, die einfach nachvollziehbar und leicht überschaubar ist. Und Sie wissen, wohin die Reise gehen soll. Wenigstens in groben Zügen.

> „Die ganz langsam gehen, aber immer den rechten Weg verfolgen, können viel weiter kommen als die, welche laufen und auf Abwege geraten."
>
> René Descartes

Zerlegen Sie den Weg in einzelne Schritte

Was Sie ziemlich genau wissen ist: Wo stehen Sie? Und wo liegen die Probleme – was wollen Sie verändern?

Im Beispiel des Sales-Research könnte ein Problem darin liegen, dass potenzielle Neukunden mehr oder weniger zufällig gefunden werden. Wenn systematisch recherchiert wird, spielen dabei vielleicht die Potenziale des möglichen neuen Kunden im Blick auf das eigene Unternehmen bisher kaum eine Rolle. Die Größe des angepeilten Neukunden und seine Ausrichtung zählen – aber was diese Daten konkret für das eigene Unternehmen aussagen, steht zunächst nicht im Fokus der Verkäufer. Dadurch gehen ihnen mit Sicherheit einige potenziell hoch interessante Branchen oder Kundengruppen durch die Lappen.

Daraus leitet sich das nächste Problem ab: Die einzelnen Kundengruppen sind nicht trennscharf nach möglichen Potenzialen geordnet. Wie auch, wenn die Potenziale ja noch gar nicht zu den Prioritäten zählen. Aber damit wächst die Gefahr, dass der Verkauf auch künftig seine Kundenbesuche nach den falschen Kriterien plant. Er hat keine aussagekräftigen Renditedaten zur Hand. Also geht er nach dem Motto vor „The same procedure as last time" und reitet weiterhin so manches tote Pferd. Sprich: Er steckt

Energien in Kundengruppen, deren Rendite kaum die Kosten deckt. Aber woher soll der Verkäufer das wissen? Er sieht nur den Umsatz, nicht die Rendite. Und obendrein sind die Kundendaten unübersichtlich strukturiert.

Schließlich sind die wirklichen Entscheidungsträger bei potenziellen Neukunden nicht immer bekannt. Statt mit einem Entscheidungsbefugten spricht der Außendienst vielleicht mit einem einfachen Angestellten. Und weil der letztlich nicht entscheiden darf, ziehen sich die Prozesse endlos hin.

Vermutlich erkennen Sie bei näherem Hinsehen in Ihrem Unternehmen in diesem Zusammenhang noch eine ganze Reihe weiterer Sollbruchstellen. Listen Sie sie auf. Ergänzen Sie die Matrix nach Ihren eigenen Gegebenheiten. An welchen Punkten können Sie den Verkauf besser vorbereiten? Wo kommt es zu Irritationen und Verzögerungen, die im Vorfeld zu vermeiden sind?

IST	Schritte	Wer	Wann	Ziel
Zufall, ad hoc, ungesteuerte Suche				
Kundenname statt Potenziale				
Undifferenzierter Überblick				
Entscheidungsträger – unscharf				

7.8 Setzen Sie konkrete Ziele

Wenn Sie wissen, was Sie ändern wollen, haben Sie auch eine Vorstellung davon, wie es anschließend aussehen soll. Definieren Sie Ihre Ziele so konkret wie möglich. Beziehen Sie dabei Ihre Verkäufer mit ein. Nutzen Sie deren gesammeltes Know-how. Damit liegen Sie allemal besser im Rennen, als wenn Sie diese Planung im Alleingang machen und sie hinterher möglicherweise gegen die unterschiedlichsten – vielleicht sogar berechtigten – Vorbehalte durchsetzen müssen.

Im Beispiel lautet das erste Ziel: Es soll konsequent unter Rendite-Gesichtspunkten recherchiert werden. Wie das geht, konnten Sie bereits an mehreren Stellen in diesem Buch nachlesen. Wichtigste Priorität bei den Kundengruppen soll künftig die jeweilige Potenzialgröße sein – siehe Schlüsselhebel „Potenzial-Management". Und um das Ganze überschaubarer und besser handhabbar zu machen, sollen die Kunden innerhalb ihrer Potenzialgruppen nach geografischen Kriterien geordnet werden. Letzten Endes sollen die Daten ständig in Bezug auf die „richtigen" Ansprechpartner aktualisiert werden, nämlich diejenigen, die auch entscheiden können.

Damit stehen die Ziele fest. Zumindest im Beispiel. Definieren Sie Ihre jeweils individuelle Ausgangsposition und die daraus abgeleiteten Ziele in ähnlich klaren Einzelschritten. Damit haben Sie die Probleme benannt und die Lösungen skizziert. Das schafft schon mal eine gewisse Transparenz. Sie wissen, wo Sie stehen und wohin Sie wollen. Nun können Sie losgehen.

IST	Schritte	Wer	Wann	Ziel
Zufall, ad hoc, ungesteuerte Suche				Renditesichere Nischen
Kundenname statt Potenziale				Potenziale nach Kundenname
Undifferenzierter Überblick				Systematisierte Ordnung nach Ländern, PLZ etc.
Entscheidungsträger – unscharf				Entscheidungsträger – scharf

7.9 Definieren Sie messbare Etappenziele

Schon der ABC-Schütze in der Grundschule lernt, dass Leistung honoriert wird. Aber wie erkennt er, dass er ein Ziel erreicht, eine Leistung mit Erfolg erbracht hat? Indem diese Leistung messbar gemacht wird. Er löst eine bestimmte Aufgabe. Liegt er damit richtig, gibt es eine Eins. Wenn nicht, gibt es eben … – auf jeden Fall keine Eins.

Das ist im vorliegenden Fall nicht anders. Das Ziel, renditesichere Nischen zu finden, mag alle Kriterien eines Ziels erfüllen und wirklich motivieren – nur: Wie geht man dabei am sinnvollsten vor? Definieren Sie also Etappenschritte – wie bei der Tour de France.

Legen Sie dafür zunächst jeden Arbeitsschritt fest. Was muss zuerst passieren, was danach, wie geht's weiter? Gehen Sie lieber etwas zu viel als zu wenig ins Detail. Sie werden schon bald herausfinden, wie groß- oder kleinschrittig Ihre Planung aussehen sollte, um Ihrem Team den angemessenen roten Faden für seine Tagesarbeit zu geben.

Achten Sie aber darauf, jeden einzelnen Schritt so zu formulieren, dass er messbar ist. Damit Sie anschließend klar erkennen können, ob das Ziel erreicht ist oder nicht. Im vorliegenden Beispiel ist das relativ einfach: Die renditesicheren Nischen erreicht man am besten durch eine gezielte – nämlich mit Fokus auf den Aspekt „Rendite" durchgeführte – Vorauswahl der relevanten Branchen und Unterbranchen. Welche das sind, haben Sie ja zuvor bereits in der Potenzial Line herausgearbeitet. Das ist ein eindeutig messbares Ziel. Ebenso ist es bei den übrigen. Aber auch für Ziele, die nicht so eindeutig messbar sind, lassen sich entsprechende Kriterien finden.

IST	Schritte	Wer	Wann	Ziel
Zufall, ad hoc, ungesteuerte Suche	Gezielte Branchen-/Unterbranchenauswahl			Renditesichere Nischen
Kundenname statt Potenziale	Die Umsätze/Mitarbeiterzahl korrelieren mit hoch-/mittelprofitablen Potenzialklassen, geordnet nach zu differenzierenden Branchen-Typen			Potenziale nach Kundenname
Undifferenzierter Überblick	Zuordnung nach Postleitzahlen, Ländern, weiter differenziert nach Anwendungen			Systematisierte Ordnung nach Ländern, PLZ etc.
Entscheidungsträger – unscharf	Identifikation der Entscheidungs träger durch int. Top-Datenbanken und Selektiv-Calling			Entscheidungsträger – scharf

7.10 Bestimmen Sie Ross und Reiter

Sie haben aus der Ist-Analyse und dem definierten Ziel Zwischenschritte abgeleitet. Konkrete Aufgaben. Aber wirklich konkret ist eine Aufgabe erst dann, wenn Sie Ross und Reiter nennen. Einen Verantwortlichen für jede Aufgabe. Der hinterher mitteilt: Ziel erreicht. Oder zumindest erklärt, warum es nicht erreicht ist. Und eine Perspektive anbietet, bis wann er – beziehungsweise sein Team – es erreichen wird. Erst wenn sich jemand für ein Ziel verantwortlich fühlt, wird es auch mit einiger Sicherheit erreicht. Früher oder später.

Womit das Stichwort „Zeit" im Raume steht. Ein Reizwort. Wer hat noch nicht darüber gestöhnt, wie schnell sie vergeht und wie schwer es ist, alles das zu schaffen, was man für einen bestimmten Zeitraum geplant hat. Zeit scheint die mit Abstand kostbarste unserer begrenzten Ressourcen zu sein.

Aber Sie haben nicht zu wenig Zeit. Sondern wie jeder andere auch 24 Stunden, und das Tag für Tag. Setzen Sie für das Wörtchen „Zeit" den viel zu häufig an den Rand geschobenen Begriff „Prioritäten", und Sie haben des Pudels Kern. Wer die richtigen Prioritäten setzt – und zwar mit Bedacht – hat auch Zeit. Weil er mit seinen 24 Stunden bewusster umgeht.

Dazu gehört es, sich selbst und seinen Mitarbeitern Termine zu setzen. Und damit die Definition der maßgeblichen Prioritäten zu erleichtern. Wer gelernt hat, mit seiner Zeit ziel- und prioritätengerecht umzugehen, setzt solche Termine als Eckpunkte im eigenen Zeitmanagement und richtet seine weitere Planung daran aus.

Außerdem können Sie eine sinnvolle Erfolgskontrolle ohne klare Zeitraster kaum durchführen.

IST	Schritte	Wer	Wann	Ziel
Zufall, ad hoc, ungesteuerte Suche	Gezielte Branchen-/Unterbranchenauswahl	Meier	9. KW	Renditesichere Nischen
Kundenname statt Potenziale	Die Umsätze/Mitarbeiterzahl korrelieren mit hoch-/mittel-profitablen Potenzialklassen, geordnet nach zu differenzierenden Branchen-Typen	Kruse	12. KW	Potenziale nach Kundenname
Undifferenzierter Überblick	Zuordnung nach Postleitzahlen, Ländern, weiter differenziert nach Anwendungen	N. N.	17. KW	Systematisierte Ordnung nach Ländern, PLZ etc.
Entscheidungsträger – unscharf	Identifikation der Entscheidungsträger durch int. Top-Datenbanken und Selektiv-Calling	Meier	20. KW	Entscheidungsträger scharf

7.11 Red-to-Green? – Ziel erreicht?

Red-to-Green ist eine überschaubare Methode, um den jeweils aktuellen Stand eines Projekts über seine gesamte Laufzeit zu dokumentieren. Damit ist es ein plakatives Frühwarnsystem: Auf einen Blick wird deutlich, welche Zwischenergebnisse erreicht wurden. Und welche nicht. Im Dschungel der IT-Systeme können solche Detailinformationen allzu leicht auch einmal untergehen. Ein Red-to-Green-Chart hat idealer Weise das Format A0, hängt an der Wand und ist unübersehbar. Sie können für jeden Ihrer Schlüsselhebel ein solches Chart anlegen – oder eines, das alle gleichzeitig darstellt. Das hängt davon ab, wie komplex die jeweiligen Ziele und Zwischenschritte sind.

Jedes definierte Zwischenergebnis kann darauf qualitativ und quantitativ festgehalten werden. Mit jeweiligem Verantwortlichen und Termin. Ist ein Termin erreicht, zu dem ein Zwischenergebnis vorliegen sollte, kommt es zur Gretchenfrage: Ist das Ziel im geplanten Umfang erreicht – oder nicht? Entweder – oder. Ja oder nein. 0 oder 1. Sein oder Nichtsein. Dazwischen gibt es nichts. Red steht für: nein. Nicht erreicht. Green für: erreicht. Bingo!

Dann wechselt das entsprechende Feld von Rot zu Grün. Solange ein Feld in der Matrix rot ist, signalisiert es: Hier fehlt ein wichtiger Schritt. Unübersehbar. Und als klare Aufforderung: Jetzt aber los! Es gibt einen stichhaltigen Grund für die Verzögerung? Finden Sie ihn heraus. Und entscheiden Sie, was daraus folgt. War das Etappenziel falsch oder unklar definiert? Ist es objektiv nicht erreichbar? Haben Sie den falschen Akteur dafür in die Verantwortung genommen? War der Termin unrealistisch? Lernen Sie daraus für das nächste Mal.

Red-to-Green-Matrix

Schlüsselhebel	Ist	Wer?	Priorität 1	2	3	Red to Green	Jan	Feb	März	2. Quartal	3. Quartal	4. Quartal	Ziel
1. Sales Research													
2. Political Poster													
3. Channels													
4. Potenzial Management													
5. Erfolgsplattform													
6. Pipeline													
7. Sales-Know-how													
8. Leadership													
9. Charisma													

Solange ein Feld nach einem festgelegten Termin noch rot ist, schreit es schrill und dringlich nach einer Entscheidung. Oder nach der Bestätigung: Diese Aufgabe ist nun gelöst. Also grün.

Für Sie als Verantwortlichem für ein oder mehrere Vertriebsteams hat das gleich mehrere Vorteile: Sie haben durchgängig den Überblick, wo jedes Projekt steht. Schlüsselhebel-Projekte sind per Definition Change-Projekte. Sie verändern eine Situation. Damit sind sie prädestiniert für die Red-to-Green-Matrix. Denn ob ein konkreter Schritt auf dem Weg zu einer definierten Veränderung vollzogen ist, lässt sich mit dem Ja-Nein-Raster einfach darstellen. Selbst dann, wenn es dabei um Verhaltensänderungen oder neue Denkmuster geht.

Beim Blick auf die permanent aktualisierte Matrix erkennen Sie auch, wie effizient und zielgerichtet die jeweils verantwortlichen Mitarbeiter agieren. Sie bekommen damit Anhaltspunkte für ihre Zuverlässigkeit und Teamtreue, für ihre Zielorientierung und Stringenz. Eventuell auch dafür, ob und wie sie in ihr jeweiliges Team passen. Wo sie im Einzelnen vielleicht noch Unterstützung brauchen. Oder wie entwicklungsfähig sie sind.

Zumindest wissen Sie im Zuge der weiteren Projektevaluierung oder in der nächsten Runde – im kommenden Jahr oder Quartal oder Monat –, wo Sie vielleicht zu klein- oder großschrittig geplant haben. Wo Sie Zeit einsparen beziehungsweise zugeben sollten. Wie Sie den notwendigen Druck, aber keinen übertriebenen Stress erzeugen können, um in angemessener Zeit Ihr Ziel zu erreichen.

7.12 Schließen Sie Ihren Erfolg auf – mit System

Es ist nur ein kleiner Dreh, der das beschriebene System von anderen möglichen Formen der Umsetzung unterscheidet: das Prinzip der überschaubaren Zwischenschritte, gekoppelt mit der Red-to-Green-Matrix als Controllinginstrument. Es macht den jeweils aktuellen Stand plakativ deutlich. Ohne Beschönigung, ohne Drumherumreden. Klar und unmissverständlich.

Dieses Prinzip können Sie auf nahezu jedes Projekt im Unternehmen übertragen. Besonders auf Change-Projekte. Dabei kommt es im Wesentlichen auf eines an: auf saubere Planung. Darauf, dass Sie die Etappenziele auf dem Weg vom Ist zum Soll, von Red bis Green, trennscharf und unzweifelhaft definieren. Dass die Frage, ob ein solches Zwischenziel erreicht ist oder nicht, mit einem klaren Ja oder Nein beantwortet werden kann. Und nur mit einem klaren Ja oder Nein – kein Wenn und Aber. Kein Vielleicht oder Nahezu.

Das klingt vielleicht hart. Ist es aber nicht. Es ist eindeutig, und damit ist es eine klare Guideline für jeden, der damit umgeht. Eine positive und pragmatische Unterstützung der Tagesarbeit.

Schließlich haben auch Sie schon oft genug die Erfahrung gemacht, wie schnell schwammige Zieldefinitionen dazu verführen, sich selbst in die Tasche zu lügen. Sich ein X für ein U vorzumachen. Und schließlich in Frustration zu versinken, weil Sie, wenn Sie ehrlich mit sich selbst sind, erkennen, dass Sie längst nicht das erreicht haben, was Sie eigentlich erreichen wollten. Was Sie auch hätten erreichen können. Motiviert eine solche Erkenntnis? Im Gegenteil. Also weg damit. Und hin zu Red-to-Green.

Teil 3

Profit

Profit wird erst durch Überzeugung und Begeisterung möglich

Warum nicht gleich so?

Die Ablehnung lag geradezu greifbar in der Luft. Es war ja auch zu verrückt, was sich die Bosse da wieder ausgedacht hatten. Da konnte man wieder mal sehen, dass die nur am Schreibtisch saßen und keine Ahnung hatten, was draußen an der Verkaufsfront los war! Warum zum Beispiel sollte Müller plötzlich nicht mehr zu seinem jahrzehntelangen Stammkunden „IT Services" in Bruchköbel fahren? Das war eine gewachsene Geschäftsbeziehung – und die Umsätze waren doch nicht schlecht. Was heißt hier Rendite? Neue Moden! Und überhaupt, warum wurden plötzlich die Gebiete neu aufgeteilt? Die Strecken waren jedem Einzelnen nahezu in Fleisch und Blut übergegangen, da musste man gar nicht mehr lange überlegen. Und diese neuen Tools, mit denen der Verkaufsleiter plötzlich herumfuchtelte. Was sollte das denn? Nichts als zusätzlicher Aufwand, völlig überflüssig. Und dass zu allem Überfluss nun auch noch der Innendienst seine Nasen in Sachen stecken sollte, die ihn noch nie etwas angegangen waren, schlug dem Fass den Boden aus. Hatten sie, die alten Hasen aus der ersten Linie, bisher etwa alles falsch gemacht? Sie waren doch erfolgreich, oder etwa nicht? Na eben!

Der Verkaufsleiter drang nicht mehr so richtig durch zu seinen Teams. Wir überlegten gemeinsam, was zu tun sei. Und fingen noch einmal von vorn an.

Der erste Schritt war, allen begreiflich zu machen, dass es sich hier nicht um eine Weinlaune des Vorstands handelte. Auch nicht darum, die Shareholder zu umgarnen. Nicht mal schnöde Beraterambitionen standen hinter den Veränderungen – sondern der Markt.

Für jeden Mitarbeiter nachvollziehbar wurde aufgeschlüsselt, wie der Markt sich bewegt. Projektgruppen wurden gebildet, um die verschiedenen Tendenzen zu analysieren. Sie erarbeiteten Szenarien, bewerteten sie und gingen damit in die Breite der Sales-Teams. Die Dringlichkeit wurde deutlich – und war glaubwürdig. Also wurden gemeinsam Ziele abgeleitet.

Unterm Strich lief alles nahezu auf die gleichen Änderungen hinaus, die (siehe oben) schon einmal auf dem Tisch gelegen hatten. Aber kaum einer erkannte sie wieder – denn nun kamen sie aus den eigenen Reihen. War doch völlig klar, dass man umdenken musste. Der Markt war in Bewegung, und da konnte man nicht einfach stehen bleiben, so weitermachen wie bisher und sich überrennen lassen.

Die Organisation wurde neu aufgestellt, alle zogen mit. Warum nicht gleich so? Veränderungen brauchen vor allem eines: Sorgfalt in der Vorbereitungsphase!

Neulich versuchte ein Bekannter von uns, ein Auto Probe zu fahren, das gerade neu auf den Markt gekommen war. Gehobene Mittelklasse. Spritzig, elegant und günstig im Verbrauch, versprach die Werbung. Der Mann rief beim nächstgelegenen Autohaus an, das diese Marke führte. „Nein, das Modell haben wir hier noch nicht", wurde er beschieden. Ob man nicht eines beschaffen könne, denn der Anrufer sei höchst interessiert. Nein, sagte der Verkäufer, das könne er nicht. Leider. Ob der Interessent nicht stattdessen das Modell xy testen wolle, das sei gerade da.

Nein, das wollte er nicht. Also rief er bei einem anderen Autohaus an. Das gleiche Spiel. Nein, das Modell sei nicht da. Und nein, er könne es auch nicht besorgen, sagte der Verkäufer leicht genervt ob der Hartnäckigkeit des Anrufers. Auch nicht nächste Woche. Vielleicht zum Ende des Monats, wenn ohnehin die nächste Lieferung komme. In einem der nächsten Autohäuser, bei denen es unser Freund – mit ähnlich negativen Ergebnissen – versuchte, gab ein Verkäufer sogar den Tipp, doch mal mithilfe des Branchenbuchs alle Händler abzuklappern. Das war zumindest ansatzweise kundenorientiert gedacht. Aber so weit war der Anrufer ohnehin bereits.

Irgendwann gab er es auf. Und kaufte ein anderes Auto.

So viel zum Thema Profit und Begeisterung. Wenn wir in diesem Buch über Profit reden, dann geht es dabei nur mittelbar um das, was der geneigte Leser vermutlich unter diesem Begriff versteht: um Geld. Stattdessen reden wir über die wesentlichen Wege, auf denen Profit entsteht. Und die führen in erster Linie durch die Köpfe der Mitarbeiter.

Damit wollen wir einem alten Paradigma an den Kragen. Dem Wahn, durch perfektes Controlling seien gute Sales-Erfolge zu erreichen. In den letzten Jahrzehnten haben wir bei unserer Arbeit Einblicke in eine große Zahl von Unternehmen der unterschiedlichsten Größenordnungen und Branchen erhalten. Unter anderem haben wir dabei eins gelernt: Ebenso wenig, wie ein zu schlachtendes Tier durch wiederholtes Wiegen schwerer wird, wird der Verkauf durch intensives Controlling wirklich erfolgreicher. Warum aber scheitern so viele perfekt durchdachte Strategien und geniale Umsetzungspläne?

Optimaler Profit ist nur erreichbar, wenn möglichst viele der Akteure ihre ganze Kraft, Kreativität und Flexibilität für ein gemeinsames Ziel einsetzen. Und das werden sie nur dann, wenn sie möglichst genau verstehen, was sie tun und warum sie es tun. Und wenn sie überzeugt und begeistert sind von dem, was sie da tun. Überzeugt und begeistert sind sie aber in aller Regel nur dann, wenn sie sich davon auch einen persönlichen – ganz egoistischen – Vorteil versprechen. Ganz gleich, ob dieser Vorteil auf der materiellen oder der immateriellen Ebene liegt. In den meisten Fällen haben wir sogar die Erfahrung gemacht, dass immaterielle Vorteile – also ehrliche, glaubwürdige Anerkennung, echte Erfolgserlebnisse, wirkliche Entscheidungsspielräume usw. – mehr begeistern als mehr Geld.

8.1 Die wesentlichen Profit-Faktoren sind Ihre Mitarbeiter

Beim Stichwort Profit denkt man zuerst an Gewinn. Geld. Cash. Money. Das liegt nahe, denn Geld lässt sich so schön zählen und beziffern, in Statistiken abbilden, in die Hand nehmen. Es ist ganz offensichtlich ein Hard Fact. So wie die übrigen messbaren Faktoren, auf deren Basis Sie am Markt erfolgreich agieren. Hard Facts sind die Voraussetzung. Ohne sie ist kein wirtschaftlicher Erfolg denkbar.

Aber was sind dann Ihre Mitarbeiter? Soft Facts? Auf den ersten Blick sicher, denn dieser Begriff umschreibt Aspekte, die sich nicht messen lassen. Wie beispielsweise die grundlegenden Werte, an denen sich die Menschen in einem Unternehmen orientieren, ihre innere Haltung, persönliche Einstellungen, Kundenorientierung, Teamgeist, Engagement, Flexibilität und Kreativität.

Profit bedeutet ursprünglich „Gewinn der Seele" und wurde erst in den Jahren der Industrialisierung mit materiellem Gewinn in Bezug gebracht.

wikipedia

Es gibt allerdings nichts, was vergleichbar relevant für den Erfolg und die messbaren Ergebnisse des Unternehmens ist, wie die Menschen, die darin arbeiten. Ein Unternehmen – das sind letztlich die Mitarbeiter. In Bezug auf den Unternehmenserfolg entspricht die Relation der so genannten harten zu den weichen Faktoren etwa der berühmten Eisberg-Analogie: Die Hard Facts sind die Spitze des Eisbergs, also etwa ein Siebtel seiner Größe. Die übrigen sechs Siebtel jedoch tragen die Soft Facts bei. Und die liegen – um in der Analogie zu bleiben – unter der Oberfläche. Auf den ersten Blick unsichtbar und deshalb allzu oft grob unterschätzt.

Die sechs Siebtel Soft Facts im Unternehmen beeinflussen mehr oder weniger bewusst, weitgehend unreflektiert und unterschwellig das Arbeitsklima. Die Grundstimmung. Den Umgangston und damit die Motivation Ihrer Mitarbeiter. Und Sie kennen ja die traurige Geschichte der Titanic: Ihr Ziel und Ihre Ausstattung können noch so durchdacht sein – wenn man die verborgenen Teile des Eisbergs ignoriert, kann die Reise böse enden.

Engagierte, kompetente, flexible Mitarbeiter sind also ein entscheidender Faktor für den Unternehmenserfolg. Mit ihnen steht und fällt alles. So betrachtet sind sie beinharte Erfolgsfaktoren, die wesentliche Voraussetzung für den Profit: Ihre wahren Profit-Faktoren.

Das bedeutet nicht, die Relevanz der klassischen Hard Facts in Frage zu stellen. Sie sind und bleiben der notwendige Ausgangspunkt, die Basis, von der alle Entscheidungen und künftigen Entwicklungslinien rational abgeleitet werden. Schließlich kann niemand im luftleeren Raum agieren.

Um die deprimierende Analogie mit dem Eisberg zu umschiffen, könnte man auch sagen, die messbaren Daten und Fakten sind die Wegmarken, an denen Sie sich auf der Reise in die Zukunft orientieren. Die daraus abgeleitete Strategie und die Schlüsselhebel liefern die Wegbeschreibung. All das ist mit wenigen Linien auf Papier oder Bildschirm skizziert. Ohne die Profit-Faktoren – also die Kompetenzen Ihrer Mitarbeiter – stehen sie allerdings auf tönernen Füßen und bleiben kraftlos.

Schütten Sie aber deshalb nicht das Kind mit dem Bade aus: Erst kommt die Henne, dann kommt das Ei. Entwickeln Sie das Rezept, ehe Sie zu kochen beginnen. Zielen Sie, ehe Sie schießen. Will sagen: Zeichnen Sie in aller Sorgfalt und untermauert mit so vielen Daten und Fakten wie möglich die Landkarte, an der Sie sich orientieren: Ihre ResultStrategie und die Schlüsselhebel. Dann erst wenden Sie sich den Profit-Faktoren zu, Ihren Mitarbeitern.

Der umgekehrte Weg wäre töricht – und tödlich für Ihre Projekte. Denn ehe Sie jemanden auf den Weg schicken, sollten Sie sich über das Ziel im Klaren sein und ihm eine möglichst gute Wegbeschreibung mitgeben. Sonst verpufft einmal geweckter Enthusiasmus rasch – und wenn Sie dann später wieder einmal Ihre Leute für etwas begeistern wollen, ernten Sie nur noch ein müdes Lächeln.

8.1.1 Unternehmerisch denken, selbstverantwortlich handeln

Dementsprechend ist dieses Buch aufgebaut. Wenn Sie seinem ersten Teil gefolgt sind, haben Sie die Unternehmensstrategie Schritt für Schritt heruntergebrochen auf die Ebene Ihrer Verkaufsteams. Damit ist sie für jeden Einzelnen nachvollziehbar und Sie können gemeinsam entlang einer stringenten ResultStrategie agieren. Von ihr haben Sie die Erfolg versprechendsten Schlüsselhebel abgeleitet und, dem zweiten Teil des Buches folgend, planmäßig umgesetzt. Insgesamt kann mithilfe dieser und vergleichbarer Hilfsmittel jeder Ihrer Mitarbeiter verstehen, wohin die Reise geht und was er persönlich dazu beitragen kann.

Nun muss er nur noch durchstarten. Optimalen Erfolg erreichen allerdings nur Mitarbeiter, die unternehmerisch denken, engagiert auf das gemeinsame Ziel hinarbeiten und dabei flexibel genug sind, unterwegs auch mal die Richtung zu wechseln, wenn es sich als sinnvoll erweist.

Schauen Sie sich unter diesem Aspekt Ihre Leute genauer an. Wie viele von ihnen haben gelernt, in Eigeninitiative und Selbstverantwortung zu handeln? Wie viele denken perspektivisch, über den Tag, die Grenzen ihres einmal definierten Handlungsrahmens, über die eigene Nasenspitze hinaus? Wie viele sind zukunftsorientiert und auch mal bereit, Gewohntes in Frage zu stellen, also ihre Sicht der Dinge bei Bedarf zu variieren? Wie viele sind wirklich in der Lage, sich mental in die Schuhe eines anderen – zum Beispiel eines Kunden – zu stellen und die Dinge aus dessen Sicht zu betrachten? Wie viele sehen in neuen Ansätzen zuerst die Chancen und in Fehlern die Möglichkeit, sich weiterzuentwickeln? Wie viele übernehmen ganz selbstverständlich die Verantwortung für das, was sie tun – anstatt sich bei möglichen Fehlern und Misserfolgen hinter ihren Vorgesetzten und Kollegen, unklaren Anweisungen oder ganz allgemein „den Umständen" zu verstecken?

Die Fähigkeit dazu haben viele mehr oder weniger. Theoretisch. Die Gretchenfrage lautet: Wie viele verhalten sich auch dementsprechend im Arbeitsalltag?

„Wie? Ein Mann? Ich sehe immer nur den Schauspieler seines eigenen Ideals."

Friedrich Nietzsche

Nach unseren Erfahrungen sind das gerade mal 5 bis 7 Prozent Ihrer Mitarbeiter. Fünf bis sieben von hundert. Je nachdem, wie groß Ihr Unternehmen ist, können Sie diese Leistungsträger oder Opinion Leader eventuell an Ihren Fingern abzählen. Aber lassen Sie sich dadurch nicht den Schlaf rauben. Eine – oder ein paar – Handvoll entschlossener Menschen können viel bewegen. Oft sind es wenige, die den Stein ins Rollen bringen – wenn diese wenigen davon überzeugt sind, dass das, was sie tun, gut und richtig ist, dass es Sinn macht.

Aber auch ein krummer Baum kann gute Früchte tragen. Dass die Fähigkeit zu persönlichem Engagement, der Wille zum Erfolg, Eigeninitiative und Organisationstalent auch in vielen Ihrer übrigen Mitarbeiter stecken, beweisen sie außerhalb ihrer Arbeitszeit. Überall dort, wo sie selbst Dinge entscheiden, planen und umsetzen. Zum Beispiel in ehrenamtlichen Engagements in Vereinen und Clubs. Oder wenn es darum geht, ihre Urlaubsreise zu organisieren oder ihre privaten Pflichten und Interessen zu managen. Wenn Sie diese positiven Energien für Ihr Unternehmen aktivieren, vergrößern Sie Ihre Potenziale sprunghaft.

8.1.2 Selbst gesteuert oder fremd gelenkt?

Wer allerdings glaubt, er könne Denkmuster und Gewohnheiten seiner Mitarbeiter verändern, der befindet sich im Irrtum. Das kann niemand. Es gibt nur einen Menschen, den Sie verändern können, und das sind Sie selbst. Und auch Ihre Mitarbeiter können nur jeweils sich selbst verändern.

Sie sind jedoch in der Lage, Denkanstöße zu geben. Türen zu öffnen. Motivation zu verstärken. Richtungen zu zeigen. Reflexion anzuregen. Eigeninitiative zu ermutigen. Wenn Sie die Losung ausgeben: Selbstverantwortliches Handeln wird wertgeschätzt, ist erwünscht, wird unterstützt und begrüßt, wollen wir zum Kern unserer Unternehmenskultur machen. Und wenn Sie – möglichst das Management insgesamt – entsprechend handeln und diese Botschaft glaubwürdig vorleben, dann können Sie in den Köpfen Ihrer Mitarbeiter schon einiges bewegen.

Nur was jemand selbst will und als richtig und sinnvoll erkannt hat, wird er ohne Druck von außen selbstgesteuert und eigeninitiativ tun. Es ist einfach ein qualitativer Unterschied, ob man eine Veränderung zu seiner persönlichen Angelegenheit macht und dahinter steht, ob man aktiv daran mitarbeitet, beteiligt ist und das Gefühl hat, Richtung und Weg mitzubestimmen. Dann ist man eher bereit, mit Engagement und Kreativität an die Sache heranzugehen – und wenn es geklappt hat, freut man sich und geht auch die nächsten Schritte mit Zuversicht an.

Oder ob man sich fühlt wie ein Bauer auf dem Schachbrett, der von anderen hin- und hergeschoben wird und nicht so recht weiß, warum er heute dies und morgen etwas anderes tun soll. So ein Mensch fühlt sich ausgeliefert, fremdgesteuert und verunsichert. Gefühle wie Angst vor der Zukunft oder Ärger über die Missachtung der eigenen Kompetenzen und Erfahrungen beherrschen ihn. Das führt zu Ablehnung, Widerstand und Verschleppung von Entwicklungen. Das Arbeitsklima wird insgesamt schlechter, weil die Einzelnen ihren Unmut in Gesprächen gegenseitig noch verstärken. Sie fühlen sich vom Subjekt zum Objekt degradiert, fürchten um ihren Arbeitsplatz – denn man traut ihnen ja offensichtlich nichts zu – und beugen sich dem Druck. Sie verändern ihr Verhalten – aber nur gezwungenermaßen, ohne eigene Überzeugung. Kaum sieht der Chef weg, fallen sie in ihre vorherigen Verhaltens- und Denkmuster zurück.

Je mehr der Einzelne also nachvollziehen kann, warum eine Änderung notwendig ist, je besser er sie begreift, je umfassender er in den Prozess einbezogen ist und vor allem: je deutlicher er dabei für sich selbst Vorteile erkennen kann, umso eher wird er diese Änderung auch unterstützen und dabei eigene Initiative entwickeln.

8.2 Jedes Unternehmen hat einen Januskopf – das „Bild in den Köpfen" entscheidet mit

Jedes Unternehmen entwickelt mit der Zeit eine eigene „Persönlichkeit", ein mehr oder weniger klares Profil – in Abgrenzung zu Mitbewerbern und als Identifikationsraster für die eigenen Angehörigen. Egal ob Sie – das Management – dieses Bild aktiv beeinflussen oder nicht. Also tun Sie lieber etwas dafür. Allerdings nicht so halbherzig wie über 70 Prozent der Unternehmen, die zwar ein formuliertes Leitbild haben, das aber selbst nach Meinung der verantwortlichen Manager mit dem Arbeitsalltag im Unternehmen nicht viel zu tun hat, wie Umfragen bestätigen.

Grundsätzlich hat jedes Unternehmen einen Januskopf, also zwei Gesichter: ein offizielles und ein inoffizielles. Das erste ist das bewusst vermittelte. Zum Beispiel in Gestalt von Leitlinien und Visionen, mittels Hochglanzbroschüren oder Internetauftritten, in Geschäftsberichten und Presseverlautbarungen. So will es gesehen werden.

Das „zweite Gesicht" dagegen ist das Bild, das die Mitarbeiter – auch Teile des Managements – von „ihrem" Unternehmen in den Köpfen haben. Oftmals ist es diffus, in großen Teilen nicht reflektiert, mehr ein Gefühl. Es sagt dem Einzelnen aufgrund seiner bisherigen Erfahrungen, Vermutungen und Projektionen, wie er dieses Unternehmen einzuschätzen hat. Was er ihm zutraut. Was er erwartet, befürchtet, womit er rechnet. Und davon abgeleitet, ob er Respekt hat und Vertrauen gegenüber dem Unternehmen und seiner Führung, seinen Produkten und Dienstleistungen. Das wiederum ist ausschlaggebend dafür, wie jeder seine persönlichen Zukunftsaussichten in diesem Unternehmen einschätzt. Ob seine vorherrschenden Gefühle Selbstsicherheit und Zuversicht oder eher Unsicherheit, Angst, Misstrauen oder Frustration sind.

Die Antworten auf diese Fragen bestimmen letzten Endes das Maß des Engagements wesentlich mit, das Maß der Identifikation, der Arbeitszufriedenheit, des Selbstbewusstseins und damit der Effizienz und Eigeninitiative des Einzelnen. Und – weil jeder dieses Bild bewusst oder unbewusst nach außen spiegelt – auch das Image des Unternehmens in den Augen der Kunden und anderer Gruppen der Öffentlichkeit.

In der Mehrzahl der Unternehmen weicht dieses „inoffizielle" Unernehmensimage mehr oder weniger deutlich vom offiziell kommunizierten Ideal ab. Da es aber weder hinterfragt, diskutiert noch reflektiert und schon gar nicht offen kommuniziert wird, ist es oft weder den Mitarbeitern noch dem Management umfassend bekannt oder auch nur bewusst. Es ist mehr eine Stimmung, eine Grundmelodie im Unternehmen. Ignorieren Sie das nicht.

8.2.1 Die Schalter in den Köpfen

Fragen Sie sich also als Erstes, warum Ihre Leute im Unternehmen bisher mit „gebremsten Schaum" agieren. Am besten fragen Sie sie selbst. Lassen Sie sie erzählen. Hören Sie gut zu. Lernen Sie daraus. Genau hier nämlich liegt die Basis für Ihren Profit.

Indem Sie sich diese Zusammenhänge deutlich machen, finden Sie Ansatzpunkte, um den Schalter in den Köpfen zu bewegen. Um andere Denk- und Handlungsmuster anzuregen. Nur damit kann es wirklichen Fortschritt geben. Und aus kaum kalkulierbaren Soft Facts können einigermaßen zuverlässige Profit-Faktoren werden.

Nach unserer Erfahrung scheitern in den Unternehmen rund 65 Prozent aller Projekte. Meistens an internen Widerständen. Sie zerschellen gewissermaßen an den sechs Siebteln des Eisbergs, die unsichtbar unter der Oberfläche lauern. Und es gibt nur einen Weg, das zu ändern: den Weg, die Energien und Potenziale der Mitarbeiter zielgerichtet zu aktivieren.

„Es ist nicht gesagt, dass es besser wird, wenn es anders wird. Wenn es aber besser werden soll, muss es anders werden."

Georg Christoph Lichtenberg

Dazu ist zunächst klarzustellen, dass die kontinuierliche Entwicklung eines Unternehmens und jede damit verbundene Veränderung kein Selbstzweck ist, sondern Vorteile bringt. Für jeden Einzelnen und für die Gemeinschaft. Diese Botschaft ist nur dann glaubwürdig, wenn sie an der Erlebnisebene des Einzelnen anknüpft und ihm nicht unvermittelt aus dem Nichts übergestülpt wird.

8.2.2 Veränderung braucht Zeit

Manch einer glaubt immer noch, er braucht eine Veränderung nur zu verordnen, dann setzt er ein entsprechendes Projekt auf und nach einem festgelegten Zeitraum laufen alle, die bisher rechts herum gelaufen sind, brav links herum. Kein Wunder, wenn solche Projekte zu den 65 Prozent gehören, die scheitern. Das kann nicht klappen.

Jede Veränderung beginnt mit einem Abschied. Um etwas anders als bisher zu machen, um etwas Neues zu beginnen, müssen Sie erst etwas Gewohntes aufgeben. Das Gewohnte aber vermittelt Sicherheit – man kennt es schließlich und weiß, was man davon zu erwarten hat. Wohingegen man das beim besten Willen von etwas Neuem erst mal nicht sagen kann. Mag ja sein, dass es besser ist. Aber wer weiß das schon im Vorhinein?

Es ist so ähnlich, wie einen Fluss zu durchschwimmen. Sie ahnen, hoffen, glauben, dass es auf der anderen Seite besser ist als auf dieser. Diese Seite kennen Sie. Sie hat ihre lauschigen kleinen Ecken, ihre saftigen Wiesen, ihre guten Angelplätze. Zugegeben, all das könnte üppiger sein. Aber Sie haben sich damit arrangiert. Allerdings wird es nun eng. Zu viele drängen sich am Ufer und vertreiben die Fische. Am anderen Ufer aber ist mehr Platz, gibt es mehr Fische und ist es insgesamt schöner. Sagt man.

Das Problem ist: Um dorthin zu kommen, müssen Sie dieses Ufer verlassen. Sie müssen durch den Fluss schwimmen. Dabei werden Sie erstens nass und zweitens könnte es sein, dass Sie unterwegs in gefährliche Strömungen geraten. Oder auf Krokodile treffen. Oder gar auf Piranhas! Es gibt also keine Garantie, dass Sie mit heiler Haut hinüberkommen. Außerdem: So schlecht ist es auf diesem Ufer doch gar nicht. Andererseits: Drüben soll es bunte Blumen geben, ein laues Lüftchen, paradiesische Zustände. Also doch?

Bis Sie sich entschließen, den Sprung zu wagen, wägen Sie also erst die Argumente dafür oder dagegen ab. Dann entscheiden Sie sich, das Risiko einzugehen. Sie gehen vorsichtig ins Wasser. Ach schau an, es ist ja gar nicht so kalt. Und kein Krokodil in Sicht. Sie bleiben eine Weile in Ufernähe – und wagen dann, das gewohnte Ufer zu verlassen.

Das Schwimmen strengt Sie an: Sie sind eben nicht daran gewöhnt. Es ist ein unsicheres Gefühl, so ohne Boden unter den Füßen. Knabbert da vielleicht doch ein Piranha an Ihrem großen Zeh? Und wenn Sie jetzt einen Wadenkrampf bekommen? Die Unsicherheit, die Angst unterzugehen, die Turbulenzen in den Strudeln mitten im Fluss – es gehört schon ein gewisser Mut dazu, das gewohnte Ufer zu verlassen und sich diesen Unwägbarkeiten auszusetzen.

Aber Sie sind ja freiwillig ins Wasser gestiegen. Hätte Sie jemand gestoßen – Sie wären schneller zurück ans gewohnte Ufer gekrabbelt, als jemand „Spring doch einfach" sagen könnte!

Und dann kommen Sie endlich am neuen Ufer an. Und stellen überrascht fest, dass es ja gar nicht so schlimm war, wie Sie befürchtet hatten. Ging doch ganz gut. Sie sehen sich neugierig um. Und sind doch ein wenig stolz auf sich, dass Sie das so souverän geschafft haben. Obwohl Sie kein geübter Schwimmer sind. Voller Enthusiasmus und Pioniergeist eignen Sie sich das neue Ufer Schritt für Schritt an.

Und wetten: Nach einer solch positiven Erfahrung werden Sie das nächste Mal zuversichtlicher das alte Ufer verlassen, wenn ein neues lockt und Ihnen das Hinüberschwimmen lohnend erscheint.

Und so ist es mit jeder Veränderung.

Regel Nummer 1:	Nur wer selbst die Veränderung will, rudert nicht bei der ersten sich bietenden Gelegenheit wieder zurück.
Regel Nummer 2:	Nur eine lohnende Perspektive, ein persönlicher Vorteil kann überzeugen, freiwillig gewohnte Gleise zu verlassen.
Regel Nummer 3:	Wer etwas Neues ansteuert, muss erst das Gewohnte in Frage stellen.
Regel Nummer 4:	Um ein neues Ufer zu erreichen, muss man sich vom alten verabschieden – und eventuell eine unsichere Übergangszeit durchstehen, inklusive möglicher Strudel, Turbulenzen und der Gefahr, dass doch irgendwo ein Krokodil lauern könnte.
Regel Nummer 5:	Nach dem Schwimmen ist vor dem Schwimmen.

8.3 Das Projekt „Profit" oder: Aus gutem Grund ist die Orange rund

Jetzt werden Sie sich fragen, wie wir in diesem Zusammenhang ausgerechnet auf eine Orange als Metapher kommen konnten. Das ist rasch erzählt: Es begann auf einem internationalen Kongress in Orlando. An die 14.000 Personalentwickler, Trainer, Berater und andere Koryphäen unserer Zunft hörten sich tagelang von 7 bis 17 Uhr die interessantesten Vorträge an. Die Luft war trocken. Aber in den Pausen standen draußen in der Halle große Körbe mit frisch gepflückten Orangen – schließlich waren wir mitten in Florida – und Orangenpressen. Jeder konnte sich seinen Orangensaft quasi frisch vom Baum selbst herstellen.

Wir kamen gerade aus einer Veranstaltung, in der es darum ging, warum so viele Projekte scheitern. Beim Blick auf die durchgeschnittene Orange in der Hand begannen wir zu philosophieren. War das nicht wie ein Projekt? Man schaut die Orange an – und sieht eine runde, glatte Frucht. Aber erst, wenn man sie aufschneidet, wenn man unter die vergleichsweise dünne äußere Hülle vordringt, gelangt man an das, was die Orange wirklich begehrenswert macht. An die Substanz. Klar, die Hülle ist wichtig, denn sie hält das Ganze zusammen und gibt ihm Gestalt. Aber was wäre diese Hülle ohne die saftigen Fruchtspalten im Inneren?

Sie erkennen, worauf wir hinauswollen? Klar. Die Hülle ist die Projektstruktur. Der oberflächliche Projektablauf. Aber das, was darunter steckt, das sind die Menschen, die hinter dem Projekt stehen – oder eben nicht. Ob sie es tun oder nicht, bestimmt den Erfolg des Projekts. Es gibt den Ausschlag, ob ein gehaltvoller Saft aus der Orange zu pressen ist – oder nur ein trauriges Rinnsal.

Eine Orange hat einiges mit dem Ablauf eines Projekts gemeinsam. So etwa hängt jede ihrer Spalten eng mit den übrigen zusammen – wie das Projekt aus einer Reihe einzelner Schritte besteht, die miteinander verlinkt sind. Wie die Spalten der Orange erst zusammen die Frucht rund machen, wird erst durch ganzheitliche Betrachtung, in der Gesamtschau das Projekt rund, wenn Sie oft getrennt gedachte Bereiche zusammenführen.

Die einzelnen Umsetzungsschritte eines Projekts gehen Sie auf den folgenden Seiten Schritt für Schritt durch. Dabei liegt der Fokus eindeutig auf den Tiefenstrukturen des Unternehmens: bei Ihren Profit-Faktoren, Ihren Mitarbeitern. Sie erkennen Zug um Zug die Zusammenhänge zwischen rationalen Umsetzungsschritten und deren Transformation auf die Ebene der Mitarbeiter. Und behalten dabei im Hinterkopf, dass ein Projekt selten so linear abläuft wie in der Theorie. Von Anfang bis Ende gibt es Interaktionen zwischen den Handelnden und den unterschiedlichen Handlungsebenen. Das ist die Dynamik der Tiefenstruktur, das sind die sechs Siebtel des Eisbergs.

Welchen konkreten Inhalt Ihr Projekt hat, zum Beispiel die Umsetzung neuer Vertriebsstrategien wie hier im Buch in Teil 1 und 2 vorgestellt, ist mehr oder weniger davon unabhängig, dass damit gleichzeitig ein „Veränderungs-Projekt" ansteht. Wichtig ist zu sehen, dass jedes Projekt für die Mitarbeiter vor allem eines bedeutet: Nun wird es anders. Sie müssen also das Inhaltliche und die damit verbundenen Konsequenzen für die Mitarbeiter zusammendenken und parallel umsetzen.

Orange oder Projekt: Was zählt, liegt unter der Oberfläche. Wie können Sie die rationalen Schritte Ihres Projekts, die Theorie, auf die emotionale Ebene übertragen, in die Tiefenstruktur Ihres Unternehmens oder Ihrer Abteilung – in den Arbeitsalltag?

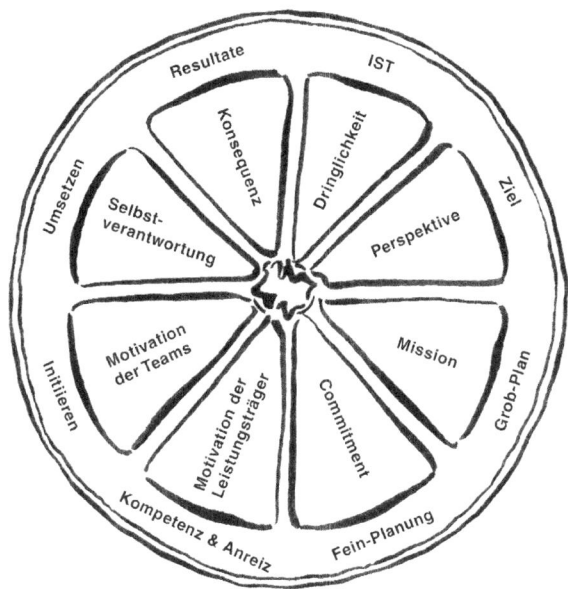

- Schritt 1: **Ist-Situation** – Machen Sie Ihren Mitarbeitern die Dringlichkeit zum Handeln bewusst
- Schritt 2: **Ziel** – Verdeutlichen Sie die Perspektiven für Ihre Mitarbeiter
- Schritt 3: **Grob-Plan** – Formulieren Sie eine gemeinsame Mission, die alle Hindernisse überwindet
- Schritt 4: **Feinplanung** – Mobilisieren Sie den Willen zur Veränderung
- Schritt 5: **Kompetenz und Anreiz** – Motivieren Sie Ihre Leistungsträger
- Schritt 6: **Initiieren** – Holen Sie Ihre Teams ins Boot
- Schritt 7: **Umsetzen** – Wecken Sie die Selbstverantwortung
- Schritt 8: **Resultate** – Machen Sie die Konsequenzen klar: Nach dem Ziel ist vor dem Ziel

Die Entscheidung, ob jemand selbstverantwortlich und flexibel denkt und handelt oder sich verunsichert an alten Zöpfen festklammert, trifft jeder für sich allein. Aber es ist an Ihnen, ein Klima zu begünstigen, das Menschen ermutigt und befähigt, Eigeninitiative zu entwickeln, um unternehmerisch zu agieren. Indem sie einbezogen, ihre Erfahrungen und Kompetenzen ernst genommen und als selbstbewusst Handelnde wertgeschätzt und unterstützt werden.

Veränderungen sind Chancen

„Panta rhei", „alles fließt", konstatierte der Naturphilosoph Heraklit schon vor rund 2500 Jahren. Veränderung ist so normal wie das Atmen. Alles um uns herum ist in ständigem Wandel. Darum geht es hier jedoch nicht. Es geht um die bewusst angestrebte, aktiv vorangetriebene Veränderung, um den notwendigen Change.

Es geht darum, aus voller Überzeugung Denk- und Handlungsweisen, Positionierungen und Prozesse, unterm Strich alles, was ein Unternehmen ausmacht, immer wieder kritisch unter die Lupe zu nehmen. Und bereit zu sein, es zu ändern, sobald sich zeigt, dass man es auch besser machen kann oder dass es nicht mehr in die Zeit passt. Auch wenn das zu tief greifenden Veränderungen für das gesamte Unternehmen oder einzelne Arbeitsbereiche führen kann.

> *„Die Schlange, welche sich nicht häuten kann, geht zugrunde."*
>
> *Friedrich Nietzsche*

So sind beispielsweise in Folge der digitalen Entwicklung in den letzten Jahrzehnten ganze Berufe „ausgestorben" – wie beispielsweise der Schriftsetzer und der Druckvorlagen-Hersteller in der Druckindustrie – und durch völlig neue ersetzt worden. Und traditionsreiche Unternehmen mit weltweit hohem Ansehen sind pleite gegangen, weil sie wichtige Veränderungen verschlafen haben. Wie zum Beispiel der Fotopionier Agfa, der den rasanten Aufstieg der digitalen Fotografie völlig unterschätzt hatte.

Dennoch sollte man vor Veränderungen keine Angst haben. Es hat keinen Sinn, darauf zu starren wie das Kaninchen auf die Schlange. Die teilweise rasanten Entwicklungen sind in erster Linie spannende Herausforderungen. Wer solche Herausforderungen selbstbewusst annimmt und nach kreativen Lösungen sucht, hatte zu allen Zeiten gute Karten. Und das zumindest wird sich auch in Zukunft nicht ändern.

Der erste Schritt, um selbstbewusst und offen mit allfälligen Veränderungen zurechtzukommen, besteht darin, das eigene Denken kritisch zu hinterfragen. Wie zukunftsorientiert und frei von Verkrustungen, wie selbstbestimmt und neugierig sind Sie? Die folgende Grafik gibt dazu ein paar Anregungen – und eignet sich auch als Leitfaden für Mitarbeitergespräche oder Workshops zu diesem Kernthema.

Altes Denken	Neues Denken
■ Vergangenheitsorientiert: *„Das haben wir immer so gemacht."* ■ Besitzstandswahrung: *„So ist es", „So soll es bleiben."* ■ Angst vor Veränderung: *„Das ist uns bekannt. Hier fühlen wir uns sicher."* ■ Der Andere/die Umstände sind schuld, Verantwortungsvermeidung: *„Eigentlich wollen wir es anders, aber der/die ..."* ■ Nörgeln, jammern, Opferhaltung: *„Es ist schlimm, doch wir können nicht anders."* ■ Strafe bei/Vermeidung von Fehlern: *„Das ist falsch."* ■ Gewinner-/Verlierer-Paradigmen: *„Wir sind besser und müssen gewinnen ..."* ■ Misstrauens-Kultur: *„Haben wir doch gleich gewusst ..."* *„Ob das mal gut geht?"* ■ Fokus nach innen: *„Wir. Wir. Wir."*	■ Offen für Neues/Zukunftsorientierung: *„Wie könnte es auch gehen?"* ■ Flexibilität: *„Wie könnte es sein?"* ■ Lust auf Gestaltung der eh stattfindenden Veränderung: *„Wie wollen wir es gestalten?"* ■ Annahme der 100-Prozent-Verantwortung: *„Wodurch bin ich hier?/Ursache?"* ■ Mut und unternehmerisches Handeln: *„Was wollen wir hier verändern?"* ■ Rigorose Fehlerbereitschaft: *„Was können wir hieraus lernen?"* ■ Win-Win-Paradigma: *„Wie können wir alle davon profitieren?"* ■ Vertrauen und Anerkennung: *„Danke. Wie können wir uns noch besser unterstützen?"* ■ Fokus nach außen: Kundenorientierung und Weltoffenheit: *„Was können wir für Sie tun?"*

Allerdings hilft es nicht nur den Mitarbeitern in den Unternehmen, ihre Sicht zu ändern. Auch Unternehmensführung ist nicht mehr, was sie mal war. Emanzipatorisches Denken ist längst im Alltag angekommen: Die Gedanken sind frei. Wer heute noch bestimmte Denkweisen einfach verordnen will, fördert damit nur subversive Phantasien und die Kreativität, die notwendig ist, um solche Verordnungen zu unterlaufen. Wer nachhaltig das Denken und Handeln seiner Mitarbeiter verändern will, kann das nur, indem er ihnen glaubwürdige Angebote macht und eigenständiges Denken wertschätzt und fördert. Indem er an ihrer Erlebnis- und Erfahrungswelt ansetzt und sie schrittweise von den Vorteilen überzeugt, die jeder Einzelne davon haben wird, wenn er die Dinge anders angeht als bisher.

Die andere Seite der Medaille: Wer als Führungskraft Umdenken fordert, sollte diesen Denkprozess zunächst selbst durchlaufen. Denn überall, wo man Menschen überzeugen will, sind die wirksamsten Botschaften Ich-Botschaften. Sie setzen bei sich selbst an und vermitteln Ihre subjektive Sicht der Dinge, Ihre eigene Überzeugung. Nur wenn diese eigene Überzeugung mit Ihrer Botschaft übereinstimmt und stark genug ist, haben Sie die Chance, andere mitzureißen und zu begeistern. Wenn Sie selbst nicht an Ihr Projekt, an die Kraft Ihres Unternehmens, an die Zukunftschancen durch Perspektivenwechsel glauben – wie sollen es dann Ihre Mitarbeiter tun?

„Gefängnisse: Die große Leidenschaft braucht, verbraucht Überzeugungen, sie unterwirft sich ihnen nicht."

Friedrich Nietzsche

Das Ziel ist eine Kultur der Selbstverantwortung. Wer sich mit seinen Aufgaben und den gemeinsamen Zielen identifiziert, wer die permanente Veränderung zum immer Besseren zu seinem Anliegen macht, der wird davon profitieren. Und mit ihm auch seine Umgebung.

Erkenntnis der Dringlichkeit und eine verlockende Perspektive führen zu Motivation

Kaum jemand ändert gern etwas, solange er es nicht muss. Was einem „in Fleisch und Blut übergegangen ist", was man ohne großes Überlegen einfach abspulen kann, ist nun mal bequem. Erst wer überzeugt ist, dass es gar nicht anders geht, wer den Sinn und die Notwendigkeit einer Änderung anerkennt, wird sie annehmen und sich entsprechend verhalten.

Es braucht allerdings bei aller Einsicht auch einen gewissen Leidensdruck, ein Gefühl der Dringlichkeit, damit sich jemand zum Umdenken entschließt. Ehe er sich freiwillig aus einer bequemen in eine – zumindest vorübergehend – unbequemere Lage begibt. Also etwa seinen lauschigen Angelplatz am Fluss verlässt, um ins kalte Wasser zu springen, sich dessen Turbulenzen und Unsicherheiten auszusetzen und zum anderen Ufer zu streben. Zum Zahnarzt geht man meist auch erst dann, wenn der Zahn weh tut. Einsicht und Leidensdruck erzeugen die Dringlichkeit, etwas zu verändern.

Zur Dringlichkeit gehört aber auch eine verlockende Perspektive. Die Gewissheit oder zumindest die Hoffnung, dass durch verändertes Handeln etwas deutlich besser wird. Und zwar für jeden Einzelnen, denn der Mensch ist nun mal ein eingefleischter Egoist. Dringlichkeit ohne eine solche verlockende Perspektive führt zu Frustration, Mut- und Hilflosigkeit. Umgekehrt würde eine noch so verlockende Perspektive ohne Dringlichkeit in neun von zehn Fällen an der Bequemlichkeit der Menschen scheitern. Nach dem Motto: Es wäre ja nett, aber es geht auch so.

Das Gefühl der Dringlichkeit und die Perspektive zum Besseren gehören also zusammen wie Castrop und Rauxel. Deshalb fließen auf den folgenden Seiten beide Themen auch immer wieder ineinander. Es ist schwer, über Dringlichkeit zu reden und dabei die Perspektive völlig zu ignorieren.

Wenn Sie ein Projekt planen, beginnen Sie mit einer Ist-Analyse. Das ist die dünne Schale der Orange, die Theorie. Für Ihre Mitarbeiter ist das der Punkt, an dem sie die Dringlichkeit der Veränderung erkennen müssen. Und das, was in Ihrer Projektchoreografie das Ziel ist, bietet aus Sicht Ihrer Mitarbeiter eine lohnende Perspektive. Warum sonst sollten sie die Mühe auf sich nehmen, ins kalte Wasser zu springen?

Im Folgenden wird das ähnlich sein. Auch Mission und Commitment hängen eng zusammen, die Motivation zuerst der Leistungsträger und dann der Teams, die Umsetzung und die Konsequenzen daraus. Jedes Thema wird zwar einzeln behandelt, aber letztlich hängen sie zusammen. Wie die einzelnen Spalten der Orange.

Mission possible ...

Das Maschinenbauunternehmen im Süddeutschen stand vor dem Aus. Die Zahl der Mitarbeiter hatte man bereits von 180 auf 90 halbiert, der Insolvenz-Verwalter hatte sämtliche Aktivitäten an sich gezogen und sich auf die Suche nach Fördergeldern gemacht, um das schwer leck geschlagene Schiff in ruhiges Fahrwasser zu manövrieren und so vor dem endgültigen Untergang zu retten. Keine Chance. Alle Banken winkten ab. Wen er jedoch fand, das war ein potenzieller Investor. Und Winner/s Edge.

Gemeinsam überlegten wir, wie wir dieses Unternehmen doch noch retten könnten. Denn eigentlich gab es Potenziale für seine Produkte und Dienstleistungen. Sie waren lediglich in der Vergangenheit allzu mangelhaft erkannt und genutzt worden.

Die amerikanische Filmserie „Kobra, übernehmen Sie" fiel uns ein. Sie ist die Mutter des erfolgreichen Kinofilms „Mission: Impossible" – und so fühlten wir uns: Am Beginn einer gemeinsamen Mission, die kaum zu gewinnen war.

Diese Analogie hatte sich rasch in unseren Köpfen festgefressen. Ging es in diesen Filmen nicht jedes Mal darum, eine schier aussichtslose Situation mit Witz, unerwarteten, völlig innovativen Ideen und praktischer Intelligenz in den Griff zu bekommen? Warum sollten wir es damit nicht auch versuchen? Zu verlieren hatten wir nichts – aber alles zu gewinnen.

Also blieben wir bei unserer Analogie und gingen genau so vor. Der Film lebt von der Idee der Spezialisten. Es gibt da einen Sprengstoffspezialisten, einen Spurenspezialisten, einen für wirtschaftliche Zusammenhänge ... für jedes denkbare Spezialgebiet im Zusammenhang mit dem jeweils aktuellen Fall gibt es einen, der genau darauf spezialisiert ist. So machten wir es auch: Einer nahm sich das Marketing vor, einer den Vertrieb, einer die F- & E-Abteilung und so weiter. Jeder dieser Spezialisten bildete zu seinem Thema eine kleine, aber kompetente Projektgruppe. Und setzte sich das Ziel, die Schlüsselhebel für dieses Segment zu finden, um die Kuh vom Eis zu bekommen.

Dann entwickelten wir gemeinsam die passenden Umsetzungstools und legten los. Wir setzten alle neun Schlüsselhebel gleichzeitig an, quasi im Handstreich. Das klappte, weil wir bereits im Vorfeld kontinuierlich den verbliebenen Mitarbeitern klar und offen kommuniziert hatten: Jetzt kommt es auf jeden an! Wir können die Angelegenheit retten – aber nur alle zusammen. Wir sind in der Lage, die Situation in den Griff zu bekommen – wenn jeder Einzelne umdenkt, mitzieht und bereit ist, auch mal völlig neue Perspektiven zu akzeptieren.

Das war vor acht Jahren. Heute hat das Unternehmen 600 Mitarbeiter und ist weiterhin auf Wachstumskurs.

8.4 In acht Schritten zum gemeinsamen Erfolg

8.4.1 Schritt 1: *Ist-Situation* – Machen Sie Ihren Mitarbeitern die Dringlichkeit zum Handeln bewusst

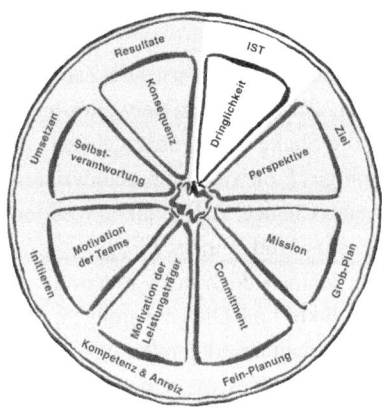

Wie erzeugen Sie das Bedürfnis, dringlich etwas verändern und besser machen zu wollen? Es stellt sich sehr schnell und ohne viele Worte ein, wenn das Schiff bereits sinkt, die Schwimmwesten offensichtlich ebenso wenig ausreichen wie die Rettungsboote und sich langsam, aber sicher Panik breit macht. Da stellt keiner mehr Fragen. Es ist offensichtlich: Nun muss etwas passieren.

Aber Dringlichkeit braucht nicht notwendigerweise ein Katastrophen-Szenario. Der Anstoß, etwas zu verändern, kann auch eine unternehmenspolitische Entscheidung von „ganz oben" sein mit dem Ziel, das gesamte Unternehmen strategisch anders auszurichten oder veränderten Anforderungen durch Umwelt oder Politik zu entsprechen. Er kann durch eine Marktveränderung ausgelöst sein – wie beim Beispiel Agfa, wo die Reaktion allerdings zu spät kam. Er kann das Ergebnis der Beschäftigung mit der ResultStrategie und den Schlüsselhebeln sein.

Einer oder mehrere dieser Anstöße haben Sie davon überzeugt, dass gehandelt werden muss. Sie haben die Lage analysiert. Die Zahlen, die politische Situation, die Fakten sprechen für sich. Ihre Leute allerdings sehen gar kein Problem. Sie machen ihre Arbeit, und sie machen sie so gut wie immer. Ihnen fehlen die Hintergrundinformationen, die Sie umtreiben. Wie also sollten sie verstehen, warum sich etwas ändern soll?

Dramatisieren Sie die Ist-Situation

Machen Sie Ihren Mitarbeitern also das Problem bewusst. Dramatisieren Sie es dazu ein wenig – um es plakativer darzustellen. Das meint auf keinen Fall, zu übertreiben oder die Wahrheit zu verändern. So etwas schädigt die Vertrauensgrundlage der Zusammenarbeit auf lange Sicht. Aber machen Sie das Problem in aller Deutlichkeit bewusst.

… zum Beispiel anhand aktueller Unternehmenszahlen Um die Notwendigkeit zum Handeln zu dramatisieren, sind Zahlen, Daten und Fakten ein treffliches Vehikel: interpretationsfähig, mühelos hochrechenbar und in vielerlei Argumentation einzubauen. Anhand von Kurven können Sie zum Beispiel sinkende Umsätze plastisch und äußerst schmerzhaft darstellen. Um daraus nachvollziehbar alle negativen Folgen abzuleiten, die ein Weitermachen wie bisher zwangsläufig haben wird. Und die Chancen, sie durch vorausschauendes Handeln zu vermeiden.

... zum Beispiel durch aktuelle Beispiele Ist Ihrem Vertrieb gerade ein wichtiger Auftrag durch die Lappen gegangen, mit dem Sie fest gerechnet hatten? Erschien jüngst ein neuer Wettbewerber auf dem Plan, der nun in Ihrem Revier wildert? Hat sich im gesellschaftlichen oder politischen Umfeld etwas verändert, das Ihnen gefährlich werden könnte? Wie zum Beispiel das Dosenpfand für die Getränkeindustrie? Sind Unfälle passiert, Unaufmerksamkeiten, Versehen, die als Signal für ein grundsätzlich nachlassendes Qualitätsbewusstsein gedeutet werden könnten? Tut sich in der Branche etwas, das Ihr eigenes Unternehmen in ernsthafte Bedrängnis bringen könnte, wenn Sie nicht gegensteuern? Jede derartige Entwicklung kann ein Ansatzpunkt sein, um die Notwendigkeit zu handeln so zu dramatisieren, dass sie Ihren Mitarbeitern direkt unter die Haut geht.

... zum Beispiel durch Kundenreaktionen Manche Großkunden – beispielsweise im Bereich der Automobilindustrie – küren regelmäßig „Lieferanten des Jahres" oder vergeben vergleichbare Auszeichnungen, um die Zusammenarbeit mit ihren Zulieferern zu optimieren. Wenn bisher immer andere Unternehmen solche Lorbeeren eingeheimst haben, könnte genau hier die Dramatisierung ansetzen, etwa um die eigene Kundenorientierung zu verbessern. Wer will nicht gern selbst zu den Ausgezeichneten gehören?

Sie können auch von Zeit zu Zeit wichtige Schlüsselkunden bitten, sich zu bestimmten Fragen in Ihrer Mitarbeiterzeitschrift kritisch zu äußern. Zum Beispiel zum Service Ihres Unternehmens, zu aktuellen Qualitätsfragen oder der alltäglichen Zusammenarbeit. Gerade Ihre Vertriebsteams sind intensiv mit den Kunden konfrontiert. Sie stehen an der Spitze derer, die die Beziehungen zur wichtigsten externen Bezugsgruppe des Unternehmens beeinflussen. Schärfen Sie ihr Bewusstsein für diese Verantwortung – und knüpfen Sie Ihr Projekt hier an, falls es thematisch passt.

... zum Beispiel, indem Sie die Folgen des „Weiter-so" dramatisieren Dringlichkeit geht durch den Bauch. Viele Menschen müssen angesichts einer Situation buchstäblich erst mal richtige Bauchschmerzen bekommen, um etwas zu kapieren. Erst wenn sie deutlich sehen, dass sie drauf und dran sind, ungebremst an die Wand zu fahren, werden sie auf die Bremse treten. Aber erst dann, wenn sie den Aufprall förmlich spüren. Um diesen äußerst dringlichen Handlungsdruck zu erzeugen, ist es mitunter unumgänglich, zum Äußersten zu greifen. Und drastisch deutlich zu machen was passiert, wenn nichts passiert. Hätte beispielsweise Agfa rechtzeitig die Dimensionen der Digitalfotografie und deren Auswirkungen für das eigene Geschäft erkannt und dramatisiert, dann wären viele Nerven geschont und viele Jobs erhalten geblieben.

... zum Beispiel, indem Sie Marktveränderungen bewusst machen Keiner kann heute noch darüber hinwegsehen, dass der Wettbewerbsdruck steigt. Dass Märkte immer internationaler und Produkt-Lebenszyklen immer kürzer werden. Dass das Verhalten der Kunden immer stärker zu intensiven Preis-Leistungs-Vergleichen, zum Sparen oder dem Aufschieben von Investitionen und zu höheren Serviceerwartungen tendiert. Dass mehr Flexibilität, effizientere Arbeit, schlankere Organisationen das Gebot der Stunde sind.

All das wissen auch Ihre Mitarbeiter. Aber ziehen sie daraus persönliche Konsequenzen? Werden sie deshalb kundenorientierter, flexibler, engagierter? Die wenigsten beziehen solche allgemeinen Aussagen auf ihre eigene Situation. Sie machen sich nicht bewusst, dass all diese veränderten Rahmenbedingungen auch ihr Unternehmen, die Erwartungen ihrer eigenen Kunden verändern. Dass sie davon also ganz persönlich betroffen sind. Zwar weiß jeder, dass der Blitz manchmal einschlägt – aber immer nur bei anderen. Machen Sie jedem bewusst, dass er auch ihn treffen könntewenn er sich nicht bewegt.

Beziehen Sie Ihre Leute ein. Von Anfang an

Die Grundidee dieses Buchs, angefangen von der ResultStrategie, ist es, Ihre Mitarbeiter möglichst umfassend einzubeziehen. Die ResultStrategie und die Schritte zu ihrer Umsetzung mit ihnen gemeinsam zu erarbeiten. Dabei ihre Erfahrungen, ihre Kompetenzen und ihr Fachwissen zu bestätigen, anzuerkennen und zu nutzen – oder da, wo es notwendig ist, zu ergänzen und auszubauen.

Wenn Sie diese grundsätzliche Idee sukzessive zum alltäglichen Bestandteil der Unternehmens- oder auch zunächst nur der Vertriebskultur machen, ist das ein Schritt zur „lernenden Organisation" mit offenen Kommunikationsstrukturen. So etwas ist zwar noch nicht in vielen Unternehmen an der Tagesordnung, aber es ist die beste Strategie, um offensiv und selbstbewusst die wachsenden Herausforderungen globalen Wirtschaftens anzugehen.

Beginnen Sie mit einer kleinen Gruppe: Ihren Opinion Leadern und Leistungsträgern. Sie wissen schon: diese 5 bis 7 Prozent, die sich in jedem Unternehmen finden. Machen Sie zuerst die zu Ihren Verbündeten, die ohnehin offen, neugierig und selbstbewusst sind. Reden Sie mit ihnen. Über die Dinge, die sie beschäftigen in Bezug auf ihre berufliche Situation, die Firma, die allgemeinen und ihre persönlichen Perspektiven. Versuchen Sie gemeinsam, in diesem kleinen Kreis etwas zu verändern. Das ist die Keimzelle.

Wer gehört zum engen Kreis?

Die Mitarbeiter in Ihrer „Keimzelle", die Aktiven, Wachen und Begeisterungsfähigen, werden später Ihre Multiplikatoren sein. Ihre Botschafter in die Tiefenstruktur des Unternehmens, in die Köpfe und Herzen der großen Masse Ihrer Mitarbeiter. Deshalb sollen nicht nur Leistungsträger dazugehören, nicht nur Führungsverantwortliche, sondern auch Opinion Leader. Informelle Führungspersönlichkeiten: die Kollegen, auf die die anderen hören. Die von den anderen als kompetent und vertrauenswürdig angesehen werden. Die genügend soziale Kompetenz haben, um Konflikte zu schlichten, andere zu motivieren und zu überzeugen – auch wenn sie nicht zur offiziellen Führungsriege gehören. Vielleicht fällt Ihnen bei dieser Gelegenheit der eine oder andere auf, dessen Führungsqualitäten Sie nicht länger brachliegen lassen wollen.

Ziehen Sie also kurz unter strategisch-taktischen Perspektiven Bilanz, ehe Sie weitermachen. Sind die richtigen Leute im Team?

- *Zum Beispiel unter dem Aspekt der Führungsstärke:* Es ist wichtig, dass es in der Crew auch genügend Mitglieder gibt, die bereits Führungserfahrung in vergleichbaren Projekten gesammelt haben.
- *Zum Beispiel unter dem Aspekt der Kompetenzen:* Ergänzen sich die unterschiedlichen Kompetenzen, Perspektiven und Erfahrungen in der Gruppe zu einem runden Bild? Sind sie in dieser Zusammensetzung in der Lage, alle relevanten Beschäftigtengruppen einzubinden? Reicht das versammelte Potenzial, um das Projekt erfolgreich zu steuern? Wer sollte eventuell noch hinzukommen?
- *Zum Beispiel unter dem Aspekt der Glaubwürdigkeit:* Sind genügend Menschen beteiligt, die bei großen Gruppen der Mitarbeiter das Image haben, glaubwürdig, integer und vertrauenswürdig zu sein? Das Image seiner Protagonisten prägt in den Augen der Belegschaft entscheidend das Image Ihres Projekts – im Guten wie im Schlechten.
- *Zum Beispiel unter dem Aspekt der Durchsetzungsfähigkeit:* Sind die richtigen Schlüsselpositionen integriert, um zu verhindern, dass interne Gegner Ihren Prozess erfolgreich blockieren?

Wenn Sie diese Gruppe überzeugen können, ist das schon fast die halbe Miete. Nehmen Sie sich Zeit dazu. Vielleicht holen Sie sich – zumindest für den Einstieg – einen externen Coach dazu. Vielleicht baut sich aber Vertrauen und eine entspannte Atmosphäre in der Runde auch besser auf, wenn Sie unter sich bleiben. Entscheiden Sie, was in Ihrem Fall mehr Sinn macht.

Sie können vermutlich nicht alle Opinion Leader und Leistungsträger gleich im ersten Anlauf überzeugen. Suchen Sie trotzdem nach Wegen, auch Zweifler und eventuell sogar erklärte Gegner einzubinden, sie schrittweise an Ihr Thema heranzuführen und ihnen immer wieder zu zeigen, dass Sie auf ihre Mitarbeit und ihr spezielles Fachwissen besonderen Wert legen. Damit werden Sie peu à peu den einen oder anderen nachträglich integrieren können. Je mehr Personen mit besonderem Rückhalt in der Belegschaft Sie schließlich in Ihrem Kernteam haben, umso besser.

Finden Sie eine gemeinsame Basis

Geben Sie sich in dieser Runde klare Regeln. Ihr Ziel ist es, die kurz- und langfristige Situation im Unternehmen – oder zunächst in Ihrem eigenen Verantwortungsbereich – zu verbessern. Geben Sie also das Motto aus: Jeder darf alles in Frage stellen. Jeder darf kritisieren. Ideen werden gesammelt und erst später bewertet. Unterscheiden Sie Fakten und Gerüchte – aber übersehen Sie die Gerüchte nicht: Sie könnten Ihre Fakten ziemlich unsanft torpedieren. Sorgen Sie allerdings dafür, dass die Grenzen zwischen Hörensagen und Tatsachen klar sind, und erklären Sie Fairness zum obersten Gebot.

Hören Sie erst mal zu. Finden Sie gemeinsam heraus, wie Gerüchte entstanden sind. Erklären Sie dann die Hintergründe von Entscheidungen, die fehlinterpretiert wurden und zur Basis der Gerüchteküche wurden. Verpacken Sie diese Informationen in Geschichten. Es geht nicht nur um Fakten und Daten, sondern auch um Emotionen. Reparieren Sie sukzessive angeschlagenes Vertrauen.

Arbeiten Sie an Ihrer gemeinsamen Sprache. Sprache beschreibt Realität nicht nur, sie schafft auch Realität. Es macht einen Unterschied, ob Sie einen Satz beginnen mit einem Seufzer „wenn doch nur …" oder mit einem visionären „was wäre, wenn …"

Entwerfen Sie gemeinsam eine Vision, wie es aussehen wird, wenn alle an einem Strang ziehen und mit mehr positivem Denken und Selbstbewusstsein an die fraglos vorhandenen Probleme herangehen. Kitzeln Sie die Kreativität und Spontaneität Ihrer Mitstreiter. Stellen Sie Fragen – Fragen regen das Denkvermögen an.

> *„Wir sind für das Zusammenarbeiten geboren, so wie unsere Füße, unsere Hände, unsere Augenlider und unsere Kiefer."*
>
> *Marc Aurel*

Und dann starten Sie beim kleinsten gemeinsamen Nenner. Wozu können alle Ja sagen? Wozu müssen sie in diesem Stadium noch Nein sagen? Entwickeln Sie gemeinsam die Geschichte, die sich daraus ergibt. Was passiert, wenn Sie diese, was, wenn Sie jene Richtung einschlagen? Wann ist mit ersten Erfolgen zu rechnen? Wie kann der Prozess an Fahrt gewinnen?

Entwickeln Sie gemeinsam eine Geschichte des Projekts, um das es inhaltlich geht. Eine positive Geschichte, wie Ihre Zukunft aussehen wird. In dieser Geschichte hat jedes Mitglied Ihrer „Keimzelle" seine Rolle, die seinen persönlichen Kompetenzen und Stärken entspricht. Formulieren Sie gemeinsam die Perspektive. Eine, die realisierbar ist und Zuversicht gibt. Setzen Sie an der Ist-Situation an und schlagen Sie den Spannungsbogen zur Situation, die nach Ende Ihres Projekts existieren wird.

Geschichten sind mehr als Informationen

Es macht einen deutlichen Unterschied, ob Sie Informationen kurz und knapp im Telegrammstil weitergeben oder sie in eine Geschichte einbetten. Eine Geschichte stellt Daten und Fakten in einen Zusammenhang, sowohl inhaltlich als auch in ihrem zeitlichen Ablauf. Das macht sie nachvollziehbar und verständlich.

Früher war es in vielen Unternehmen üblich, dass der Chef regelmäßig seine Runde machte, mit den Mitarbeitern sprach, jeden beim Namen kannte und häufig auch über dessen Privatleben zumindest in groben Zügen Bescheid wusste. Auf dieser Basis konnte sich Vertrauen entwickeln, Verbindlichkeit und ein Gefühl der Zusammengehörigkeit. Informationen wurden in entspannter Atmosphäre vermittelt, Geschichten ausgetauscht. Der Chef wusste, was seine Mitarbeiter bewegte, und konnte das in seine Pläne und internen Strategien einbeziehen.

Manager von heute nehmen sich in der Regel zu wenig Zeit, mit ihren Mitarbeitern eine vergleichbar emotionale gemeinsame Basis zu schaffen. Auf den ersten Blick hindert sie der permanente Zeitdruck daran – aber letztlich ist es eine Frage der Prioritäten. Die zentrale Rolle der Mitarbeiter für den Unternehmenserfolg gerät leicht aus dem Blick. Die hohe Relevanz der emotionalen Ebene in jeder Form von Zusammenarbeit zwischen Menschen wird unterschätzt. Zusätzlich sind die Beziehungen zwischen Führungsspitze und Mitarbeitern in den Unternehmen oft durch häufige Personalwechsel im mittleren Management belastet. Das macht es schwer, Vertrauen und das Gefühl von Zusammengehörigkeit herzustellen.

Geschichten bringen Sie ins Gespräch

Um wieder miteinander ins Gespräch zu kommen, eignet sich eine Management-Methode, die Ende der 90er Jahre des letzten Jahrhunderts am Massachusetts Institute of Technology (MIT) entwickelt wurde: das Erzähl-Management (Storytelling). Es ist eine kreative Möglichkeit, um Veränderungen im Unternehmen anzukündigen, umzusetzen und nachhaltig zu verankern oder Unternehmen zu lernenden Organisation mit unternehmerisch denkenden und handelnden Mitarbeitern zu entwickeln.

Der Grundgedanke ist so alt wie die Menschheit. Er beruht darauf, Geschichten zu erzählen. Erzählte Geschichten sind die älteste Methode, sich Wissen anzueigen, es weiterzugeben, sich seiner Umwelt und seiner selbst zu versichern, Werte und Überzeugungen bewusst zu machen, zu etablieren und zu kultivieren. Mythen und Sagen, Märchen und Gleichnisse, Fabeln und Epen gehören deshalb zu den Grundfesten aller Kulturen. Auch in Unternehmenskulturen. In jedem Lebensbereich wurden und werden ständig Geschichten erzählt, Erfahrungen ausgetauscht, Anekdoten verbreitet und damit Meinungen, Urteile und Vorurteile gebildet.

Jeder Mensch hat seine eigene Geschichte, jede Stadt hat sie, jedes Unternehmen. Sie besteht jeweils aus vielen kleinen Geschichten, Kapiteln oder Anekdoten und stellt Erfahrungen und Erlebtes in einen nachvollziehbaren Zusammenhang und einen chronologischen Rahmen. Jede Geschichte ist von Veränderungen geprägt. Man beginnt an einem Punkt, es ereignet sich etwas, Irritationen oder Turbulenzen entstehen, Missverständnisse oder Konflikte, es passiert Verwirrendes oder Schönes. Damit geht man auf die eine oder andere Weise um und die Geschichte geht irgendwie weiter oder endet positiv oder negativ. Ende des Kapitels – Anfang des nächsten.

Auch in einem Unternehmen kursieren Hunderte von Geschichten. „Weißt du noch, damals, als wir verkauft wurden …" oder „Als ich hier anfing, war das noch eine Art Beamtenjob, in einem Großunternehmen zu arbeiten, aber dann …" oder „Am Montagmorgen konnte ich erst mal den Vorgang nicht finden, ich suchte überall, und …" Über jedes Unternehmen könnte man eine Soap Opera à la „Lindenstraße" schreiben. Der Unterhaltungswert, zumindest für die Akteure selbst, wäre sicher hoch.

Reflexion und Gesprächskultur

Diese Beobachtung hat Art Kleiner und George Roth vom Center for Organizational Learning des MIT inspiriert[1], mit einer Gruppe von Sozialwissenschaftlern, Unternehmern und Journalisten das Storytelling als Management-Tool zu entwickeln. Damit las-

---

[1] Vgl. Gfeller, Lous (2007): Handbuch für eine aktive und systematische Mitarbeiterkommunikation. Praxium-Verlag, Zürich, S. 159.

sen sich langfristig vor allem zwei in den meisten Unternehmen zentrale Probleme lösen: der eklatante Mangel an Reflexion und die fehlende Gesprächskultur.

Denn auch wenn etwas entschieden schief gelaufen ist, machen die meisten Unternehmen einfach so weiter wie zuvor. Gründliche Reflexion fällt meist permanentem Zeitdruck zum Opfer – also den falschen Prioritäten. Die Verantwortlichen lassen sich durch das Tempo der allgemeinen Entwicklung hetzen. Unter Druck fallen sie eher in Aktionismus, als in Ruhe über die Kausalkette zu reflektieren, die zu dem Ereignis geführt hat.

Versuchen sie dennoch, gemeinsam über die Hintergründe einer prekären Situation nachzudenken, haben sie Schwierigkeiten, ihre eingefahrenen Denkmuster zu verlassen. Sie drehen sich im Kreis, schmoren mehr oder weniger im eigenen Saft. Oder sie kaufen Expertise von außen zu – was sicher in vielen Fällen sinnvoll ist –, vergessen dabei aber völlig, dass sie ja bereits kompetente Beobachter und Kenner der Szene wie auch der Fehlerquellen im eigenen Hause haben: ihre Mitarbeiter. Befragen sie aber sogar ihre Mitarbeiter, dann meist mithilfe der klassischen Methode strukturierter Fragebögen. Die aber engen durch die Auswahl der Fragen von vornherein den Blick ein.

Genau das wird beim Storytelling vermieden. Dessen einzige Vorgabe besteht darin, sich auf ein bestimmtes Ereignis oder einen umrissenen Erfahrungsbereich zu beschränken. Ansonsten setzt die Methode auf narrative Interviews: Jeder erzählt aus seiner Sicht in eigenen Worten den Ablauf der Ereignisse beziehungsweise seine persönlichen Erfahrungen.

Geschichte auf vielen Ebenen

Befragt werden je nach Unternehmensgröße zwischen zehn und fünfzig Gesprächspartner, die unmittelbar oder indirekt mit dem in Frage stehenden Thema befasst waren oder es aus geringer Distanz beobachten konnten. Diese Mitarbeiter spiegeln möglichst repräsentativ die Belegschaft (Manager, Sekretärin, Arbeiter in der Produktion, Ältere, Jüngere, Männer und Frauen …). Je nach Thema kann es sinnvoll sein, auch Außenstehende einzubinden (zum Beispiel Kunden oder Lieferanten).

Heraus kommt am Ende eine gemeinsame Geschichte mit vielen Ebenen, betrachtet aus sehr unterschiedlichen, teilweise gegensätzlichen Blickwinkeln. So legt sie viel mehr offen, als das ein strukturierter Fragebogen jemals könnte. Es können „by the way" in Nebensätzen Aspekte in den Fokus rücken, auf die man sonst nie gekommen wäre. Eine solche Geschichte kann in nahezu allen firmeninternen Foren und Gesprächsrunden diskutiert, analysiert und reflektiert werden und damit umfassende Denkprozesse auslösen. Je mehr Mitarbeiter sich darin wiedererkennen, umso näher ist sie am Arbeitsalltag des Einzelnen – und umso größer können die Effekte am Ende sein.

Richtig gemacht, kann ein Storytelling-Prozess dazu beitragen, Entscheidungen und ihre Hintergründe verständlich und nachvollziehbar zu machen, Fehler in der internen Kommunikation oder in Prozessen zu entdecken und zu beheben, Ansatzpunkte für Verbesserungen zu finden, Beweggründe für Veränderungen zu erkennen, Denkfehler zu identifizieren. Und ganz nebenbei wächst eine interne Gesprächskultur. Menschen lernen sich gegenseitig – auch über Abteilungsgrenzen hinaus – besser kennen, fühlen sich in ihren Kompetenzen ernst genommen und wertgeschätzt. Ein Gefühl der Zusammengehörigkeit, gemeinsamer Betroffenheit kann wachsen. Menschen sind eher bereit, Veränderungen, an denen sie derart selbst mitgewirkt haben, zu ihrem persönlichen Anliegen zu machen. Und die gemeinsame Reflexion trägt dazu bei, dass der Anteil der selbstverantwortlich denkenden und handelnden Leistungsträger und Opinion Leader in Ihrem Unternehmen zunimmt. Langsam, aber sicher.

Storytelling ist allerdings ein langfristiger Prozess und kann deshalb keine kurzfristigen Lösungen liefern. Dafür aber nachhaltige. Diese Methode kann, wenn sie über einen längeren Zeitraum immer wieder eingesetzt wird, das Klima im Unternehmen positiv beeinflussen. Es kann dazu beitragen, die tiefe Schlucht zu überbrücken, die heute in vielen Unternehmen zwischen formulierten Leitbildern und dem gelebten Alltag klafft. Sie kann ein Wir-Gefühl begünstigen, einen gemeinsamen Sinn-Zusammenhang. In der Realität, nicht als Utopie. Und damit kann es über kurz oder lang ein grundsätzliches Umdenken begünstigen.

> **Storytelling funktioniert in sechs Schritten**
>
> Nach Kleiner und Roth, den Vätern des Storytelling, funktioniert diese Methode in sechs Schritten:
>
> **1. Planen**
> Zum Projektteam sollten neben externen Storytelling-Experten Mitglieder Ihrer „Keimzelle" gehören. Es legt das Thema fest. Soll etwa im Vertrieb ein Veränderungsprojekt mehr Kundenfokussierung erreichen, ist das Storytelling-Thema ein Ereignis in diesem Zusammenhang. Das Team führt dazu Interviews durch und wertet sie aus.
>
> **2. Interviewen**
> Die Interviewten berichten über ihre persönlichen Erfahrungen mit dem gewählten Thema und reflektieren: Wie gehen sie damit um, was haben sie in diesem Zusammenhang beobachtet, welche Erlebnisse hatten sie damit, was denken sie darüber. Jedes Interview wird wörtlich abgetippt. Jeder kann seine Aussagen gegenlesen und eventuell verändern. Die Interviews bleiben streng anonym.
>
> **3. Extrahieren**
> Die Team-Mitglieder überarbeiten die Texte stilistisch, machen sie lesefreundlicher, ziehen entscheidende Aussagen heraus. Diese müssen 1. sachlich richtig, 2. ausreichend detailliert sein, um die Geschichte nachvollziehbar zu machen, und 3. für die Zielgruppe interessant und spannend formuliert sein. Wichtig: Trennen zwischen Fakten und Interpretationen – beides ist wichtig. Die Interviewten lesen ihre Aussagen erneut und können sie nochmals korrigieren.

4. Schreiben
Wie bei einem Puzzle fügen die Teammitglieder alle Aussagen zu einer Geschichte zusammen, die den Ablauf der Ereignisse bzw. die subjektiven Erfahrungen aus unterschiedlichen Blickwinkeln wiedergibt. Emotionen sind dabei wichtig. Beim Lesen soll die Situation nacherlebt und nachempfunden werden können. Die Geschichte soll Diskussionen anstoßen.

5. Validieren
Alle Interviewten bekommen die Geschichte noch einmal zum Gegenlesen und dürfen Korrekturen vornehmen. Hier können auch schon Diskussionsrunden der Beteiligten oder Workshops einsetzen, um sich auszutauschen und unterschiedliche Sichtweisen zu debattieren.

6. Verbreiten
Nun erst geht der Erfahrungsbericht in die Breite der Organisation beziehungsweise in unserem Beispiel des (internationalen) Vertriebs. Als Grundlage für Workshops, Diskussionen, Team- und Gruppensitzungen usw. Dabei sind die Mitglieder Ihrer „Keimzelle" Mittler. Ziel ist, miteinander ins Gespräch zu kommen, Abläufe und Konflikte zu reflektieren, positive Passagen als Anregung aufzugreifen, Erfahrungen auf andere Bereiche zu übertragen.

Variieren Sie die Idee des Storytelling

Dieser Storytelling-Prozess ist aufwändig. Es haben sich inzwischen aber auch abgespeckte Varianten herausgebildet, die einen ähnlichen Ansatz haben: Geschichten zu erzählen, statt wie bisher in knappen, fragmentarischen Aktennotizen zu kommunizieren. Und damit Ideen und Veränderungen verständlicher und nachvollziehbarer zu vermitteln.

Die einfachste Variante, mit der Sie schon heute anfangen können: Hören Sie zu. Suchen Sie das Gespräch mit Ihren Mitarbeitern aller Hierarchie- und Funktionsebenen. Stellen Sie offene Fragen wie bei einem narrativen Interview – zu jeweils einem Thema, von dem Sie wissen wollen, wie unterschiedliche Menschen es einschätzen. Reden Sie nicht – lassen Sie reden.

„Solange man selbst redet, erfährt man nichts."

Marie von Ebner-Eschenbach

Nehmen Sie ernst, was Sie hören. Signalisieren Sie dabei dem Sprechenden Anteilnahme und Wertschätzung. Beziehen Sie das, was Sie dabei erfahren, in Ihre weiteren Überlegungen ein. Machen Sie sich dieses Fragen und Zuhören zur Gewohnheit. Noch besser: Üben Sie dieses Verhalten innerhalb Ihres „Keimzellen-Teams" ein und kultivieren Sie es gemeinsam. So kann es nach und nach zum Teil Ihrer Unternehmenskultur werden.

Variante Nummer zwei: Erzählen Sie grundsätzlich Ihren Mitarbeitern Geschichten. Geben Sie Informationen nicht einfach kurz und knapp weiter, sondern stellen Sie sie in einen nachvollziehbaren, sinnvollen, auch historischen Zusammenhang. Schildern Sie die Ereignisse, Ihre persönlichen Gedanken und Gefühle dazu, Ihre Schlussfolgerungen bildhaft und in Analogien, denn das prägt sich am ehesten ein. Wenn Sie das zum Teil Ihrer Unternehmens- oder auch erst mal Ihrer Bereichskultur machen, entwickelt sich in den Gesprächen nach und nach eine gemeinsame Sprache. Und die Gefahr, aneinander vorbeizureden, sinkt.

Überlegen Sie vorher genau, was Sie erreichen, welche Assoziationen Sie vermitteln wollen, was bei Ihren Zuhörern hängen bleiben soll. Wählen Sie dementsprechend Ihre Worte und Gedankenbilder. Erzählen Sie Ihre Geschichte beim ersten Mal in Ihrem Keimzellen-Team und optimieren sie eventuell anschließend. Erst danach erzählen Sie sie auch in Team- und Gruppensitzungen oder anderen größeren Gremien. Seien Sie dabei ruhig penetrant. Erzählen Sie Ihre Geschichte immer wieder, bei jeder Gelegenheit. So prägt sie sich ein und findet durch den Dschungel an Informationen, durch den sich heute jeder mehr oder weniger kämpfen muss, den Weg in die Köpfe und Herzen Ihrer Mitarbeiter. Ermutigen Sie die anderen in Ihrer „Keimzelle", es ebenso zu machen. Unterstützen Sie sich gegenseitig.

Variante Nummer drei: Machen Sie Theater. Wenn Sie in einem größeren Unternehmen arbeiten, kann es durchaus eine Alternative sein, die gemeinsame Erfahrungsgeschichte, die Geschichten, die Ihnen erzählt werden oder die Sie erzählen, zu einem Theaterstück oder einer Serie kurzer Sketche umzuformulieren. Wörtliche Zitate eignen sich hervorragend dafür. Dieses Theater kann zum Beispiel in Großevents aufgeführt und anschließend in Workshops oder Diskussionsrunden analysiert, zerpflückt, debattiert werden. Es gibt Theatergruppen, die sich auf diese Art von Unternehmenstheater spezialisiert haben und Ihnen beim „Drehbuch" helfen können.

Variante Nummer vier: Seien Sie kreativ. Finden Sie selbst individuelle Varianten, die zu Ihrem Unternehmen und den Menschen darin passen.

Vier Szenarien und ein Überblick

Wenn Unternehmen vor umfassenden Veränderungen stehen, erzeugt das bei der Mehrzahl der dort Arbeitenden zunächst Stress. Sie fühlen sich auf unsicherem Boden, sie beobachten mit wachem Misstrauen jedes Detail in ihrer Umgebung – besonders ungewohnte Details. Und sie erzählen sich gegenseitig davon. Denn Erzählen hilft den meisten Menschen auch dabei, Dinge einzuordnen, zu verstehen, sich darüber eine Meinung zu bilden und Auswege zu finden.

Allerdings neigen viele Menschen unter Stress dazu, wahre Gruselgeschichten zu erzählen. Objektive Informationen nehmen sie dann oft gar nicht mehr wahr, sondern sehen und hören nur noch, was ihre eigenen Ängste und Unsicherheiten zu bestätigen scheint. Dabei haben sich vier grundsätzliche Szenarien herauskristallisiert, an denen sich die meisten Menschen in unübersichtlichen Situationen orientieren:

- das Untergangs-Szenario,
- die Geschichte vom Verrat,
- David contra Goliath,
- die Suche nach dem Guten.

Auch wenn die meisten dieser Szenarien eher deprimierend sind, so geben sie offenbar zumindest das gute Gefühl zu wissen, woran man ist. Nach dem Motto: Besser ein Ende mit Schrecken als ein Schrecken ohne Ende.

Um die entsprechenden Trends in Ihrem Unternehmen zu identifizieren und zielgerichtet gegensteuern zu können, ziehen Sie am besten eine möglichst repräsentative Stichprobe Ihrer Mitarbeiter (quer durch alle Hierarchie-, Funktions- und Altersgruppen, in der angemessenen Relation der Geschlechter). Mit diesen Menschen führen Sie narrative Interviews (wie beim Storytelling), um herauszufinden, welchem der vier Szenarien jeder von ihnen zuzurechnen ist. Auch hier können Sie – nach einer gewissen Vorarbeit – Ihre „Keimzellen"-Mitglieder beteiligen, soweit sie dazu bereit und in der Lage sind.

Die meisten Menschen empfinden ihre gefühlsgesteuert negative Tendenz nur diffus. Sie wird eher nicht in Worte gefasst, verdrängt oder rational verbrämt. Das ändert aber nichts daran, dass solche Gefühlslagen die Energie, die Zuversicht und Effektivität, die Kreativität und das Selbstbewusstsein von Menschen massiv blockieren können – und damit alle Versuche torpedieren, die Unternehmenswicklung positiv zu verändern.

Narrative Interviews geben allen Beteiligten die Chance, sich damit offen auseinander zu setzen. Fragen Sie jeden Ihrer Gesprächspartner nach seiner „Unternehmens-Biographie". Wie kam er zum Unternehmen, was waren seine ersten Eindrücke, wie hat er sich seine Position im Arbeitsumfeld geschaffen, sie ausgebaut, gefestigt? Was hat sich seither für ihn verändert? Wie schätzt er die gegenwärtige Lage ein, was erwartet er von der unmittelbaren und längerfristigen Zukunft? Während jemand erzählt, macht er sich seine Gedanken oft erst selbst richtig bewusst.

Am besten ziehen Sie zu diesen narrativen Interviews jemanden hinzu, der Erfahrung mit derartigen Reflexionsprozessen hat und in der Lage ist, auch „zwischen den Zeilen zu lesen". Im Anschluss an die Gespräche fassen Sie Ihre Ergebnisse in einem Raster zusammen. Hier zeichnen sich dann die Trends deutlich ab. Zum Beispiel:

Untergang	Verrat
20 %	20 %
David/Goliath	Suche
50 %	10%

Wenn Sie wissen, welche Szenarien Ihre Mitarbeiter in den Köpfen haben, können Sie gezielter gegensteuern. Sie können Ängste abbauen und Gegenszenarien entwerfen. Sie können eine Weltuntergangsstimmung mit Fakten entkräften, die Sie in einer guten Geschichte erzählen – also in nachvollziehbaren inhaltlichen und chronologischen Zusammenhängen. Natürlich muss jede Geschichte, die Sie erzählen, realistisch und wahr sein. Sagen Sie nichts, hinter dem Sie nicht selbst stehen. Aber bemühen Sie sich, Fakten gegen diffuse Ängste zu setzen.

Um die vier verschiedenen Typen trennscharf zu unterscheiden, skizzieren wir sie im Folgenden und geben Hinweise, wie Sie damit umgehen können.

1. Das Untergangs-Szenario
„Und es erhob sich eine Stimme aus dem Chaos und sprach: Fürchte dich nicht, es könnte schlimmer kommen. Und ich fürchtete mich nicht. Und es kam schlimmer." So lässt sich in den Worten eines alten Witzes das Untergangs-Szenario zusammenfassen: Am Ende geht es allen (noch) schlechter als zu Beginn. Und das in einer Zeit, in der es einfach zum guten Ton zu gehören scheint, dass Erfolgskurven gefälligst von Jahr zu Jahr steigen.
Die Kurve muss aber nicht von „schlecht" zu „noch schlechter" gehen. Sie kann auch auf einem guten Level starten und dennoch steil bergab gehen. Wie zum Beispiel beim frühen Global Player Farbwerke Höchst, der vor Jahren in viele kleine Unternehmen zersplittert wurde und heute nur noch der Abglanz einer schönen Geschichte aus den „guten alten Tagen" ist. Oder das gebröckelte Image der einstigen „Halbgötter in Weiß", der Klinikärzte, von denen mittlerweile jeder weiß, dass sie eigentlich alle arm dran sind und für Hungerlöhne ohne Ende Überstunden schieben.
Bei einem Untergangs-Szenario fühlen sich Menschen als Opfer undurchschaubarer Prozesse. Das kann nur durchbrochen werden, wenn sie die Möglichkeit haben, über ihre Ängste und Gefühle offen zu sprechen. Hören Sie zu. Bringen Sie Licht in das Dunkel. Erzählen Sie die wahre Geschichte, die hinter dieser steht. Nachvollziehbar, verständlich, offen. Damit nehmen Sie Ihren Gesprächspartner ernst und geben ihm die Gelegenheit, seine Entscheidungen auf einer stabilen Informationsbasis zu treffen – ganz gleich, wie instabil vielleicht die Lage des Unternehmens sein mag.

2. Die Geschichte vom Verrat
Immer neue Geschichten von Korruption, Vorteilsnahme und Insidergeschäften geistern zunehmend durch die Medien. Wie die von dem Chemieunternehmen, das an einen großen Finanzinvestor verkauft wurde – und die Mitarbeiter lasen in der Presse, wie viele Millionen ihr eigener oberster Boss für diesen Deal kassiert hat, während gleichzeitig eine Anzahl von ihnen arbeitslos wurde.
Die Geschichte vom Verrat begann nicht erst bei Judas und hat eine lange Tradition – besonders da, wo viel Geld im Spiel ist. Und nicht selten mündet eine Geschichte vom Verrat übergangslos in ein Untergangs-Szenario, zumindest für einen Teil der Belegschaft.
Wer innerhalb eines Veränderungsprozesses beobachtet, dass Kollegen ihren Job verlieren, wer selbst Einschnitte bei gewohnten Vorteilen in Kauf nehmen muss oder sich einem immens gestiegenen Leistungsdruck ausgeliefert fühlt, der neigt dazu, nach einem Sündenbock zu suchen. Leicht sieht er dann auch da Betrug, wo gar kei-

ner ist, projiziert schlimme Geschichten, die er gelesen hat, auf das eigene Umfeld und macht aus einer Mücke einen Elefanten. Die Welt ist schlecht, nur wir sind gut! Die alte Regel, nach der jeder so lange unschuldig ist, bis seine Schuld bewiesen ist, gerät in unübersichtlichen Situationen leicht unter die Räder. Geschichten machen die Runde, die aus halben Wahrheiten, Interpretationen und Gerüchten bestehen.[2]

In einem Verrats-Szenario sehen sich Menschen, wenn sie das Gefühl haben, von den eigenen Bossen verraten oder im Stich gelassen zu sein. Präsenz der Verantwortlichen ist dann gefragt, persönliche Gespräche. Arbeiten Sie verstärkt daran, die akute Entfremdung zwischen Mitarbeitern und Führungsebenen aufzuheben, sorgen Sie für offene Kommunikationsstrukturen.

3. David contra Goliath

Das ist das Szenario der Mannschaft, die ein gutes Spiel abgeliefert hat – und trotzdem nicht den Pokal bekommt. Wie die deutsche Nationalmannschaft bei der Fußballweltmeisterschaft 2006. Oder es ist David gegen Goliath – und Goliath siegt. Es kommt einem vielleicht unfair vor – aber so ist das Leben. In Wirklichkeit siegt Goliath nun mal. Jedenfalls meistens. Das kann einen ganz schön herunterziehen.

Beispielsweise in Merger-Situationen gibt es immer einen, der übernommen wird. Und einen, der übernimmt. Erinnern Sie sich an die Geschichte von Mannesmann und Vodafone? Eine mehr als dreimonatige Übernahmeschlacht – die Mannesmann schließlich verlor. Die Geschichte dieser feindlichen Übernahme machte weltweit Schlagzeilen.

In diesem Szenario wird die Situation leicht als Kampf „Gut gegen Böse" stilisiert. Wobei man selbst natürlich zu „Gut" gehört. „Wir" waren Mannesmann, und Vodafone war der Agressor. Der Okkupant. Das Böse ist immer und überall. Das ist die eine Seite.

Aber dieses Szenario ist nicht einfach nur negativ. Manchmal geht es auch so aus, dass sich David gegen Goliath durchsetzt – so wie Google gegen Yahoo oder Rotkäppchensekt gegen Mumm. Dann fühlen sich die Mannesmänner wieder besser und die Sympathien sind eindeutig auf Seiten der einst Kleinen, anscheinend Chancenlosen, die es den Großen mal so richtig gezeigt haben.[3]

Wer sich in einem solchen Szenario fühlt, den können vielleicht die positiven Geschichten vom Sieg des auf den ersten Blick Chancenlosen ermutigen. Wenn Sie nach solchen Geschichten suchen, werden Sie sie finden. So hat sich der Musiksender Viva gegen MTV behauptet, Focus gegen den etablierten Spiegel, der ehemalige DDR-Autoproduzent Multicar auf dem Markt der Klein- und Spezialfahrzeuge.

---

[2] Eine eher sympathische Geschichte über Betrug ist der Film „Catch me if you can", der auf einer wahren Begebenheit beruht. Dass ein solches Szenario auch wesentlich weniger freundlich ablaufen kann, zeigt unter anderem die Geschichte von Enron, die zum Inbegriff betrügerischer Machenschaften zu Lasten von Mitarbeitern und Pensionskassen wurde.

[3] Im Film wäre Heinz Rühmann als „Hauptmann von Köpenick" ein klassischer Vertreter dieses Szenarios.

4. Die Suche nach dem Guten

Menschen suchen nach Sinn. Nach dem Sinn des Lebens, dem Sinn ihres aktuellen Tuns – nach etwas, das mehr ist als kurzfristiges Eigeninteresse. Wer sich in diesem Szenario sieht, interessiert sich mehr für den Sinn dessen, was er tut, als für das Geld, das er dafür bekommt.

Mit diesem Szenario kann durchaus auch mal eine nach unten gehende Spirale wieder nach oben gedreht werden. Es wird Sinn geschaffen und damit Erfolg. So wie Ingvar Kamprad, ein Bauernsohn vom Hof Elmtaryd im schwedischen Dorf Agunnaryd, aus den Anfangsbuchstaben all dieser Namen das Wort IKEA formte und irgendwann damit begann, einfache Möbel zum Selbstzusammenbauen zu entwickeln. Er wollte, dass auch Leute mit wenig Geld in der Lage sind, sich schöne und pfiffige Dinge zu leisten. Das war der Sinn, den er suchte. Mittlerweile hat er Bill Gates als reichsten Mann der Welt auf der Standspur überholt. Was so vermutlich nicht geplant war, aber ein hübscher Nebeneffekt ist auf der Suche nach einer sinnvollen Beschäftigung. Im Szenario des Suchens fühlt man sich auf der guten Seite, moralisch und auch sonst. Es ist ein Szenario, das Mut macht.[4]

... und was machen Sie damit?

Am Ende wissen Sie, welche Szenarien unter Ihren Mitarbeitern tendenziell überwiegen. Sie wissen, in welcher Rolle sich Ihre Leute sehen. Und Sie wissen, was Sie erwartet und wo Sie ansetzen können.

Je mehr Pessimisten Sie im Unternehmen haben, umso länger wird die negative Spirale, die zu knacken ist. Je intensiver die negativen Erwartungen, umso schwieriger ist es, etwas Positives dagegen zu setzen. Wenn ein lähmendes Gefühl der Hilflosigkeit bereits um sich gegriffen hat, kann das jeden Anlauf zu einem Aufschwung empfindlich ausbremsen.

Diese Negativ-Szenarien zeigen Ihnen vor allem: Ihre Leute haben Gefühle wie Angst, Unsicherheit, Frustration, und sie unterdrücken diese Gefühle meist. Dagegen hilft nur eines: Reden lassen, zuhören, sacken lassen. Und dann Geschichten dagegen setzen. Erzählen. Zusammenhänge herstellen, nicht Verstandenes verständlich machen, Vertrauen aufbauen. Ehrlich sein. Verständnis haben. Wege zeigen, Türen öffnen, Perspektiven zeichnen.

„Wer leben will, der muss was tun."

Wilhelm Busch

---

[4] Im Film sehen wir Julia Roberts in der Rolle der Erin Brockovich als Sucherin, die einen schmutzigen Industrie-Umwelt-Skandal aufdeckt – wieder ein Film nach einer wahren Begebenheit.

Setzen Sie den Negativ-Spiralen positive Muster entgegen. Jede Reise beginnt mit einem ersten Schritt, und auch tiefgreifende Änderungen beginnen klein und wachsen von unten nach oben. Es beginnt im kleinen Kreis. In Ihrer „Keimzelle". Von da zieht es weitere Kreise wie ein Stein, der ins Wasser geworfen wurde.

Ihre Mitarbeiter sind vielleicht gestresst und verunsichert. Finden Sie heraus, in welchem Szenario sie denken. Welche Geschichten kursieren? In welchem Maße vertrauen Ihre Leute noch ihren Führungskräften und ihrem Unternehmen, glauben sie an die Notwendigkeit von Veränderungen – und von welchen Veränderungen?

All diese Szenarien zeigen eines: Dringlichkeit. Es besteht ein Druck zu handeln. Damit dieser Druck aber auch in konstruktives Handeln mündet, fehlt ein wesentliches Element: eine verlockende Perspektive. Ein ganz persönlicher Grund, warum jeder Einzelne sich die Mühe machen soll, tatsächlich aktiv zu werden. Diese Perspektive ist sozusagen die Kehrseite der Dringlichkeit. Und der nächste Punkt auf Ihrer Agenda.

8.4.2 Schritt 2: *Ziel* – Verdeutlichen Sie die Perspektiven für Ihre Mitarbeiter

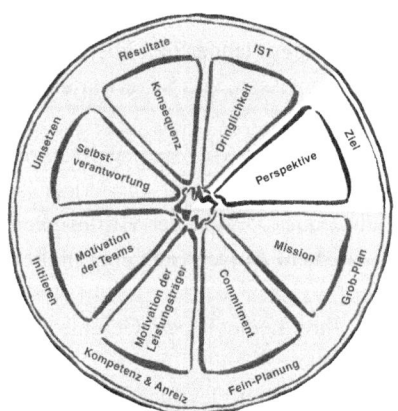

Zu erkennen, wie es nicht mehr geht, an die Wand zu malen, wohin es führen würde, wenn nichts verändert wird, das ist ein erster Schritt. Aber mehr auch nicht. Dringlichkeit und Leidensdruck allein bewegen noch nicht viel. Würden Sie dabei stehen bleiben, wäre es, als würden Sie an der Hauptwache in Frankfurt in ein Taxi steigen und den Fahrer auffordern, zu fahren. Und wenn er fragt: „Wohin?", sagen Sie: „Nicht zum Flughafen."

Das ist keine verlockende Perspektive. Was Sie nicht wollen, haben Sie im ersten Schritt deutlich gemacht, als es darum ging, Handlungsdruck zu erzeugen oder zu vertiefen. Nun ist es notwendig zu sagen, wohin die Reise gehen soll. Sie orientieren sich also nicht von etwas weg, sondern auf etwas zu.

Diese Perspektive leiten Sie aus den strategischen Zielen Ihres Projekts ab. Wenn Sie bei den Diskussionen um Ihre ResultStrategie zum Beispiel herausgefunden haben, dass eine bessere Kundenorientierung Ihrer Mitarbeiter im Vertrieb notwendig ist, dann ist dieses Ziel im Rahmen Ihres Vertriebsprojekts die rationale Ebene. Eine Perspektive ist dagegen etwas Emotionales. Die Vorstellung, das Gefühl, ein möglichst plastisches Bild davon, was nach Abschluss Ihres Projekts sein wird. Was sich geändert haben wird. Was besser geworden sein wird. Wie sich das für jeden Einzelnen anfühlen wird. Was er ganz persönlich davon hat, die Dinge künftig durch die Brille des Kunden zu sehen. Vermeiden Sie Allgemeinplätze und schwammige Formulierungen. Seien Sie so konkret wie möglich. Geben Sie Ihren Mitarbeitern die Chance, die Dinge mal unter anderen Aspekten zu sehen als gewohnt.

Je plastischer und erstrebenswerter Sie diese Perspektive für sich selbst, vor Ihrem eigenen geistigen Auge zeichnen und mit attraktiven Details ausschmücken können, umso überzeugender werden Sie damit bei Ihren Mitarbeitern rüberkommen. Eine Perspektive soll Sogkraft haben, „sexy" sein, den Beteiligten etwas bieten. Jeder von ihnen soll damit etwas Positives verbinden – auch wenn das durch die Brille jedes Einzelnen ganz unterschiedlich aussehen kann. Unterm Strich sollen alle etwas davon haben, dass sie sich für das gemeinsame Ziel einsetzen.

Nehmen Sie als Beispiel eine Fußballmannschaft. Elf Freunde und ein Ball. Ihre Perspektive: Sie wollen in die Bundesliga. Diese Idee teilen alle elf – aber jeder verknüpft damit für sich persönlich eine andere Erwartung: Der Linksaußen beispielsweise hat den Traum, endlich zu zeigen, was in ihm steckt – um so bald wie möglich ins Profilager zu wechseln und das dicke Geld zu verdienen. Der Torwart hat eine neue Freundin, der er imponieren möchte. Einer der Stürmer hat eine Wette laufen – die will er partout gewinnen. Ein anderer Spieler will seinem übermächtigen Vater beweisen, dass auch er ein Siegertyp ist. Und so weiter. Jeder findet sich in der gemeinsamen Perspektive – in die Bundesliga zu kommen – wieder und hat ein individuelles Interesse, sich dafür mit aller Kraft einzusetzen. Diese elf wollen siegen. Jeder von ihnen. Und das steigert ihre Chance, tatsächlich Erfolg zu haben.

Reden wir drüber

Gemeinsame Perspektiven kann man nicht verordnen. Denn Sie bewegen sich hier nicht auf sicherem Terrain, sondern im unwägbaren Treibsand der Emotionen. Schließlich arbeiten Sie sich durch Tiefenstrukturen. Da geht es um Identitätsfragen, um Meinungen und Glaubenssätze, um unerwartete Loyalitäten und Prestigedenken, kurz: um eine Vielzahl von Affekten und Befindlichkeiten, die unter der Oberfläche lauern und leicht jedes noch so gute Projekt durch subtile Blockaden und Verschleppung aushebeln oder zumindest zeitweise auflaufen lassen können. In diesen Untiefen punktet nur, wer Fingerspitzengefühl hat.

Sie können eine Perspektive aufzeigen. Anstoßen. Ins Bewusstsein rücken. Interesse dafür wecken. Auch Begeisterung. Aber erst, wenn Ihre Leute wirklich selbst, von sich aus, auf den Zug aufspringen, wenn sie diese Idee, diese Aussicht, diese Vision zu ihrer eigenen Sache machen, haben Sie gewonnen. Dann entfaltet sie die Sogwirkung, die die notwendige Energie erzeugt, um den gesamten Laden in Schwung zu bringen.

Sie wissen, welche Ziele Sie mit Ihrem Projekt verfolgen. Um daraus verlockende Perspektiven für Ihre Teams abzuleiten, reden Sie mit ihnen darüber. Erzählen Sie Geschichten, machen Sie das Ganze plastisch und fühlbar. Einiges dazu haben wir auch im vorangegangenen Kapitel über die Dringlichkeit bereits angerissen. Überlegen Sie also gemeinsam, was die Folgen Ihres gemeinsamen Projekts für jeden Einzelnen bedeuten können. Räumen Sie letzte Reste von Vorbehalten, Unsicherheiten und Ängsten aus, die auch die grundsätzliche Akzeptanz der Dringlichkeit noch nicht ganz überwinden konnte. Schaffen Sie ein Klima von Vertrauen, Transparenz, Zuversicht. Entziehen Sie wilden Gerüchten von vornherein den Boden. Seien Sie offen. Beantworten Sie Fragen positiv, aber wahrheitsgemäß. Zum Beispiel Fragen wie:

- Warum wird dieses Projekt durchgeführt?
- Hat es etwas mit meiner (mangelnden) Leistung zu tun?
- Was verändert sich dadurch in meinem Arbeitsumfeld?
- Muss ich umlernen? In welchem Umfang?
- Werde ich in Zukunft intensiver kontrolliert?
- Muss ich künftig mehr arbeiten?
- Geht es darum, Kosten zu sparen?
- Habe ich anschließend noch meinen Job? Und so weiter …

Beantworten Sie solche Fragen eindeutig und ohne Ausflüchte. Beschreiben Sie ehrlich, was am Ende anders sein soll und was in diesem Zusammenhang von jedem Einzelnen erwartet wird. Auch wenn dabei frühere Bequemlichkeiten und lieb gewordene Gewohnheiten oder Privilegien wie die Kaffeepause am Vormittag oder die „ruhige Kugel" auf der Strecke bleiben. Oder seine Stellung in der Hierarchie – oder sogar der Job. Lenken Sie die Aufmerksamkeit auf mögliche Chancen, die sich eröffnen. Wo immer eine Tür zu geht, öffnet sich irgendwo eine neue. Die Kunst besteht darin, sie zu sehen.

„Kein Sieger glaubt an den Zufall."

Friedrich Nietzsche

Greifen Sie auch hier auf die Unterstützung Ihrer „Keimzelle" zurück. Wenn Sie nicht allein solche Botschaften vermitteln, sondern Unterstützung aus den Reihen Ihrer Mitarbeiter haben, wiegt das schwerer. Besonders wenn Ihre Unterstützer Kollegen sind, deren Meinung ernst genommen wird, also die Opinion Leader. Und solche, vor deren Kompetenz und Leistung die anderen Respekt haben, also die Leistungsträger im Unternehmen.

Das Bewusstsein bestimmt das Sein

Eine Perspektive ist grundsätzlich etwas Positives. Erst recht, wenn sie den Weg zu mehr Eigeninitiative, Selbstbestimmung und unternehmerischem Handeln frei macht. Wenn das so ist, werden Sie damit offene Türen einrennen. Ihre Mitarbeiter sind schließlich keine Kinder, sondern reflektierte und kompetente Erwachsene. Sie wünschen sich, mehr selbst zu entscheiden und die Dinge im Griff zu haben. So bequem hierarchische Strukturen mit aufgabenorientierten Denkansätzen unter gewissen Aspekten sein mögen – letzten Endes machen sie aus ausgewachsenen Menschen mit einem breiten Spektrum an Wissen, Erfahrungen und Fähigkeiten mentale Bonsais. Sie beschneiden ihre Fähigkeiten, anstatt sie zu entfalten, einzusetzen und zielorientiert zu nutzen, um das gesamte Unternehmen kontinuierlich nach vorn zu bringen.

A propos Erfahrungen – genau hier liegt eines der Kernprobleme: wenn jemand bisher in hierarchischen Strukturen gearbeitet und nicht gelernt hat, seine Erfahrungen als Ausgangsbasis für persönliche Entwicklungen zu sehen. Wenn er die Erfahrung hat, dass Selbst-Denken und -Handeln ausgebremst und abgewertet werden. Wenn jemand im unsichtbaren Käfig seiner – frustrierenden – Erfahrungen verlernt hat, dass man alles nicht nur unter zwei, sondern unendlich vielen Aspekten betrachten kann. Dass über den Wolken die Freiheit grenzenlos ist. Wer bisher mit gestutzten Flügeln mühsam und gegen den Wind zu fliegen versucht hat und nun erkennt, dass er endlich freie Bahn hat und seine einst unterbewerteten Kompetenzen nun doch ihren gebührenden Stellenwert erhalten sollen, der wird entweder erschrecken – oder er ergreift diese neue Chance voller Begeisterung. Nutzen Sie die Begeisterung der Begeisterten, um auch die Erschreckten zu ermutigen.

Der Angler wird erst dann ins Wasser springen und ans andere Ufer schwimmen, wenn er überzeugt ist, dass er dort mehr und bessere Fische findet, als an diesem. Der schmerzgeplagte Zeitgenosse geht erst zum Zahnarzt, wenn er sicher ist, dass der den Schmerz auch wirklich beheben kann. Oder dass er damit künftigen Schmerzen wirksam vorbeugen kann. Der Pferdefuß dabei ist: Wer einmal in der Hoffnung auf bessere Zeiten ins kalte Wasser gesprungen ist und dann am anderen Ufer nur Disteln und Dornen vorgefunden hat, den wird man so bald nicht wieder zu einem solchen Abenteuer überreden können.

Wenn aber die Dringlichkeit erkannt ist und die Perspektiven überzeugen, dann wird es Zeit, einen Schritt weiter zu gehen. Parallel zum Grob- und Feinplan geht es darum, Zug um Zug die Mitarbeiter ins Boot zu holen. Auch die beiden nächsten Schritte hängen eng miteinander zusammen, bauen aufeinander auf und ergänzen sich.

Alle auf einen Streich ...

Anfang 2000 trafen wir uns mit der achtköpfigen Führungsmannschaft eines international agierenden Kosmetikherstellers im Hilton.

Das Unternehmen ist eines der ganz Großen in der Branche. In den vergangenen Jahren war dort viel passiert. Internationale Zukäufe, neue Marktausrichtung, neue IT-Tools. Auch in der Führungsriege selbst hatte sich viel getan. Alte Besitzstände waren über Bord geworfen worden, die Vorgehensweise wurde grundlegend geändert, Ergebnisorientierung war oberste Maxime.

Nach so vielen internen Umwälzungen war die Belegschaft entsprechend unruhig. „Was soll das alles?", fragten die Mitarbeiter, „wir sind doch gut aufgestellt." „Ständig gibt es was Neues!" „Früher war alles besser." „Mir reicht es." „Man kann es auch übertreiben mit dem Wandel ..."

Diese Liste ließe sich beliebig verlängern.

Wir diskutierten mit dem Führungsteam die nächsten Schritte. Wie kann man die Mitarbeiter von der Dringlichkeit weiterer Veränderungen überzeugen? Wir beschlossen, die Kernaussagen zu visualisieren. Ein professioneller Schnellzeichner setzte die

Gedanken aus dem Stegreif in ausdrucksstarke Skizzen um. Die Ziele. Ebenso die Perspektiven. Was sind die Schlüssel für den Erfolg? Die innere Einstellung der Leistungsträger. Die Werte des Unternehmens und der einzelnen Akteure. Selbstbewusstsein. Selbstverantwortung. Flexibilität. Und so weiter.

Jeder Punkt wurde so lange diskutiert, bis jeder verstanden hatte, was der andere meinte. Dabei kristallisierte sich eine gemeinsame Sprache, ein gemeinsames Verständnis heraus. Vieles wurde klarer. Die dabei entstandenen Skizzen wurden im Stil einer zusammenhängenden Bildgeschichte auf ein großes Wandbild übertragen. Auf drei mal acht Meter. Darin waren alle Details erkennbar.

Dieses Bild wurde in einem handlichen Format ins Reine gezeichnet und zusammen mit Kurzinformationen über seine Inhalte und Hintergründe an alle Niederlassungen übermittelt. Weltweit. Per E-Mail und Intranet. Es war die Grundlage für Diskussionen, Gespräche, Veranstaltungen, Events mit allen Mitarbeitern. Überall zur gleichen Zeit. In Deutschland zum Beispiel lief eine Großkonferenz an einem zentral gelegenen Ort. Es dauerte rund anderthalb Stunden, dann hatten die Leute begriffen, worum es ging. Global. Das Bild transportierte die Botschaft: Die Dringlichkeit, die Perspektive, die Wege, um sie zu erreichen. Und Widerständen konnte mit plakativen Argumenten begegnet werden. Die Mitarbeiter stiegen von nun an mit ins Boot.

8.4.3 Schritt 3: *Grob-Plan* – Formulieren Sie eine gemeinsame Mission, die alle Hindernisse überwindet

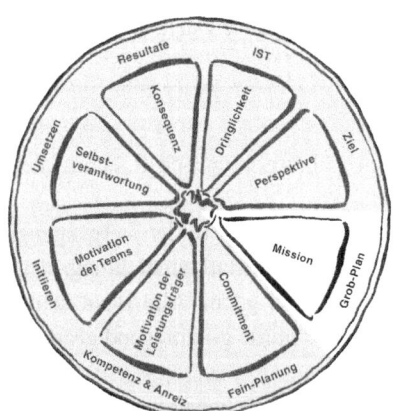

Was Sie bisher geschafft haben, ist ein erster Schritt. Es liegen noch viele Hindernisse vor Ihnen, die überwunden werden müssen. Sie haben Ihre „Keimzelle", Ihre Leistungsträger und Opinion Leader, inzwischen zu einer verschworenen Vorreiter-Gruppe geformt. Vielleicht sind es nur ein paar Leute, eine Handvoll. Aber in ihnen haben Sie zuverlässige Mitstreiter. Bei ihnen sind Sie sicher, dass sie verstehen: Es muss etwas geändert werden. Es kann nicht weitergehen wie bisher.

Sie haben eine gemeinsame Perspektive entwickelt, in der viele für sich einen persönlichen Vorteil erkennen können. Für den einen kann damit eine gewisse Arbeitserleichterung verbunden sein. Ein anderer legt vielleicht Wert auf ein gutes Arbeitsklima und freut sich auf eine bessere Kooperation im Team. Wieder ein anderer sieht Chancen, später mal seine Arbeitszeit anders zu gestalten und dann mehr Zeit für seine Familie zu haben. Oder er hat den Wert eigenverantwortlicher Arbeit erkannt, die damit verbundene Befriedigung und Selbstbestätigung. Und so weiter.

Aber das alles ist zunächst Theorie. Zukunftsmusik. Und machen Sie sich nichts vor: Sie haben niemals alle im Boot. Dafür sind die Menschen zu verschieden. Sie können froh sein, wenn Sie bis jetzt eine Mehrheit für sich gewinnen konnten. Zumindest theoretisch.

Ein Teil Ihrer Mitarbeiter wird nie mitmachen. Die einen, weil sie zu unbeweglich sind. Andere, weil sie Argumente gegen das Vorhaben vorbringen, die ihnen niemand ausreden kann. Und dann gibt es noch die, die prinzipiell nicht mitmachen. Weil sie grundsätzlich gegen alles opponieren, was „von oben" kommt. Weil sie ihre Energie lieber in Widerstandsstrategien investieren, als auch nur darüber nachzudenken, ob Ihr Vorschlag nicht doch auch für sie sinnvolle Aspekte haben könnte. Solche Leute gibt es in jedem Unternehmen. Sie gehören einfach zur Bandbreite menschlicher Verhaltensmuster.

Im Prinzip haben die Gegner der Veränderung in diesem Stadium zwei Möglichkeiten: Entweder sie verhalten sich zumindest neutral, wenn sie sich mit dem Vorhaben partout nicht anfreunden können. Oder sie sind strikt dagegen und machen in diesem Sinne aktiv Stimmung. Dann sollten sie sich vielleicht überlegen, ob sie nicht doch besser zu einem anderen Unternehmen passen könnten. Oder in eine andere Abteilung, wenn Sie das Projekt zunächst nur im Vertrieb umsetzen. Warum sollte jemand, der sich in einer Situation nicht wohl fühlt, sich selbst und andere damit über Gebühr frustrieren?

Aber zurück zu denen, die zumindest aufgeschlossen, vielleicht auch schon interessiert sind. Auch die sind noch nicht ins Wasser gesprungen. Noch drücken sie sich am diesseitigen Ufer herum und haben noch nicht einmal den großen Zeh angefeuchtet. Was hält sie zurück?

Es sind die unterschiedlichsten Barrieren und Hindernisse. Die wenigsten davon sind objektiv erkennbar: Sie liegen in jedem Einzelnen, sozusagen in seiner persönlichen Tiefenstruktur. Bewusst oder – häufig – unbewusst. Um sie zu überwinden, müssen sie erst mal bewusst werden. Und da kommen nun wieder die Tabu-Brecher Ihrer „Keimzelle" zum Zuge.

Sehen ist besser als Hören

Von dem, was man liest, merkt man sich ungefähr 10 Prozent. Von dem, was man hört, 20 Prozent. Von dem, was man sieht, 30 Prozent. Und von dem, was man hört und sieht, bleiben etwa 50 Prozent im Bewusstsein hängen.

Sie haben nun lange genug Ihre Geschichten erzählt, um das Gefühl von Dringlichkeit zu erzeugen. Sie haben mit Ihren Leuten gesprochen und Vertrauen aufgebaut. Jeder kennt die Perspektiven, die mit all dem verbunden sind. Nun wird es Zeit, die nächste Stufe zu zünden. Malen Sie ein Bild. Damit können Sie die Dringlichkeit zum Handeln in Ihrem Unternehmen im Sinne des Wortes anschaulich machen. Die Perspektive, die Sie erreichen wollen, und die möglichen individuellen Strategien, vom einen zum anderen zu gelangen. Also Ihre gemeinsame Mission. Ihre nächste Geschichte sollte also eine „Bildergeschichte" sein.

Das Prinzip ist einfach: Erst finden Sie merkfähige Analogien für Ihr Veränderungsvorhaben. Diese Analogien bringen Sie in eine sichtbare Form. Das kann eine Collage sein, eine Zeichnung, ein Comic … An dieser optischen Darstellung können Sie die Situation plakativ zeigen. Sie können sie damit dramatisieren und *merk*würdig im Bewusstsein und im Gedächtnis Ihrer Leute verankern. Sie können damit Zusammenhänge deutlich und die Konsequenzen verschiedener Handlungsalternativen sichtbar machen. Diese Visualisierung entwickeln Sie am besten gemeinsam mit den Mitgliedern Ihrer „Keimzelle".

Ein solches Bild hat im Wesentlichen fünf Elemente. Das Zentrum bildet ein Hindernis – das Hindernis, das jeder in sich selbst überwinden muss, um sein Verhalten zu ändern und damit den Weg zu den lockenden Perspektiven frei zu machen, die rechts im Bild visualisiert sind. Das Hindernis kann auch aus objektiven Hindernissen bestehen, die zum Beispiel in der Unternehmensstruktur oder im Umfeld liegen. Am besten ist es, auch schon einige Möglichkeiten anzudeuten, wie man über das Hindernis gelangen kann. Dazu später mehr.

Links vom Hindernis sehen Sie die Ist-Situation. Die verschiedenen Rollen, in denen Ihre Mitarbeiter (oder das Unternehmen als Ganzes) derzeit agieren. Verhaltensmuster, Einstellungen und Denkstrukturen, die einem (größeren) Erfolg im Weg stehen. Und am linken Bildrand – da passiert etwas Dramatisches, etwas, das Dringlichkeit zum Handeln verdeutlicht. Es ist unübersehbar: Wenn die Menschen so weitermachen wie bisher, dann sind sie durch diese dramatische Entwicklung akut gefährdet.

Wer sich nicht bewegt, wird überrollt

Diese Zeichnung kann Ihnen als Beispiel dienen. Am besten skizzieren Sie Ihre eigene Illustration der Ausgangssituation Ihres Veränderungsprojekts nur grob in Ihrer Entwicklungsgruppe und lassen sie dann von einem Grafiker oder Zeichner professionell ausführen. Oder Sie machen es wie wir und ziehen von Anfang an einen professionellen Schnellzeichner hinzu (einer aus dieser Zunft hat dieses Visualisierungsbeispiel gezeichnet). Das gilt auch, wenn Sie sich für einen Comic oder eine Collage entscheiden.

Schauen Sie sich zunächst die einzelnen Elemente der Beispielzeichnung in Ruhe an. Es erinnert an eines dieser Suchbilder aus Kindertagen, auf denen man immer neue Details erkennt, je länger man hinschaut. Sie finden darauf zum Beispiel eine bunte Auswahl an Stereotypen in ihren sattsam bekannten Rollen. Bei Winner/s Edge im Sales-Projekt „Creative Sales" haben wir die Erfahrung gemacht, dass fast jeder sich oder andere, manchmal auch nur einzelne Elemente in irgendeiner Ecke dieses Arrangements als Teil des eigenen Alltags wiedererkennt.

Da ist ganz links im Bild das Phänomen, das die Dringlichkeit zum Handeln auslöst, dargestellt anhand einer Analogie. In unserem Beispiel sind das hohe, alles verschlingende Wellen. Wie ein Tsunami. Sie bedrohen ganz offenbar die Idylle auf der linken Bildseite. Das aber haben die Menschen, auf die diese Wellen zurollen, offenbar noch gar nicht realisiert. Wie im wahren Leben: Oft merkt man erst, dass eine Gefahr droht, wenn es schon (beinahe) zu spät ist.

Die Wellen stehen für die Kräfte, die Ihr Unternehmen zum Handeln zwingen. Das könnte beispielsweise das Tempo der Veränderungen im Umfeld sein, etwa bei den Kundenerwartungen, durch neue Anbieter oder unerwartete Lösungsvorschläge langjähriger Mitbewerber, durch neue Gesetze oder die Verknappung wesentlicher Rohstoffe, wie das derzeit etwa im Stahlmarkt oder bei den fossilen Energien passiert. Auch neue Regeln auf den Kapitalmärkten können solche Indikatoren sein, wie zum Beispiel die amerikanischen Corporate Government-Gesetze, die auch für ausländische Unternehmen bindend und eine Folge des Enron-Skandals und vergleichbarer Skandale sind. Diese Wellen können viele Namen haben. Sie zeigen jedenfalls drastisch: Wer im Angesicht dieser Bedrohung nicht ganz schnell handelt, wird unweigerlich überrollt und hinweggespült.

Das zweite auffällige Bildelement ist das Hindernis. In unserem Beispiel ist es eine hohe Gebirgskette. Dieser Wall, auf den Ihr Unternehmen durch die brachialen Kräfte von außen zugetrieben wird, symbolisiert die Barrieren gegen die notwendig gewordene Veränderung. Um sich – Ihr Unternehmen, Ihre gemeinsame Existenzgrundlage oder zumindest deren Bedeutung im Markt – zu retten, muss jeder Einzelne diese Barrieren überwinden. Seine individuellen inneren Barrieren. Die mangelnde Flexibilität mancher internen Prozesse. Barrieren durch überholte Denkweisen oder diffuse Ängste vor neuen Ufern. Diese Barrieren zu überwinden ist die Grundvoraussetzung, um gegenüber der Bedrohung durch den Tsunami zu bestehen.

Und dann ist da noch die lockende Perspektive rechts außen. Der Erfolg, im Bild dargestellt als rauschende Siegesfeier in der goldenen Pyramiden-Palast-Stadt und in Gestalt zufriedener, begeisterter Menschen. Ehe die Menschen auf dem Bild diesen Erfolg erreichen können, müssen sie aber ihre Verhaltensformen ändern, was ebenfalls visualisiert ist.

Das Wesentliche sind die Akteure

Das Wesentliche im Bild sind die Details, die sich erst bei näherem Hinsehen erschließen: die Akteure. Die Menschen und die Analogien, die ihr Verhalten umschreiben. Vor dem Hindernis und danach. Zunächst auf der linken Seite des Hindernisses.

Da steht ein Mann mit einer Landkarte, auf der Pfeile in verschiedene Richtungen zeigen. Er ist offenbar unsicher, wohin die Reise weiterhin gehen soll. Eine gewisse Beliebigkeit und Orientierungslosigkeit, das beweisen Umfragen, ist oft die Ursache für den uneffizienten Umgang mit der Zeit in Unternehmen. Man steckt Energie in eine Arbeit – und erfährt dann, dass man besser etwas anderes getan hätte. Höchst demotivierend! Wozu sich anstrengen, wenn man sowieso in die Irre läuft und den Eindruck hat, dass die Vorgesetzten selbst nicht so genau wissen, wohin sie wollen?

Ein anderes Detail betrifft die Kundenorientierung, hier dargestellt in Gestalt einer Schnecke. Der Kunde ist für die Mitarbeiter ein lästiger Treiber, den man am liebsten ignoriert. Immer mit der Ruhe! Wer langsam geht, kommt auch zum Ziel. Dass der Kunde letztlich ihre Gehälter zahlt, ist den Mitarbeitern in diesem Unternehmen offenbar nicht bewusst. Ähnlich symbolisieren die weiteren Metaphern links der Berge-Einstellungen, die nicht ergebnisorientiert sind.

Aber was tun die Menschen, um sich vor den Wellen auf die andere Seite der Gebirgskette zu retten? Da sitzt einer mit einem Gläschen im Liegestuhl und schaut sinnend in die Ferne. Ein anderer ist schon aktiver und bohrt einen Tunnel durch die Berge. Die Frage ist, ob man sich so vor hohen Wellen retten kann – aber er versucht immerhin irgendetwas. Einer klettert in Hochgebirgsausrüstung hinüber, ein weiterer benutzt einen Heißluftballon und wieder einer lässt sich tragen: Menschen haben eben sehr unterschiedliche individuelle Strategien, um Hindernisse zu bewältigen. Je nach Phantasie, persönlichem Temperament und Erfahrungshintergrund. Solange sie nicht in ihrem Liegestuhl ausharren, haben sie prinzipiell alle eine Chance, der Gefahr zu entrinnen.

Rüber auf die andere Seite der Berge. Da nämlich ist das neue Denken zuhause. Zielorientierung, Kundenorientierung und Erfolg. Der Weg in die Top Ten. Der aktive Verkauf. Oder was immer das Ziel in Ihrem konkreten Fall sein mag.

Machen Sie sich Ihr eigenes Bild

Wenn Sie nun für Ihr eigenes Unternehmen eine solche Visualisierung planen, nehmen Sie sich dazu Zeit. Manches wird bei Ihnen ähnlich sein wie in unserer Musterzeichnung. Anderes ist mit Sicherheit völlig anders. Am Ende soll jeder in Ihrer Illustration das eigene Unternehmen, die eigenen Kollegen, die eigenen Perspektiven wiedererkennen. Denn diese Zeichnung ist nicht „l'art pour l'art", kein reiner Selbstzweck. Sie soll später in Workshops, in Gruppen- und Teamsitzungen, in kleineren und großen Events und Seminaren Grundlage der Auseinandersetzung mit der aktuellen Situation und den notwendigen Veränderungen sein. Sie ist ein Vehikel.

Suchen Sie als Erstes passende Analogien. Überlegen Sie genau, wofür Sie sich entscheiden: Es ist ein Unterschied, ob Sie die Faktoren, die in Ihrem Unternehmen für Dringlichkeit sorgen, mit einem Steppenbrand vergleichen, der Sie vor sich her treibt.

Oder mit einer Büffelherde, die Sie in Grund und Boden trampeln könnte. Ob sie Ihnen eher wie ein Erdrutsch vorkommen, der Sie unter sich begraben kann, oder, wie in unserem Beispiel, wie ein Tsunami, der Sie überrollt. Vielleicht trifft in Ihrem konkreten Fall auch etwas ganz anderes den Charakter dieses Drucks zum Handeln. Vielleicht ist es eine Analogie aus dem Umfeld Ihres Geschäftsbereichs. Am Ende jedenfalls sollte die Mehrheit Ihrer Mitarbeiter in der Lage sein, diese Analogie nachzuvollziehen.

Ebenso ist es mit dem Hindernis. Dass eine Gebirgskette Schutz vor einer noch so hohen Welle bieten kann, die einen überrollen will, man selbst aber auch Probleme hat, hinüber zu kommen, ist nachvollziehbar. Bei einem Erdrutsch könnte das Hindernis eine hohe Mauer sein, die die Erdmassen zurückhält, die man aber erst mal irgendwie selbst überwinden muss. Und bei einer heranpreschenden Büffelherde kann die Rettung darin liegen, auf die andere Seite einer tiefen Schlucht zu gelangen, vielleicht eines Canons, in den die Büffel stürzen. Je nachdem, was in Ihrem Bild die Bedrohung symbolisiert, sollte das Hindernis logisch dazu passen.

Was die Ist-Situation links vom Hindernis, die gewünschte Situation rechts davon und die lockenden Perspektiven angeht, dazu fällt Ihnen sicher eine Menge ein. Ebenso zu den unterschiedlichen Strategien, mit denen die Mitarbeiter in Ihrem Unternehmen im Allgemeinen Hindernisse bewältigen oder ignorieren.

Wichtig in den späteren Gesprächen außerhalb Ihrer „Keimzelle", mit den ganz normalen Mitarbeitern, ist Folgendes: Machen Sie ihnen klar, dass sie selbst bereits über die geeigneten mentalen Werkzeuge verfügen. Dass sie allein es sind, die ihre Einstellungen und Werte ändern können. Jeder Einzelne entscheidet, ob er im Liegestuhl sitzen bleibt, sich von anderen über die Berge tragen lässt oder aktiv eigene Wege sucht. Vom Heißluftballon bis zur Hochgebirgsausrüstung. Dass jeder entscheidet, ob Corpsgeist für ihn ein Wert ist, ob er gemeinsam formulierte Leitlinien als roten Faden nutzt oder sie im „Bermuda-Dreieck" seines Schreibtischs untergehen lässt.

Ihr Bild – und die Geschichte, die Sie dazu erzählen – ist ein Anker, um diese Botschaften im kollektiven Gedächtnis zu fixieren. Beides zusammen ebnet den Weg, die Botschaft plakativ vom Kopf ins Herz zu transportieren. Indem jeder sich anhand dieses Mediums intensiv mit seiner eigenen Grundeinstellung auseinander setzt, findet er eine Menge heraus. Über das kulturelle Selbstverständnis der Gruppe beziehungsweise des Unternehmens. Über gemeinsame Sprache, Werte und Ziele. Über Gemeinsamkeiten und deren Grenzen. Und nicht zuletzt über sich selbst.

Sie können die Musterzeichnung vergrößern, um die Details deutlicher zu sehen. Vielleicht passt sie sogar so gut auf Ihr Problem, dass Sie sie leicht abändern und in dieser Form benutzen. Am besten ist es aber, im Gespräch mit Ihren Mitarbeitern in der „Keimzelle" eine eigene, auf Ihre konkrete Situation zugeschnittene Illustration zu entwickeln. Denn dieser gemeinsame Denkprozess setzt bereits einiges in Gang.

Wenn Sie beim Prozess der Auseinandersetzung zu diesem Thema externe Hilfe benötigen, zögern Sie nicht. Haben Sie diesen Weg erst einmal eingeschlagen, wird er Sie weit bringen. Riskieren sie aber nicht gleich am Anfang, Ihren Spannungsbogen zu demolieren. Und gehen Sie einen Schritt nach dem anderen – oder, mit den Worten des weisen Konfuzius: Wenn du es eilig hast, gehe langsam.

8.4.4 Schritt 4: *Feinplanung* – Mobilisieren Sie den Willen zur Veränderung

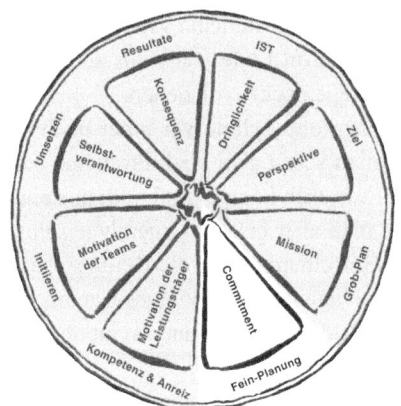

Nun wird es Zeit, den Veränderungswillen der gesamten Belegschaft zu mobilisieren. Nachdem Sie in Ihrer kleinen Gruppe Ihre Visualisierung von Dringlichkeit, Hindernissen und Perspektiven unter allen Aspekten diskutiert haben und zu einer gemeinsamen Mission gefunden haben, weiten Sie den Blick. Die wesentlichen Diskussionsprozesse, die Sie bereits hinter sich haben, haben Sie im nächsten Schritt wieder vor sich. Nach dem Spiel ist vor dem Spiel.

Vermeiden Sie vor allem einen Fehler, den viele am Beginn von Projekten machen. Einen Fehler, der ebenso trivial wie weitreichend ist: Allzu oft geben die Manager den Startschuss für ein Projekt, ehe alle Leute im Boot sind. Sie preschen voran, während die meisten am Ufer stehen und noch nicht mal den großen Zeh ins Wasser gestreckt haben. Damit verlieren sie gleich zu Beginn wesentliche Potenziale – und letztlich den Gewinn, den das Ganze bringen sollte.

Ihre Mitarbeiter haben ja schon einen wichtigen Schritt gemacht. Sie haben grundsätzlich akzeptiert, dass sich etwas ändern muss. Helfen Sie ihnen nun, diese Erkenntnis auch umzusetzen. Sie haben sich ausführlich in der Gruppe Ihrer Leistungsträger und Opinion Leader mit den möglichen Hindernissen auseinander gesetzt, die den Weg vom alten zum neuen Denken versperren. Diese Mechanismen haben sie visualisiert, um sie plakativ nachvollziehbar zu machen. Der gesamte Prozess der Selbstreflexion hat ihnen einige Aha-Erlebnisse verschafft. Sie haben eine Menge dazu gelernt und Ihre gemeinsame Mission gefunden.

Seelenloses Tempo
Ein europäischer Afrikaforscher konnte es nicht erwarten, endlich ins Landesinnere vorzustoßen. Um früher an sein Ziel zu gelangen, zahlte er seinen Trägern einen Zusatzlohn, damit sie schneller gingen. Über mehrere Tage legten sie auch ein rascheres Tempo vor.

Eines Abends jedoch legten alle ihre Bündel ab, setzten sich auf den Boden und weigerten sich weiterzugehen. So viel Geld er ihnen auch anbot, die Träger rührten sich nicht von der Stelle. Als der Forscher sie schließlich nach dem Grund ihres Verhaltens fragte, sagten sie: „Wir sind so schnell gegangen, dass wir nicht mehr recht wissen, was wir tun. Darum warten wir jetzt lieber, bis unsere Seelen uns wieder eingeholt haben."

nach Paulo Coelho

Nun gilt es, all das mit den übrigen Mitarbeitern zu teilen, um ihnen die gleiche Chance zur Selbsterkenntnis zu geben. Damit sie daraus ähnlich konstruktive Schlüsse ziehen können.

Die Winner/s-Edge-Partner im Sales-Projekt „Creative Sales" haben bereits in mehreren Projekten mit dem Vehikel der Illustration gearbeitet und dabei überzeugende Erfahrungen gemacht. Unter anderem bei einem Multi aus der Automobilindustrie, der es weltweit genutzt hat – überall am gleichen Tag. Auch unser Fallbeispiel „Alle auf einen Streich" unterstreicht klar: Mit dem Vehikel der Illustration und der dazugehörenden Geschichte können Sie den Effekt eines Kanonenschlags beim Golf erzielen. Mit einer konzertierten Aktion erreichen Sie auf einen Schlag alle Mitarbeiter, um ihnen die zugrunde liegenden Denkprozesse nachvollziehbar und transparent zu machen. Das gibt Ihnen die Chance eines ehrlichen Commitments auf sehr breiter Basis. Schneller können Sie nicht sein, wenn Sie Hunderte oder Tausende ins Boot ziehen wollen. Und das, obwohl – nein: weil – Sie bis zu diesem Punkt sorgfältig und mit Bedacht vorgegangen sind.

Mithilfe der Illustration haben Sie eine visualisierte Geschichte, die überzeugt. Für den Kanonenschlag-Effekt brauchen Sie im Grunde nur zweierlei:

1. Das Bild. Sie können es vervielfältigen, so stark vergrößern wie Sie wollen und als Plakat an allen Standorten aushängen. An so viele Punkte, wie Sie wollen. Sie können es auch kleiner als Platzdeckchen an alle Sitzplätze in sämtlichen Kantinen legen. Oder in Ihren Mitarbeiterzeitschriften, an Wandzeitungen, schwarzen Brettern oder Infotafeln veröffentlichen, ins Intranet stellen oder in allen Pausenräumen auslegen. Als Signal, zur Erinnerung, als Ansporn. Zuvor haben Sie es in ausreichender Anzahl im DIN-A4-Format ausgedruckt und als Arbeitsgrundlage in Workshops und Seminaren verteilt. Ihnen fallen sicher noch weitere Möglichkeiten ein, es zu nutzen. Um das Motiv zeitgleich weltweit überall zur Verfügung zu haben, sind E-Mail oder Intranet optimale Verteiler.
2. Zum Bild gehört ein Manual für Teamleiter und Führungskräfte. Es ist die „Gebrauchsanweisung", der Leitfaden, um mit allen Mitarbeitern den Denk- und Entwicklungsprozess Ihrer Vorreiter-Gruppe dezentral „nachzuspielen". Damit können überall am gleichen Tag Schritt für Schritt die Prozesse nachvollzogen werden, die Sie in Ihrer Kerngruppe der Leistungsträger und Opinion Leader bereits durchlaufen haben – vielleicht ohne Ihre eigenen Umwege und Irrtümer.

Denn es genügt nicht, sich eine Materie zu erarbeiten und dann nur die Ergebnisse zu kommunizieren. Wenn Sie Menschen auf das gleiche Level hieven wollen, das Sie sich erarbeitet haben, ist es unabdingbar, dass jeder von ihnen die gleichen Erkenntnisprozesse wie Sie am eigenen Leib erfährt. Fix und fertige Ergebnisse können beeindrucken. Erst sie selbst zu erarbeiten schafft echtes Commitment. Das Manual können Sie beispielsweise auch um einen Satz von Fragekarten ergänzen, die geeignet sind, entsprechende Gedanken anzuregen.

Nun hatte jeder vom Arbeiter am Band bis zum Plant Manager die Möglichkeit, die Denkprozesse nachzuvollziehen, die Sie zu bestimmten Ergebnissen gebracht haben. Und das sehr intensiv in kurzer Zeit. Damit haben Sie auf breiter Basis das Commitment, das Sie brauchen, um den nächsten Schritt zu tun. Um diesen Erfolg auch auf künftige Prozesse zu übertragen, können Sie die Ergebnisse und Erfahrungen, die Sie bis zu diesem Zeitpunkt gewonnen haben, auf Ihren Rechnern speichern und fortschreiben. Ihre Arbeit mit diesem Instrument wird so von Mal zu Mal feingerichteter und effizienter. Das gesammelte Wissen bleibt erhalten und wird laufend aktualisiert.

Trojanisches Pferd, jüngste Auflage ...

Unser Kunde war eine bundesweit agierende Handelskette mit 'zig Verkaufsstellen. Er hatte erkannt, was sein wichtigster Profitfaktor ist: seine Mitarbeiter. Das gilt nirgends so unmittelbar wie im Einzelhandel, wo jeder Einzelne die Lust des Kunden direkt beeinflussen kann, gerade hier oder bei der Konkurrenz zu kaufen.

Im konkreten Fall ging es darum, die Motivation der Beschäftigten zu verbessern, um ihren Kunden wieder das Gefühl zu vermitteln, gern gesehen zu sein und gut beraten zu werden. Aber wie macht man das bei 15.000 Mitarbeiterinnen und Mitarbeitern, die über die ganze Nation verstreut sind? In Verkaufsstellen, in denen die Personaldecke es nicht zulässt, dass ganze Gruppen von Verkäufern für ganze Tage zu Seminaren oder Workshops fahren? Denn schließlich muss ja der Laden weiterlaufen – ohne spürbare Unterbrechungen.

Der erste Schritt war eine Mitarbeiter-Umfrage, um ein Gefühl für den Ist-Zustand zu bekommen. Anonym natürlich. Durchgeführt und ausgewertet durch Profis. Diese Umfrage ergab ein Motivations-Leck von sage und schreibe 80 Prozent. Das war die Basis für unser Projekt „Trojanisches Pferd". Mit einem großen Aufgebot an Resultern und Trainern haben wir in allen Verkaufsstellen „Nano-Practicals" durchgeführt. Über einen Zeitraum von mehreren Monaten. „On-the-Job".

„Nano", weil es sich dabei um kurze Einheiten von anderthalb bis zwei Stunden Dauer handelte: Wir tauchen auf, geben eine kurze Trainingseinheit für eine Gruppe von Mitarbeitern – entweder in einem separaten Raum oder an ihrem Arbeitsplatz – und wiederholen dann das Gleiche mit der nächsten Kleingruppe. Wieder in Nano-Zeiteinheiten. Jede Woche. Oder mehrmals pro Woche. Die knappen Informationseinheiten knüpfen direkt an der Arbeitssituation an und können sofort in die eigenen Routinen integriert werden. Kein „Class-room-Learning", sondern die Möglichkeit, sofort konkrete Erfahrungen zu sammeln, Wissen kurzweilig mit einer gehörigen Prise Humor zu tanken und es am gleichen Tag umzusetzen. So wurde das neue, kundenorientierte Denken und Handeln parallel über die rationale und die emotionale Schiene in jedem einzelnen Kopf verankert. In einer Form, dass die Leute kaum merkten, dass sie da gerade einige wesentliche Dinge lernten. Daher die Analogie zum „trojanischen Pferd". Nach dem ersten Durchlauf konnten wir das Motivations-Leck halbieren. Und haben parallel für den nächsten Durchlauf eine Gruppe von internen Multiplikatoren geschult.

8.4.5 Schritt 5: *Kompetenz und Anreiz* – Motivieren Sie Ihre Leistungsträger

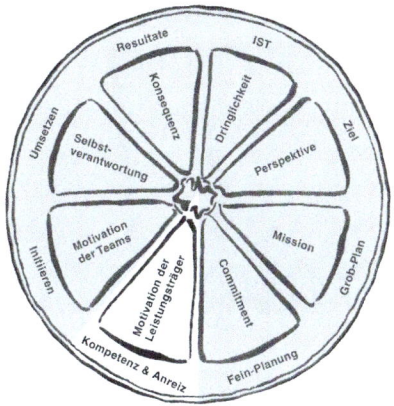

Das Fundament liegt. Nun geht es in die nächste Runde: Bringen Sie Ihre Leute in Bewegung. Alle wissen, worum es geht. Sie haben den Sinn verstanden und sich mit ihren eigenen Barrieren auseinander gesetzt. Oder wenigstens fast alle. Bis auf die paar, die Sie sowieso nie wirklich begeistern können. Eine Frage des Temperaments und des Intellekts. Vergessen Sie's.

Die Schritte 5 und 6 auf der rationalen Projektebene und ihre Umsetzung in der Tiefenstruktur hängen inhaltlich wieder eng zusammen: Zunächst aktivieren Sie und die Mitglieder Ihrer „Keimzelle" die übrigen Leistungsträger und mittleren Führungsebenen im Unternehmen. Diejenigen, die nicht zu der Kerngruppe gehören, aber ebenfalls eine Multiplikatorenfunktion haben. Und diese tragen dann dazu bei, die breiten Schichten der Belegschaft auf Trab zu bringen.

Denn nun ist das grundsätzliche Umdenken ausreichend vorbereitet. Es geht darum, die gemeinsame Perspektive aktiv anzusteuern und dabei die alte, defensive Denkweise durch die selbstbewusste, aktive neue zu ersetzen. Die Entscheidung, ob er als „Geber" oder als „Nehmer" durchs Leben gehen will, als aktiver Gestalter seines eigenen Lebens oder als Trittbrettfahrer auf Kosten anderer, trifft jeder für sich selbst.

Um Ihre Mitarbeiter auf dem Weg zum definierten Ziel für unternehmerisches Denken und Handeln zu begeistern, beginnen Sie also wieder bei Ihren 7 Prozent Leistungsträgern und Opinion Leadern. Hier stoßen Sie Denkprozesse an, machen Sie Mechanismen und Zusammenhänge bewusst. Sie öffnen ihnen Türen zu sich selbst. Indem sie hindurchgehen, entdecken sie ihre eigenen Potenziale neu und erleben die innere Befriedigung, die mit selbst initiierten Erfolgen verknüpft ist.

Sieben bewusste Schritte führen zu einem aktiven, selbstverantwortlichen Denken. Wie in dem bekannten Spiel mit den Kugeln bewegt einer den nächsten. Gemeinsam entfalten sie eine Dynamik, die für jeden Einzelnen ebenso ein Gewinn ist wie für Ihr Unternehmen als Ganzes. Und die geben Sie im nächsten Schritt an die breite Basis der Mitarbeiter weiter.

Kugel ① steht für die Leidenschaft zu leben

Die Leidenschaft zu leben steckt in uns allen. Bei vielen ist sie allerdings verschüttet unter Gewohnheiten und Langeweile. Das liegt nicht zuletzt daran, dass viele Menschen ihre eigenen Talente nur sehr unzulänglich kennen. Wenn man sie danach fragt, können sie zwar ganz flüssig beschreiben, was sie alles nicht können. Aber wo ihre wahren Stärken liegen, das wissen sie nur annähernd.

Dabei ist genau das ein wichtiger Aspekt des Selbst-Bewusstseins. Wer seine eigenen Talente nicht kennt und folglich auch nicht nutzt, verschenkt sein Potenzial. Und damit die Möglichkeit, sein Leben selbstbestimmt und aktiv zu gestalten. Wer aber nicht aktiv über sein eigenes Leben verfügt, über den verfügen andere. Mit dem Ergebnis, dass ein solcher Mensch weniger Freude hat an dem, was er tut. So kann er auch kein oder nur geringes persönliches Commitment entwickeln. Keine Leidenschaft. Keine Begeisterung. Keine Befriedigung. Und unterm Strich auch keine wirklichen Erfolgserlebnisse.

Kein Wunder, wenn dann Unzufriedenheit, gepaart mit einer gewissen Perspektiv- und Lustlosigkeit die Grundmelodie seines Daseins ist. So kann niemand Begeisterung und Leidenschaft entwickeln. So sitzt man sein Leben quasi ab.

Erst wer sich darüber ernsthafte Gedanken macht und Wege findet, zu erkennen, wo seine wirklichen Talente, Interessen und persönlichen Ziele im Leben liegen, hat auch eine Chance, es aktiv und zu gestalten. Zu leben, anstatt sich leben zu lassen. Dieses Selbst-Bewusstsein verändert alle Lebensbereiche. Es wirkt sich im Beruf ebenso befriedigend aus wie in der Familie und im Freundeskreis. Leben – das ist nun mal mehr, als einfach nur da zu sein. Das ist Leidenschaft, Freude, Selbstbestimmung.

Wer das einmal für sich entdeckt hat, kann auch die Modelle des neuen Denkens nachvollziehen und leben. Mehr noch: Für diese Menschen sind solche Gedanken folgerichtig und selbstverständlich. Sie sagen „Ja", anstatt „Vielleicht". Und da sie im Hier und Jetzt leben und ihr Leben nicht auf das Morgen verschieben, zählt für sie die Dringlichkeit des Jetzt.

Kugel ② steht für den Mut, eigene Grenzen zu sprengen

Es gehört schon eine Portion Mut dazu, Grenzen zu sprengen. Auch – oder besonders –, wenn es die eigenen sind. Wer allerdings den ersten Schritt gegangen ist und seine eigenen Talente entdeckt und geweckt hat, der sieht Veränderungen im Leben nicht mehr mit Misstrauen, sondern mit Neugier und wachem Interesse. Er sucht darin nach persönlichen Chancen und Entwicklungsmöglichkeiten. Das Leben wird ihn lehren: Wir finden immer das, was wir suchen. Früher oder später. Wer damit rechnet zu stolpern, wird unweigerlich straucheln. Wer aber damit rechnet, am Ende des Tunnels das Licht zu sehen, wird so lange danach suchen, bis er es findet. Und wenn er mit bloßen Händen einen neuen Ausgang gräbt.

Mut ist die Kehrseite der Angst. Wer ohne Zögern auf ein Hochseil steigt, obwohl er das noch nie zuvor getan hat, ist leichtsinnig. Wer es im Bewusstsein der Gefahr tut und sich vorher gegen einen Absturz so gut wie möglich absichert, ist mutig. Vorbehalte gegen etwas Neues, Ungewohntes sind eine natürliche Schutzreaktion, die im Laufe der Evolution des Menschen oft hilfreich war. Das Neue dennoch zu wagen, erfordert Mut. Den Mut, die eigenen Grenzen zu sprengen, Gewohnheiten zu überwinden und neue Verhaltens- und Denkweisen auszuprobieren.

Wer diesen Mut einmal aufgebracht und erfahren hat, wie lustvoll es ist, wie bereichernd und befriedigend, über sich selbst hinauszuwachsen und sich selbst neue Dimensionen zu erschließen, der wird beim nächsten Mal weniger zögern. Und von Mal zu Mal mutiger werden. Auch wenn er dabei den einen oder anderen Rückschlag verkraften muss.

Kugel ③ steht für Selbstverantwortung

Wer die Verantwortung für sein Leben bewusst übernimmt, wer aktiv lebt, anstatt nur der Spiegel der Erwartungen anderer zu sein, tritt aus dem Schatten. Er gewinnt Statur und Konturen. Wenn er einen Raum betritt, spürt man seine Anwesenheit, schon bevor man ihn wirklich sieht. Denn ein selbst-verantwortlicher, selbst-bewusster Mensch hat eine andere Aura, eine lebendigere Ausstrahlung. Er ist der Regisseur seines eigenen Lebens und kein Statist, kein Bauer auf anderer Leute mentalem Schachbrett.

Wer selbst für sein Leben die Verantwortung übernimmt, für den ist Eigeninitiative selbstverständlich. Er will die Zusammenhänge verstehen, damit er in der Lage ist, Entscheidungen zu treffen. Einfach wie eine Maschine auf Außenreize zu reagieren, käme ihm nicht in den Sinn. Man muss ihn überzeugen – aber wenn er einmal überzeugt ist, wird er mit vollem Einsatz tun, was richtig ist und getan werden muss. Und zwar ohne dass man ihm jeden einzelnen Handgriff vormachen muss.

Sie können einen solchen Menschen nicht motivieren. Sie geben ihm die Informationen, die es ihm gestatten, sich selbst zu motivieren. Im Umkehrschluss wird er bei Fehlern und Schwierigkeiten auch selbst die Verantwortung übernehmen und sich nicht hinter Schuldzuweisungen und Rechtfertigungen verstecken. Das wäre zum einen unter seiner Würde und zum anderen weiß er, dass Fehler im Leben dazugehören. Fehler sind für ihn Erfahrungen, aus denen er lernt.

Kugel ④ steht für die Freiheit der Wahl

Man hat immer eine Freiheit der Wahl. Jeden Tag trifft jeder Mensch eine Vielzahl von Entscheidungen. Stehe ich heute Morgen auf oder bleibe ich im Bett? Fahre ich mit dem Auto oder mit der Bahn? Esse ich einen leichten Salat oder eine Schweinshaxe zu Mittag? Oft ist es eine Wahl aus einer ganzen Reihe von Möglichkeiten, und die meisten Entscheidungen trifft man intuitiv, ohne lange darüber nachzudenken.

Freiheit hat zugleich immer Grenzen. Wenn auf einer Straße nur Tempo 80 erlaubt ist, gibt es dafür Gründe. Wer eine Familie gründet und Kinder in die Welt setzt, übernimmt damit Verantwortung, die die bis dato gewohnte Freiheit begrenzt: Er hat sich nun mal entschieden, für diese Kinder aufzukommen und ihnen realistische Lebenschancen zu eröffnen. Wer eine Verabredung trifft, hat entschieden, seine Freiheit für diesen Zeitpunkt den Interessen des anderen zu unterwerfen. Und ihn nicht warten zu lassen. Steuern zu zahlen oder nicht entzieht sich der eigenen freien Entscheidung: Es ist eine Pflicht zugunsten der Allgemeinheit, von der man auf der anderen Seite an vielen Punkten auch wieder profitiert.

Viele Grenzen der Freiheit lassen allerdings mehr Bewegungsspielraum, als der Einzelne in Anspruch nimmt. Wer sich seiner eigenen Talente und Möglichkeiten bewusst ist, bewegt sich souverän innerhalb dieser Grenzen und versucht sie zu erweitern, wo das möglich ist. Er nimmt seine Chancen wahr und lotet Alternativen und deren Konsequenzen bewusst aus, ehe er sich für die eine oder andere entscheidet.

Kugel ⑤ steht für das Talent zum Glück

Wer das Talent zum Glück hat, kommt besser in den „Flow". Die Arbeit geht dem leichter von der Hand, der glücklich ist. Seine Ergebnisse sind besser. Das Arbeitsklima unter glücklichen Menschen ist entspannter – und das ist allemal ein Profit-Faktor für Ihr Unternehmen.

> „Glück besteht nicht darin, dass du tun kannst, was du willst, sondern darin, dass du immer willst, was du tust."
>
> Leo N. Tolstoi

Das Schönste daran: Glück ist kein Produkt blinden Zufalls. Es ist lernbar. An dem alten Sprichwort, dem zufolge jeder seines Glückes Schmied ist, ist viel Wahres. Das Wichtigste dabei ist der Wille zum Glück. Es entsteht nicht einfach durch Abwesenheit von Unglück. Die würde bestenfalls ein neutrales Gefühl auslösen. Glück kann bewusst trainiert werden. Zum Beispiel, indem man aktiv positive Gedanken und Handlungen wiederholt.

Glücklich ist, wer bestimmte Gedanken bewusst meidet. „Ja, aber …" zum Beispiel. Oder „Wenn …, dann …". Wer nicht so lange den Kopf schüttelt, bis er ein Haar in der Suppe findet. Wer im Jetzt lebt und die Chancen ergreift, die sich ihm bieten. Wer sich nicht nur für Erfolge belohnt, sondern auch die Chancen sieht, die Misserfolge eröffnen. Glücklich ist, wer tiefe Freundschaften pflegt. Wer sich an kleinen Dingen freuen und auch mal über sich selbst lachen kann. Und, um mit einer Arie der Strauß-Operette „Die Fledermaus" zu sprechen: „Glücklich ist, wer vergisst, was doch nicht zu ändern ist."

Glück fällt einem allerdings nicht in den Schoß. Man kann es sich erarbeiten, aber nicht erzwingen. Wenn Sie sich einmal unglücklich fühlen, kramen Sie in Ihrem Gedächtnis nach schönen, positiven Dingen, Empfindungen, Erlebnissen. Die stellen Sie sich intensiv vor. Dann sehen Sie in den Spiegel und sagen sich laut, dass Sie glücklich sind. Lächeln Sie. Allein dadurch werden Sie bereits ein wenig glücklich – auch wenn Sie es zunächst nicht waren. Denn ein Lächeln aktiviert im Gehirn Glückshormone – auch wenn es zunächst nur „aufgesetzt" war. Sie müssen sich nur darauf konzentrieren. Wiederholen Sie diese Übung regelmäßig.

Glück ist ein wesentlicher Faktor des sozialen Kapitals. Und das ist ein Wert, der sich nicht in Geld ausdrücken lässt.

Kugel ⑥ steht für tragfähiges Commitment

Nur im vollen Bewusstsein der Tragweite einer Entscheidung und seiner persönlichen Möglichkeiten ist man in der Lage, ein ehrliches Commitment abzugeben. Ganz gleich, in welchem konkreten Zusammenhang. Ob es darum geht, in der Schule seiner Kinder die Wahl zum Elternsprecher oder in einem Veränderungsprozess im Unternehmen eine definierte Rolle anzunehmen: Wer sich „committet", also eine entsprechende Zusage macht, sollte sich ganz klar der Verantwortung bewusst sein, die damit verbunden ist. Andere Menschen bringen ihm das Vertrauen entgegen, diese Verantwortung zu tragen. Nun hat er zu seinem Wort zu stehen.

Die andere Seite dieser ehrenvollen Medaille ist das Recht, Fragen zu stellen. Wer von anderen ein Commitment verlangt – wie Sie von Ihren Mitarbeitern im Zusammenhang mit Ihrem Projekt –, muss auch bereit und in der Lage sein, alle damit verbundenen Fragen so umfassend, ehrlich und direkt zu beantworten, dass jeder Klarheit über den Umfang seiner Verantwortung hat. Nur dann ist er in der Lage abzuschätzen, ob er sich den Herausforderungen überhaupt gewachsen fühlt, die da auf ihn zukommen. Und ob er das, was da von ihm erwartet wird, auch selbst will.

Nur von Mitarbeitern, die auf solider Grundlage für sich diese Entscheidung treffen konnten, können Sie erwarten, dass sie ins kalte Wasser springen und mit Ihnen gemeinsam zum anderen Ufer schwimmen.

Kugel ⑦ steht für die verlockende Perspektive

So richtig verlockend wird eine Perspektive dann, wenn man sich auch vorstellen kann, sie zu erreichen. Dazu gehören alle vorangegangenen Schritte. Selbstbewusstsein, Mut, Selbstverantwortung und so weiter. Je klarer ein Mensch sich seiner eigenen Kräfte und Möglichkeiten bewusst ist, umso klarer kann er eine Sache vertreten und einen Prozess aktiv mittragen.

Anhand der Illustration des anstehenden Veränderungsprozesses konnte jeder seinen individuellen Weg finden, die definierte Mission umzusetzen und sich der gemeinsamen Perspektive anzunähern. Was zunächst nur eine Perspektive war, wird im Laufe des Prozesses immer mehr zur Realität und irgendwann zur Basis neuer Perspektiven. Und je verlockender sie für jeden Einzelnen ist, je größer der Gewinn, den er sich persönlich davon verspricht, umso mehr wird er sich anstrengen, diese Ziele so schnell wie möglich zu erreichen.

Nicht zu schnell, bitte!

Häufig wird bei Projekten jedoch das Kind mit dem Bade ausgeschüttet. Das Projekt wird in der Runde der Führungsverantwortlichen ausbaldowert und dann sofort initiiert. Die Mitarbeiter werden vor vollendete Tatsachen gestellt nach dem Motto „Friss, Vogel, oder stirb". Mit dem sattsam bekannten Ergebnis, dass ein Großteil der Projekte scheitert.

Wenn Sie Ihre Mitarbeiter Schritt für Schritt mit der Notwendigkeit einer Veränderung vertraut und ihnen dabei ihre eigenen Vorteile bewusst machen, wenn Sie sie ermutigen, das Ganze als ihr „eigenes Ding" zu begreifen, steigen auch die Erfolgschancen. Für Sie selbst, für jeden einzelnen Beteiligten und für das Unternehmen als Ganzes. Was auf den ersten Blick wie ein umständliches und langwieriges Verfahren aussieht, spart unterm Strich viel mehr Zeit, als wenn Sie darauf verzichten und Ihr Projekt mühsam gegen permanente interne Widerstände durchziehen.

Nach dieser Vorarbeit kommt es allerdings nun endgültig zum Schwur. Die Entscheidung ist fällig. Jetzt. Nachdem Sie mit Ihren Multiplikatoren und Leistungsträgern die sieben Schritte durchgespielt haben. Dies ist der „Point of no Return". Hier gilt es: Hopp oder Topp. Treffen Sie gemeinsam mit Ihren Leistungsträgern und Opinion Leadern die Wahl.

Vielleicht gibt es auch jetzt noch in dieser Gruppe den einen oder anderen, der sich gegen das Vorhaben entscheidet. Hören Sie seinen Argumenten gut zu. Es könnte sein, dass sie Ihnen Anhaltspunkte zur weiteren Optimierung geben. Es könnte aber auch sein, dass Sie einfach grundsätzlich unterschiedliche Vorstellungen haben, die nicht unter einen Hut zu bekommen sind. Und das bedeutet für die entsprechenden Mitarbeiter, sich zu entscheiden, entweder trotz ihrer Bedenken mitzuziehen oder ihren Platz für einen anderen zu räumen. Widersprüche und offene oder verdeckte Konflikte in der Führungsgruppe eines Projekts können dessen frühen Tod bedeuten.

8.4.6 Schritt 6: *Initiieren* – Holen Sie Ihre Teams ins Boot

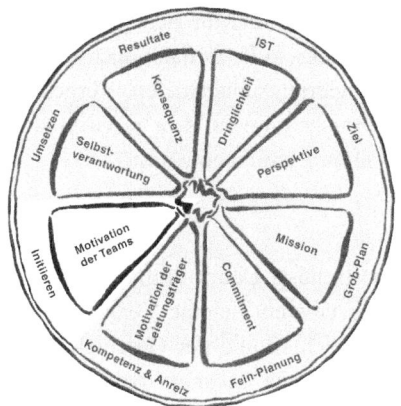

Nun ist es an der Zeit, auch Ihre übrigen Mitarbeiter endgültig ins Boot zu holen. In Ihrer Kerngruppe und unter den übrigen Multiplikatoren herrscht eine gewisse Aufbruchstimmung, nachdem sie sich endgültig entschieden haben, das Projekt durchzuführen. Nun geht es darum, diese Stimmung auf alle anderen zu übertragen, alle mit diesem Virus zu infizieren.

Es ist ja nicht etwa so, dass bisher niemand etwas von Ihren Aktionen mitbekommen hat. Teile davon haben Sie ja bereits in die Organisation hinein kommuniziert: Dass etwas passieren muss und welche Perspektive das Ganze haben soll, weiß schon jeder. Viele sind auch bereits neugierig und interessiert. Sie haben schon Vorteile für sich selbst erkannt und wollen sie umsetzen. Allerdings gibt es auch immer noch viele Zauderer, Zögerer, Unentschlossene.

„Man hört nur die Fragen, auf welche man imstande ist, eine Antwort zu finden."

Friedrich Nietzsche

Alle sollen nun die sieben Schritte gehen, die Ihre Multiplikatoren bereits durchgespielt haben. Sich ihre Stärken und Talente bewusst machen und die Optionen des selbstbestimmten Handelns durchspielen. Das braucht natürlich Zeit und sollte übrigens auch in Zukunft mit weiteren Projekten immer wieder vertieft werden. Aber schon im ersten Durchlauf wird es vielen Ihrer Mitarbeiter neue Denkanstöße geben und sie ermutigen, aus ihren oft engen, meist selbst gesetzten Grenzen herauszutreten. Sich mehr zuzutrauen als bisher.

Wie Sie nun im Einzelnen vorgehen, hängt von der Größe des Unternehmens ab. Von der Zahl der Mitarbeiter. Wenn das Ganze zunächst nur ein Pilotprojekt im Vertrieb ist, werden die nächsten Schritte anders aussehen, als wenn Sie es in einem multinationalen Konzern an allen Standorten auf einmal durchziehen. Die Größe dieses Rahmens ist im Zeitalter digitaler Informations- und Kommunikationsmöglichkeiten nicht so wesentlich, wie es auf den ersten Blick wirkt. Er ist hauptsächlich eine Frage der Logistik.

Sie können die sieben Schritte in Workshops und Seminaren vorstellen oder in Big Workshops. Jeder aus Ihrer Kerngruppe der 7 Prozent kann – wenn das möglich ist – in Teamsitzungen und Gruppengesprächen die einzelnen Punkte mit den Mitarbeitern durcharbeiten. Bei vielen Mitarbeitern empfiehlt sich ein Mix aus Großveranstaltungen und Vertiefung in kleineren Gruppen. So können sich die einzelnen Ebenen addieren.

Wichtig ist, dass jeder die Möglichkeit hat, die Kernaussagen der sieben Schritte kennen zu lernen und für sich selbst nachzuvollziehen. Sie auf sein eigenes Leben, seine individuelle Situation zu übertragen. Zu erkennen, wo er steht und für sich selbst etwas verändern kann. Was er ganz egoistisch davon hat. Übrigens sollte es dann auch interne Angebote geben, die ihn bei dieser persönlichen Veränderung unterstützen. Vergessen Sie diesen Aspekt, dann kann auch die schönste Aufbruchstimmung sehr rasch in sich zusammenfallen wie ein Soufflé, das zu früh aus dem Ofen genommen wurde.

Der richtige Zeitpunkt für den Startschuss

Nun ist der richtige Zeitpunkt für den offiziellen Startschuss. Damit läuft das Projekt unwiderruflich an. Machen Sie daraus einen Event. Inszenieren Sie eine Veranstaltung, die keiner so schnell vergisst. Die künftig in den Geschichten und der Geschichte des Unternehmens ihren sicheren Platz haben wird. Eine deutliche Zäsur im Arbeitsalltag. Präsentieren Sie die einzelnen Schritte Ihres Projekts für jeden sichtbar. Zum Beispiel in einer Multimediashow. Stellen Sie sicher, dass die gesamte Führungsriege demonstrativ dahinter steht.

Dazu gehört wieder eine gute Geschichte, die genau da anknüpft, wo die überwiegende Mehrheit Ihrer Mitarbeiter im Augenblick steht. Sie kennen ja ihre Standpunkte, wenn Sie die Szenarien ausgelotet haben, in denen sie sich fühlen. Besonders, wenn Sie schon daran gearbeitet haben, negative persönliche Perspektiven zu relativieren. Sie haben mit den Leuten gesprochen, ihren Geschichten zugehört. Sie und die anderen Mitglieder Ihrer Kerngruppe.

Außerdem haben auch einige der Mitarbeiter an der Erfahrungsgeschichte – dem Storytelling-Projekt vom Anfang – mitgearbeitet, die ja mittlerweile im Unternehmen ihren Weg gemacht und allen gezeigt hat, wo die Probleme liegen und was es für Perspektiven gibt. Alle haben die Illustration diskutiert, mit der Sie die Veränderung, ihre Auslöser, Hindernisse und Perspektiven bildhaft und plakativ dargestellt haben. Über diese Etappen haben Sie mittlerweile bereits eine gemeinsame Perspektive und eine gemeinsame Mission – und das grundsätzliche Commitment.

All diese Themen werden in den nächsten Wochen und Monaten bei jeder Gruppen- und Teamsitzung Teil der Tagesordnung sein. Solange das Projekt läuft. Und jede davon findet sich in der Geschichte wieder, die Sie nun erzählen. Bei dem Großevent, mit dem Sie den Startschuss des Projekts einleiten.

Um etwas Neues zu beginnen, muss man sich erst mal vom Alten verabschieden. Es wäre aber ein Fehler und würde Ihre Glaubwürdigkeit beschädigen, würden Sie bei dieser Gelegenheit das, was bisher war, schlecht machen, um damit zu beweisen, dass das Neue notwendig kommen muss. Das, was bisher war, war bisher gut. Das, was in Zukunft sein soll, wird für die Zukunft besser sein.

Loben Sie also in Ihrer Geschichte das, was bisher war, und die Menschen, die dafür stehen. Sie haben ihren Sinn gehabt, sie haben einen guten Job gemacht – aber das war gestern. Heute geht es um heute und um morgen. Und da sieht die Sache anders aus. Da haben sich einige Rahmenbedingungen geändert. Das verlangt für die Zukunft von Ihnen und Ihren Leuten ebenfalls Veränderungen. Sich zu verweigern hieße, sich dem Tsunami (oder was immer in Ihrer Illustration den Druck von außen symbolisiert) auszuliefern. Schlagen Sie also in Ihrer Geschichte die Brücke von der Vergangenheit, die einmal gut war, aber nun Geschichte ist, zur Zukunft, die noch viel besser werden wird. Die virtuelle Brücke über das symbolische Gebirge der Hindernisse.

Abschied und Neubeginn

Nehmen Sie die Trauer über den Verlust des Alten ernst, aber wecken Sie die Freude auf das Neue, die Neu-Gier. Und stellen Sie bei dieser Kick-off-Veranstaltung alle Ansprechpartner und Promotoren des Projkts vor, Ihre „Keimzelle". Erzählen Sie, welche Rolle jeder von ihnen spielt – und deuten Sie an, welche Rolle jeder der übrigen Anwesenden spielen soll. Das können Sie bei so vielen Teilnehmern nicht im Einzelnen ausführen, es wird in den kommenden Tagen deutlich werden. Aber jeder wird in irgendeiner Form beteiligt sein, und jeder kann sich in dieser Veranstaltung schon einmal mit dem Gedanken vertraut machen. Wichtig ist dann allerdings, dass diese Zuteilung auch zeitnah erfolgt.

> *„Das Leben hat mich gelehrt, dass alles auf die Menschen ankommt, nicht auf die so genannten Verhältnisse."*
>
> *Theodor Fontane*

Sie haben sich im Vorfeld darüber Gedanken gemacht und mit Ihren Mitstreitern im „Keimzellen"-Team diskutiert, wie Sie die Identifikation Ihrer Mitarbeiter erhöhen. Wie Sie so viele wie möglich aktiv beteiligen können – und zwar nicht nur an der Arbeit, an den Lasten der Veränderung. Sondern auch an den Entscheidungen, die anfallen. Denn wenn Selbstverantwortung und unternehmerisches Denken auf breiter Ebene Voraussetzung für nachhaltigen Erfolg und eine lernende Organisation sind, dann ist Teilhabe an Entscheidungen dazu eine wesentliche Grundlage.

Das ist eine zentrale Botschaft Ihres Kick-off. Sie schildern in groben Zügen, welche Rolle einzelne Mitarbeitergruppen spielen und in welcher Form sie beteiligt werden, damit sie diese Rolle gut spielen können. Welchen Anteil sie am gesamten Prozess haben und wie sie dazu befähigt werden sollen. Welche Auswirkungen das auf die Kommunikationsstrukturen haben wird, auf die Arbeitsbedingungen, auf die Teamzusammensetzungen und so weiter. Inwieweit sie die Chance bekommen, an kreativen Prozessen, an speziellen Problemlösungen, an Umstellungen beteiligt zu sein und was dabei von ihnen erwartet wird. Dabei vermitteln Sie Ihre Wertschätzung für das Know-how und die Expertise Ihrer Mitarbeiter – wie Sie es zuvor in den Gesprächen mit ihnen auch schon getan haben. Diese Grundhaltung ist eine wesentliche Basis Ihrer eigenen Glaubwürdigkeit.

Symbole begleiten die Veränderung

Am Ende der Veranstaltung kommt der Höhepunkt: Sie enthüllen das Symbol des Neuen. Verbinden Sie das ruhig mit einem Tusch, einer großartigen Geste. Zum Beispiel könnten Sie den Prototyp dieses Symbols in Großformat auf einen Sockel gestellt und mit einem schwarzen oder goldenen Tuch verhüllt haben, das Sie nun mit Schwung wegziehen. Ihr Symbol kann ein Logo sein, ein Gegenstand, ein bestimmtes Ritual oder ein Motto. Ein Ritual können Sie natürlich nicht enthüllen, sondern Sie führen es demonstrativ durch und erklären es dabei. Das Motto kann eine Schrifttafel sein, die Sie enthüllen. Ihr Symbol kann auch alle diese Elemente umfassen – oder ganz andere.

Sorgen Sie dafür, dass es einen hohen Wiedererkennungswert hat. Dass man es vervielfältigen oder wiederholen kann. Und dass es einen nachvollziehbaren Bezug zu Ihrem Unternehmen hat, zu dem Projekt und den Menschen, die darin arbeiten.

Dieses Symbol soll die positive Identifikation mit dem Projekt unterstützen, es bis zum Ende begleiten. Es soll sympathisch sein. Überall, wo künftig von Ihrem Projekt die Rede ist, wo daran gearbeitet wird, wo das Erreichen positiver Zwischenergebnisse gefeiert wird, taucht dieses Symbol auf. Bei jeder Fußballweltmeisterschaft ist unter anderem ein bestimmtes Lied so ein Symbol, das extra für diese eine WM geschrieben wurde und so eingängig ist, dass alle zumindest den Refrain schnell mitsingen können. Zu Weihnachten ist das zentrale Symbol der Weihnachtsbaum, zu Ostern ist es der Osterhase. Und was es bei Ihrem konkreten Projekt sein sollte, weiß niemand besser als Sie.

Alle Ansprechpartner und Projektverantwortlichen werden anlässlich Ihres Events den Mitarbeitern vorgestellt. Die Rolle jedes von ihnen wird definiert. Das Ziel der Reise wird noch einmal deutlich abgesteckt, die Vorteile für alle Beteiligten werden in Erinnerung gerufen. Der Worte sind nun genug gewechselt: jetzt gilt's! Bis zu diesem Zeitpunkt müssen Unklarheiten so weitgehend wie möglich beseitigt sein. Von nun an gibt es keine Diskussionen mehr. Es geht voran: Alle springen ins kalte Wasser, Sie und Ihre Kerngruppe demonstrativ als erste (dass Sie schon die ganze Zeit schwimmen, hat vielleicht noch nicht jeder realisiert). Und natürlich die gesamte Führungsriege.

Nun ist also Ihr Projekt in seiner Umsetzungsphase. Und machen Sie sich nichts vor: Jetzt wird es erst richtig schwierig. Es wird mit Sicherheit nicht alles glatt gehen. Aber Schwierigkeiten sind dazu da, bewältigt zu werden. Und sie werden Ihnen im Lauf der Zeit viele neue Lösungswege und einen unschätzbaren Gewinn an Wissen und Erfahrung bringen.

Exkurs: Wer will, der kann

„Wer will, der kann", sagte einmal der kluge Seneca, nur um fortzufahren: „Wer nicht will, der muss." Um wie viel erfreulicher ist es, zu können, anstatt zu müssen! Auf unserer Suche nach ganz normalen Menschen, die etwas wirklich wollen und deshalb immer wieder ihre eigenen Grenzen überschreiten, erweitern, neu definieren und auf diese Weise ständig wachsen, sind wir auf Spitzensportler gestoßen. Wir haben mit ihnen gesprochen, haben sie kennen gelernt. Wir arbeiten mit ihnen. Sie sind unsere „Magnificent Leader". Niemand belegt besser als sie, wie sehr ein selbst gestecktes Ziel einen Menschen motivieren und antreiben kann.

Auf den ersten Blick sind auch „Magnificent Leader" nur Menschen wie du und ich. Sie entstammen durchschnittlichen Familien, kommen aus verschiedenen Regionen und haben unterschiedliche Temperamente. Aber sie haben auch wesentliche Gemeinsamkeiten: Sie sind in der Lage, sich selbst zu motivieren. Sie wachsen an Widerständen. Sie lassen sich nicht entmutigen oder unterkriegen. Und wenn sportlich gar nichts mehr geht, sind sie flexibel genug, neue Ufer anzusteuern. Lernen Sie diese (nicht) ganz gewöhnlichen Menschen auf den nächsten Seiten kennen. Als gute Beispiele. Oder gehen Sie einfach weiter zum nächsten Kapitel.

Magnificent Leader – Das Prinzip Erfolg

Die wichtigste Voraussetzung für Erfolg ist: Erfolg haben zu wollen. Das ist ebenso banal wie wahr. Fragen Sie Spitzensportler, die bei internationalen Wettkämpfen immer wieder auf unterschiedlichen Stufen der berühmten Treppchen stehen – vorzugsweise ganz oben. Sie kennen keine? Wir aber. Und wir haben sie gefragt.

Denn bei Winner/s Edge arbeiten wir mit solchen Menschen zusammen, die wissen, wie man es schafft, erfolgreich zu sein. Die darüber nachgedacht haben und das, was bei dieser Reflexion herauskam, auch weitergeben können. Wir nennen sie unsere „Magnificent Leader".

Darunter finden Sie die unterschiedlichsten sportlichen Disziplinen. Einzel- und Mannschaftskämpfer. Männer und Frauen. Bei allen Unterschieden im Detail haben sie aber auch eine Reihe von wesentlichen Gemeinsamkeiten, die es sich näher zu betrachten lohnt.

1. **Magnificent Leader haben sehr unterschiedliche soziale Hintergründe.**
   Zwar waren beide Eltern des erfolgreichen Zehnkämpfers Frank Busemann Sporttrainer in einem Verein und sein erster Sandkasten war die Weitsprunggrube. Aber die Weltklasse-Ruderin Katrin Boron kommt aus einer „völlig unsportlichen Familie. Ich glaube, alle Sportgene bei uns haben sich bei mir konzentriert." Ihre Mutter war Krankenschwester, der Vater Angestellter. Und auch dem Radprofi Marcel Wüst hat niemand seine späteren Erfolge an der Wiege gesungen. Sein Vater hatte einen kleinen Handwerksbetrieb, der mit der Zeit zum mittelständischen Unternehmen wuchs. Und seine Mutter war Hausfrau. Wie die Mutter von Rita König, deren Eltern als Rumäniendeutsche nicht immer einen leichten Stand hatten. Vater König trainierte aber immerhin den Fußballnachwuchs im Ort.

2. Magnificent Leader haben Visionen und Ziele.

„Mit 13 war ich Westfalenmeister. Nicht weil meine Eltern mich dazu trieben. Weil ich es wollte", erinnert sich Frank Busemann. „Es hat Spaß gemacht. Das ist das Wichtigste. Wenn es keinen Spaß macht, ist es nur ein Strohfeuer." Was ist der Unterschied zwischen Siegern und denen aus der zweiten Reihe? „Sieger wollen siegen. Die anderen wollen aus ihren Möglichkeiten das Beste machen." Der erfolgreiche Zehnkämpfer wollte mit 21 „den Weltrekord und olympisches Gold. Das war mein Ziel." Er hat beides erreicht. Aber es ist ihm nicht in den Schoß gefallen.

Kathrin Boron ging zuerst aus Neugier mit ihrer Freundin ins Trainingszentrum. Da war sie „so acht, neun Jahre alt". Leichtathletik hat sie gemacht, und als sie zwölf war, wollte sie unbedingt in die Jugendsportschule in Potsdam. Das war ein Internat für besonders begabte Nachwuchssportler in der damaligen DDR. Aber ihre Leistungen reichten nicht aus. „Damals kamen Talentsucher in die Schulen, die die Kinder ausgemessen haben, um festzustellen, ob sie als Ruderer geeignet waren. Ich war geeignet. Aber ich wollte nicht rudern. Ich war Leichtathletin. Als sie mich in der Jugendsportschule wegen meiner nicht ausreichenden Leistungen ablehnten, habe ich mich an die Talentsucher der Ruderer erinnert. Mein Ziel war die Jugendsportschule – dann eben als Ruderin." So war das damals. Das Ziel war die Schule. Rudern war das Mittel, um hinzukommen. Eine Entscheidung mit Folgen.

Auch der spätere Radprofi Marcel Wüst hatte sich schon immer für Sport interessiert – aber erst mal für Fußball, wie die meisten seiner Freunde. Als er sechs war, sah er seine erste Tour de France. Im Urlaub in Frankreich. Das hat ihn beeindruckt – aber wirklich begeistert hat ihn eine Szene bei einem Radrennen der Junioren fünf Jahre später. Die Strecke führte fast vor seiner Haustür vorbei. „Da gab es genau vor meiner Nase einen Crash. Ein Haufen Jungs fuhren ineinander, alle lagen am Boden, waren verletzt. Da ist einer, ich erinnere mich noch genau, er trug ein blaues Trikot, aufgestanden, hat sein Rad aus dem Haufen hervorgezogen, ist aufgesprungen und – trotz Schrammen und blauen Flecken – weitergefahren. Das fand ich stark." Der kleine Marcel war elf. Bald darauf bat er seinen Vater, ihn im Verein anzumelden. Er wollte auch so sein wie dieser Junge. Und er wollte die Tour de France gewinnen. Das hat er zwar nicht ganz geschafft – aber er hat so manchen Etappensieg geholt.

Rita König-Römer war acht, als sie mit dem Fechten begann. Vorbild war die drei Jahre ältere Schwester. Die begann als erste mit dem Fechten – doch schon bald war „die Kleine" besser als sie. „Ich wollte immer die Beste sein", sagt sie. Und das war sie schließlich auch.

8 Profit wird erst durch Überzeugung und Begeisterung möglich 175

Quelle:
© mezzotint_fotolia/Fotolia 92366241

Quelle:
© Stefan Schurr/Fotolia 42074086

Quelle:
© lassedesignen/Fotolia 49686969

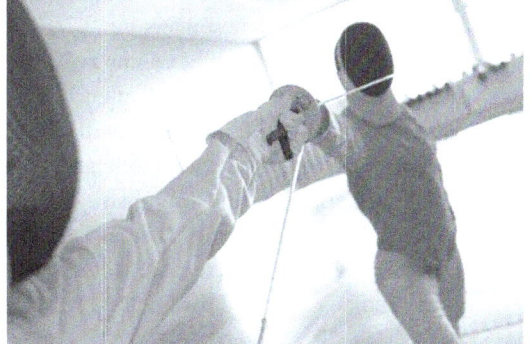

Quelle:
© auremar/Fotolia 162085351

3. Magnificent Leader sind bereit, für ihre Ziele hart zu arbeiten.
Keinem unserer Magnificent Leader ist etwas in den Schoß gefallen. Zuerst hatten sie nichts als ihre Begeisterung für ihren Sport – und mit jedem Sieg mehr Hunger nach dem nächsten Sieg. Ihr Glaube an sich selbst wuchs – und der Wunsch zu zeigen, wozu sie in der Lage sind. Und jeder von ihnen hat anderes hinter diesen Wunsch zurückgestellt. Hat hart an sich gearbeitet. Hat sich weiterentwickelt und trainiert. Hinter jedem Sieg stand harte Disziplin, ein starker Wille – und „mentale Stärke", wie Rita König-Römer auf die Frage antwortete, warum sie eine Siegerin war, nicht aber ihre ältere Schwester, obwohl die es ja war, die als erste mit dem Fechten begonnen hatte.

4. Magnificent Leader lassen sich nicht entmutigen.
Glauben Sie nicht, auch nur einer der international gefeierten Spitzensportler in unserem Quartett habe den bitteren Geschmack der Niederlage, des persönlichen Versagens, der Rückschläge nicht gekostet. Den ehemaligen Radprofi Marcel Wüst hat es am härtesten getroffen. Bei der Tour de France hat es ihn am 11. August 2000 aus dem Sattel gehoben. Buchstäblich und – was den Profisport angeht – endgültig. Kriterium d'Issoire, Runde 19, Tempo 60, Zusammenstoß mit dem Franzosen Jean-Michel Thilloy. Vermutlich ist Wüst beim Sturz mit dem Kopf auf den Fuß eines Absperrgitters geprallt. Die zerstörten Gesichtsknochen und seine Kontaktlinse verletzten das Auge massiv, den Schädelbasisbruch entdeckten die Ärzte während der siebenstündigen Operation. Intensivstation, Morphium, zwei Tage Bewusstlosigkeit, fast zehn Kilo Gewichtsverlust. Das Ende der Karriere. „Ich hatte einen Totalschaden rechts – und heute habe ich ein Glasauge", schmunzelt er. Zunächst aber war dem fröhlichen Rheinländer das Lachen erst mal vergangen: „Es war der Sturz aus dem Profilager, von ganz oben, vom Treppchen, nach ganz unten. Und je höher oben man steht, umso schmerzhafter prallt man nach einem Absturz unten auf", erinnert er sich. Marcel Wüst ist heute ein Ex-Radsportprofi. Das war erst mal hart. Aber er ließ sich nicht entmutigen. Kaum war er wieder in der Lage, sich selbst die Zähne zu putzen („Mein erster großer Sieg nach dem Unfall!"), machte er Pläne für „das Leben danach". Er fing bei Null an. Genau genommen unter Null: Er musste sich völlig neu erfinden. Aber er ist ein Kämpfer („Immer wenn es darum ging, eine besonders anstrengende Steigung zu schaffen, war ich besonders gut."). Chancen, die sich ihm boten, hat er genutzt. „Nach so einem Sturz gibt es nur zwei Möglichkeiten: Liegen bleiben und resignieren. Oder aufstehen und kämpfen. Ich habe mich für die zweite Alternative entschieden", sagt Wüst, und damit will er allen Mut machen, denen – direkt oder im übertragenen Sinne – etwas Ähnliches passiert ist.

Die Ruderin Kathrin Boron hatte zwei ernsthafte Rückschläge in ihrer Karriere: „Ich bin einmal trotz eines Bänderrisses gestartet – und wurde nur Vierte. Daraus habe ich viel mehr gelernt, als wenn ich Zweite geworden wäre. Echte Niederlagen – und das war eine für mich – zwingen zum Reflektieren. Und zwar nicht nur in sportlicher Hinsicht. Denn wenn man siegt oder zumindest irgendwo auf dem Treppchen steht – warum sollte man dann über sich selbst nachdenken? Man hat ja erreicht, was man wollte."

Die Fechterin Rita König-Römer ist in Bezug auf Niederlagen Kummer gewöhnt: „Beim Fechten verliert man sehr oft. Aber man verliert nie ein Gefecht umsonst. Nach jeder Niederlage kommt die Analyse: Was habe ich falsch gemacht, was muss ich beim nächsten Mal besser machen, warum habe ich meine Gegnerin unterschätzt? Es gibt keine Niederlagen, so gesehen. Nur Erfahrungen."

Und der Zehnkämpfer Frank Busemann hat schon immer gewusst, dass er seinem Körper viel zumutet mit seinem Hype auf Siege. „Ich habe Raubbau getrieben. Ich habe mir nie selbst die Zeit gegeben, gelassen zu regenerieren. Das war im Nachhinein betrachtet nicht gut."

5. Magnificent Leader sind flexibel und denken positiv.
Alle vier kamen irgendwann an einen Wendepunkt in ihrem Leben und mussten völlig umdenken. So wie es vielen Menschen in „normalen" Jobs passiert, wenn ihre Berufe plötzlich nicht mehr in die Zeit passen oder ihre Arbeitgeber irgendwann nicht mehr existierten. Wie gehen Sieger mit Krisen um, die sie zwingen, ganz neu anzufangen?

Bei Kathrin Boron führten private Umbrüche dazu. Ein Sterbefall, eine Geburt. Es ging nicht mehr. Sie stieg aus und begann etwas ganz anderes. Heute arbeitet sie bei einer Bank. Hat eine kleine Tochter – und schon wieder Pläne. Das Rudern hat sie noch nicht ganz losgelassen.

Anders als Marcel Wüst. Für ihn gibt es kein Zurück aufs Rad. Mit nur einem Auge ist das undenkbar. Und doch blieb er seinem Sport treu. Aus anderer Perspektive. Unter anderem kommentiert er im Fernsehen Radrennen und bietet Unternehmen sein Know-how als Magnificent Leader an.

So ähnlich wie Frank Busemann, der außerdem ein Wirtschaftsstudium drangehängt hat. Was wiederum auch Rita König-Römer getan hat. Beide wollen dem Sport treu bleiben. Irgendwas im sportlichen Umfeld tun. Die junge Fechterin macht unter anderem mit ihrer eigenen Werbeagentur („Ich bin ein Ein-Frau-Unternehmen. Noch.") Sport-Werbung. Aber nicht nur.

Was diese Leute können, das können Sie auch. Zumindest können Sie es lernen. Der erste Schritt dazu ist, es zu wollen. Der zweite ist, eine entsprechende Wahrnehmung der Realität zu entwickeln und zu schulen – der Switch im Kopf. Die Chancen intensiver wahrzunehmen als die Risiken. Sich einzusetzen für ein selbstgesetztes Ziel. Chancen wahrzunehmen, wenn sie sich abzuzeichnen beginnen.

Das Glück ist mit dem Tüchtigen, sagten die Altvorderen. Beweisen Sie es.

8.4.7 Schritt 7: *Umsetzen* – Wecken Sie die Selbstverantwortung

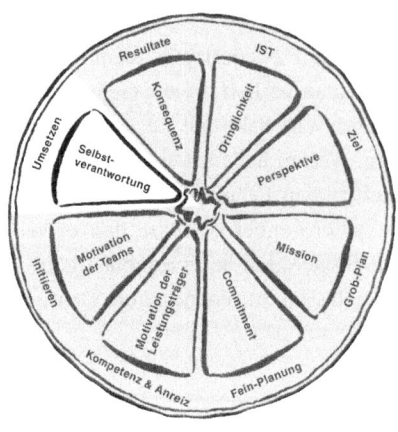

Jetzt tritt der Veränderungsprozess in seine Umsetzungsphase. Ab sofort sind die Diskussionen im Wesentlichen zu Ende. Alle Kraft wird auf das Ziel konzentriert. Auf die Perspektive am Horizont. Auch frühere Gegner sind nun aktiv eingebunden, soweit sie sich überhaupt noch im Umfeld des Projekts befinden und sich nicht komplett heraushalten. Auch verbal. Direkt nach dem Kick-off geht es los. Das ist für den Erfolg Ihres Projekts lebenswichtig. Denn ein solches Großevent weckt große Emotionen und kann ein mitreißendes Gefühl der Verbundenheit, eine regelrechte Aufbruchstimmung erzeugen.

Werden derart euphorische Gefühle allerdings nicht umgehend mit neuer Nahrung versorgt, dann kann es leicht passieren, dass sie in sich zusammenfallen wie ein Ballon, aus dem jemand die Luft gelassen hat. Und je größer die Gefühle, desto größer ist dann auch die Frustration. Wenn Sie also schon mal so weit gekommen sind, riskieren Sie besser keinen derartigen Absturz, denn der kann sehr weitreichende Folgen haben. Wenn Sie dann irgendwann einmal ein neues Projekt starten, sagen Ihre Leute: „Das kennen wir schon, da kommt ja doch nichts bei heraus."

Der Drive, den ein gut inszenierter Kick-off erzeugt, kann Ihr Projekt jedoch leicht über eine gewisse Strecke tragen. Mindestens bis zu den ersten positiven Zwischenergebnissen, die dann neuen Schub erzeugen. Vorausgesetzt, Sie erhalten das Feuer am Leben. Indem Sie dafür sorgen, dass keine toten Phasen den Motor ins Stottern bringen.

Was Sie sofort machen können: Verkünden Sie die neuen Spielregeln. Es gibt in solchen Situationen immer eine Reihe von Dingen, die sich sofort ändern. Die sollten dann allerdings auch einen direkten, für jeden einsichtigen Bezug zum Projekt haben: Vielleicht bezieht das Team der Projektpromotoren oder -leiter neue Büros. Oder eine andere Sprachregelung tritt in Kraft. Eine neue Software wird installiert und alle erhalten eine Einführung in diese verbesserten Systeme. Oder es gibt eine Serie von Seminaren zu den sieben Schritten, zum neuen Denken. Oder alle aktiv Beteiligten tragen ab sofort ein T-Shirt mit dem aufgedruckten Symbol des Projekts. Das sind deutlich erkennbare erste Schritte, die signalisieren: Nun ist es ernst.

Erste Etappensiege

Was nach dem Startschuss so rasch wie möglich her muss, das sind ein paar erste Zwischenerfolge. Damit allen klar wird: Wir sind auf dem richtigen Weg. Diese Etappensiege dürfen auf keinen Fall im Alltag untergehen. Sie müssen explizit als Erfolge auf dem Weg zum Ziel wahrgenommen, als Beweis für die Richtigkeit Ihrer Annahmen und Ziele zitiert, gefeiert werden. Übertreiben Sie es aber nicht. Die Kunst liegt in der richtigen Dosierung. Unterstreichen Sie das Erreichte so dick, dass niemand es übersehen kann – aber nicht dicker. Sonst könnte Ihre Glaubwürdigkeit leiden.

Wichtig dabei ist nicht so sehr, wie relevant diese Erfolge für das letztendliche Ziel sind. Unter diesem Aspekt können sie zunächst ruhig untergeordnet bis marginal sein. Wichtig ist, dass und wie Ihre Mitarbeiter sie wahrnehmen. Dass sie darin sehen, was sie sehen sollen: überzeugende Beweise, dass es voran geht. Dass das Ziel näher kommt. Dass der Weg stimmt und die Anstrengung sich lohnt. Rückschläge und Frustrationen wird es noch genügend geben – das ist so sicher wie das Amen in der Kirche. Gut, wenn Sie dann auf ein paar Erfolge verweisen können. Wenn Sie sie ausführlich in Erinnerung rufen und davon erzählen können, wie es in diesen Fällen trotz aller Schwierigkeiten vorangegangen ist.

Was tun mit den Gegnern?

Alles Neue hat überzeugte Verfechter, aber auch ebenso vehemente Gegenspieler. Das wissen nicht nur die Protagonisten des Frankfurter Flughafens, die bei jedem neuen Projekt zermürbende Kleinkriege gegen ganze Heere von Gegnern führen müssen. Das weiß auch jeder, der schon einmal noch so kleine Änderungen in einem Unternehmen lancieren wollte.

Sie haben alles getan, um Ihre Mitarbeiter geschlossen hinter Ihr Projekt zu bringen. Aber es gibt immer noch die unterschiedlichsten Gründe, aus denen Einzelne ihre Mitarbeit verweigern oder sich zumindest schwer damit tun. Häufig sind solche Gegner die Protagonisten der Veränderungen von gestern. Sie haben seinerzeit viel Energie in ihr Projekt gesteckt und sich damit identifiziert. Aber schon wieder? War es vielleicht nicht gut, was sie gemacht haben? Und warum sollte etwas, das bisher gut war, plötzlich schlecht sein? Es lief doch alles ganz rund, oder nicht?

„Frei ist, wer in Ketten tanzen kann."

Friedrich Nietzsche

Oder die Gegner von heute sind die Verlierer der Veränderung von gestern. Sie mussten in einem vergleichbaren Zusammenhang schon einmal zurückstecken, haben bereits empfindlich an Terrain verloren. Es kann auch sein, dass sie im Grunde aufgeschlossen für Neues sind und in der Vergangenheit schon einmal viel Energie in ein Veränderungsprojekt gesteckt haben – und dann wurde das Projekt aus unerfindlichen Gründen auf halber Strecke vom Management fallen gelassen. Nicht selten aber befürchten Gegner einfach für sich oder andere Risiken im Zusammenhang mit einem Veränderungsprojekt. Oder sie stehen Neuem prinzipiell misstrauisch gegenüber. Oder aber sie haben wirklich ernst zu nehmende Argumente gegen das Projekt, denen Sie nicht mehr entgegensetzen können, als dass Sie diese Risiken eben eingehen müssen – ebenfalls mit guten Argumenten.

In jedem Fall kann Ihr Ziel nur sein, die Gruppe Ihrer Gegner zahlenmäßig möglichst rasch zu dezimieren. Manchmal bedarf es dazu gar keiner harten Schnitte. In manchen Fällen genügt vielleicht ein Vier-Augen-Gespräch, um herauszufinden, wo genau die Probleme im Einzelfall liegen, um sie dann mit relativ geringem Aufwand zu lösen. Zum Beispiel, wenn sie in einem Denkfehler oder einer Fehlinterpretation begründet sind. Oder wenn der Betroffene sich verrannt hat und fürchtet, das Gesicht zu verlieren, wenn er jetzt doch noch umschwenkt.

„Es sind nicht die Dinge, die uns beunruhigen, sondern unsere Meinung über die Dinge."

Seneca

Wenn Sie herausfinden, was Ihre Gegner motiviert, finden Sie dabei unter Umständen auch gleich geeignete Wege, ihre Verluste auszugleichen. Vielleicht können Sie einen Statusverlust durch eine besonders attraktive Aufgabe ausgleichen. Oder Mehrarbeit durch mehr Flexibilität in der Arbeitszeitgestaltung kompensieren. Wenn Sie sich gar nicht einigen können, versuchen Sie, zumindest ein Stillhalteabkommen zu erreichen. Der andere kann bei seiner Meinung bleiben – aber er geht damit nicht hausieren. Wenn gar nichts anderes hilft, können Sie auch zu härteren Maßnahmen greifen. Dann sollten Sie aber bereit und in der Lage sein, diese auch durchzusetzen.

Harte Schnitte sind dabei manchmal nicht zu vermeiden. Schließlich bewegen Sie sich nicht auf der Insel der Seligen, sondern in einem Wirtschaftsunternehmen, das sich in einem umkämpften Markt gegen eine entschlossene Konkurrenz behaupten muss. Und dabei haben Sie Verantwortung nicht nur gegenüber Ihren Mitarbeitern, sondern auch gegenüber den Kunden und den Eigentümern des Unternehmens.

Neben Ihren expliziten Gegnern haben Sie es auch immer noch mit Gruppen von Mitarbeitern zu tun, die sich einfach nicht entscheiden können. Die immer dem zustimmen, was sie zuletzt gehört haben. Weil sie sich in veränderten Situationen schlicht verunsichert oder überfordert fühlen. Fachlich können solche Menschen erstklassig und unverzichtbar sein – aber ihr Selbstgefühl ist schwach ausgeprägt. Sprechen Sie mit ihnen. Nehmen Sie ihre Fragen und Bedenken ernst. Stärken Sie ihnen den Rücken und machen Sie ihnen ihren persönlichen Profit deutlich, wenn sie sich der Veränderung anschließen.

Besonders für diese Leute sind die Zwischenerfolge der ersten Zeit wichtig. Sie geben ihnen die Rückversicherung, dass sie aufs richtige Pferd setzen, indem sie sich auf die Veränderung einlassen. Sie werden noch über weite Strecken immer wieder Bestätigung und seelisch-moralische Unterstützung brauchen, um nicht mitten auf dem Fluss umzukehren und zurückzuschwimmen. Das ist die Aufgabe Ihres gesamten Kernteams, das den Prozess seit Beginn unterstützt.

Es sind niemals die Veränderungen selbst, die Widerstand erzeugen. Es sind immer die Menschen. Da draußen gibt es keinen Widerstand: Er ist in den Köpfen der einzelnen Protagonisten, in uns. Deshalb kann man Widerstand auch nur im Denken der Akteure auflösen.

Seien Sie fair zu den Verlierern

Jede Veränderung hat Gewinner und Verlierer. Ganz gleich, ob jemand aus einer Abteilung, in der er sich wohl gefühlt hat, in eine andere versetzt wird, ob er geliebte Gewohnheiten und Privilegien einbüßt, in der Hierarchie heruntergestuft wird, besonders umdenken muss, weil er neue Aufgaben übernehmen soll, oder gar komplett seinen Job verliert: Für den einzelnen Betroffenen ist der Verlust schmerzlich.

Auch wenn die Perspektive, die Sie mit Ihrem Projekt anstreben, noch so motivierend sein mag – sie ist es nicht für diese Gruppe Ihrer Mitarbeiter. Wer etwas verliert – oder auch nur zu verlieren glaubt –, interessiert sich nicht für die Perspektive der Übrigen. Jeder ist sich selbst der Nächste. Das ist ebenso menschlich wie legitim und absolut subjektiv. Denn objektiv entstehen dadurch für den Einzelnen vielleicht völlig neue Chancen und Möglichkeiten, er lernt etwas dazu und entwickelt sich weiter.

> *„Ein Idealist ist unverbesserlich: Wirft man ihn aus seinem Himmel, so macht er sich aus der Hölle ein Ideal zurecht."*
>
> *Friedrich Nietzsche*

Sie hingegen werden daran gemessen, wie Sie mit diesen Verlierern umgehen. In der Tiefenstruktur des Unternehmens spielen Emotionen eine nicht zu unterschätzende Rolle. Jeder könnte bei der nächsten Veränderung zu den Verlierern gehören – und das ist vielen auch bewusst. Man verzeiht Ihnen eher, wenn Sie ein „harter Knochen" sind, als wenn Sie ungerecht oder unfair mit Verlierern umgehen.

Reden Sie also mit diesen Leuten. Zeigen Sie Mitgefühl – aber lenken Sie ihre Aufmerksamkeit von ihrem Verlust auf die Zukunft: Wie können sie positiv damit umgehen? Wie können sie sich fit machen für die neue Situation? Können Sie ihnen Weiterbildungsmaßnahmen anbieten, Hilfe bei der Integration in die neue Umgebung, Support bei der Suche nach einem neuen Job? Und wie ist das mit den neuen Türen, die sich durch die Veränderung öffnen? Gibt es bei genauerem Hinsehen vielleicht doch mehr Gewinn als Verlust – zumindest längerfristig betrachtet?

Bleiben Sie aber auf dem Teppich. Allzu viel Optimismus könnte beispielsweise in einer Situation, in der ein Teil Ihrer Mitarbeiter im Zusammenhang mit der Veränderung eine Kündigung verkraften muss, leicht zynisch wirken.

Krisen gehören dazu

Keine Veränderung ohne Krisen. Menschen denken in Polaritäten. Gut ist gut im Vergleich zu schlecht. Zum Beispiel beim Wetter: Was gutes Wetter ist, wird danach beurteilt, was man als schlechtes Wetter empfindet. Das ist durchaus nicht überall gleich. In tropischen Ländern beispielsweise freuen sich die Menschen über einen Regentag und loben ihn als gutes Wetter.

Eine vergleichbare Polarität bilden Krisen und Erfolge. Es wird zwischendurch turbulent, es gibt Probleme, sie werden gelöst: Das ist ein Erfolg. Und so arbeiten Sie sich nicht von Krise zu Krise, sondern von Erfolg zu Erfolg. Es kann sogar mitunter sinnvoll sein, die eine oder andere kleine Krise bewusst zu inszenieren, wenn man wieder mal ein Erfolgserlebnis braucht. Aber das werden Sie vermutlich gar nicht nötig haben, denn Sie werden im Laufe eines Projekts in aller Regel ohnehin genügend Krisen haben.

Geben Sie Orientierung

Die meisten Menschen brauchen verlässliche Orientierungspunkte, um ein Gefühl von Sicherheit zu entwickeln. Veränderungen aber machen selten vor solchen Orientierungspunkten Halt. Das kann tiefe Unsicherheiten schaffen. Aber auch den Sinn von Leuchttürmen erkennt man oft erst dann, wenn es richtig stürmt.

Spätestens wenn die ersten Krisen auftauchen, gilt deshalb für Sie das „Prinzip Leuchtturm": Seien Sie sichtbar. Geben Sie Orientierung. Zeigen Sie Standfestigkeit und Stärke – selbst wenn Sie im ersten Augenblick ebenfalls verunsichert sein sollten. Damit helfen Sie Ihren Teams über die ersten Panikattacken hinweg, bis Sie gemeinsam die Lösungswege aus der aktuell prekären Situation gefunden haben und das Schiff wieder in ruhigeres Fahrwasser kommt. Je mehr Sicherheit, Verlässlichkeit und Integrität Sie Ihren Mitarbeitern vermitteln, umso gelassener gehen sie mit Krisen um. In der Zuversicht: Wir schaffen das.

Allerdings werden in Krisen auch Ihre Gegner wieder mutiger. Sie nehmen jeden kleinen Rückschlag als Beleg dafür, was sie ja schon immer gesagt haben: Dieses Projekt ist überflüssig, falsch, kontraproduktiv oder was auch immer. Jede Krise kann damit schnell zu einer Führungskrise werden. Was Sie in Veränderungsprozessen kontinuierlich zeigen sollten, ist also neben deutlicher Präsenz und Zuversicht auch Macht und Führungswillen. Binden Sie Gegner so weit wie möglich in Ihr Projekt ein – natürlich nicht an Schlüsselpositionen, wo sie es umso wirkungsvoller boykottieren können. Behalten Sie sie im Blick. Reagieren Sie umgehend und mit Nachdruck, wenn sich Unregelmäßigkeiten abzeichnen.

Bestehen Sie auf den neuen Regeln

Neue Regeln sind kein Selbstzweck. Sie haben ihren Sinn. Sie sollen den Umgang mit den neuen Strukturen erleichtern und dazu beitragen, das gemeinsame Ziel in der dafür angesetzten Zeit auch zu erreichen. Und nicht zuletzt sind sie wichtige Orientierungspunkte in der einigermaßen diffusen Übergangszeit zwischen alt Gewohntem und Neuem.

Nun ist aber der Mensch ein Gewohnheitstier, und nichts fällt ihm schwerer, als plötzlich auf der linken Straßenseite zu fahren, nachdem er sich zuvor angewöhnt hatte, rechts zu fahren. Sobald er abgelenkt wird oder sich unbeobachtet fühlt, wird er automatisch dazu tendieren, zu seiner alten Gewohnheit zurückzukehren. Aus Bequemlichkeit. Aus grundsätzlicher Opposition. Oder weil er es nun mal für richtig hält, rechts zu fahren –

ganz gleich, was die anderen alle tun. Weil er mit diesem Verhalten aber ernste Unfälle riskiert und dabei nicht nur seine eigene, sondern auch die Unversehrtheit Unbeteiligter aufs Spiel setzt, muss dieses Verhalten im Interesse der Gemeinschaft bestraft werden. Auch um Nachahmer abzuschrecken.

Denn gegen Regeln zu verstoßen, führt unweigerlich zum Konflikt. Dulden Sie es bei einem, kann das einen regelrechten Dammbruch auslösen. Was dem einen recht ist, ist den anderen billig. Regelverstöße müssen also zeitnah geahndet werden. Als der Amerikaner Floyd Landis 2006 die Tour de France gewann und anschließend zwei seiner Doping-Proben positiv ausfielen, fiel er aus dem Himmel des Tour-Siegers ziemlich unsanft auf den harten Boden der Realitäten. Er hatte gegen eine der zentralen Regeln verstoßen und wurde mit Schimpf und Schande aus der Riege der aufrechten Radprofis verstoßen.

Ganz gleich, ob der Regelverstoß eine bewusste Provokation war oder der augenzwinkernde Versuch, eine lästige Vorgabe zu umgehen, ob er aus alter Gewohnheit oder Bequemlichkeit stattfand: Sie können ihn nicht einfach ignorieren. Je nachdem, wie stabil Ihr Projekt läuft und wie umstritten oder unumstritten Ihr Führungsanspruch ist, kommen Sie beim ersten Mal mit einer offiziellen Abmahnung hin oder sollten gleich hart durchgreifen. Aber wie auch immer Sie reagieren: Tun Sie es demonstrativ. Für jeden sichtbar. Damit kein Zweifel daran aufkommen kann, dass diese Regeln ernst gemeint sind und Sie keine Ausnahmen dulden.

Jeder hatte die Wahl (und hat sie auch immer noch), sich zu entscheiden: Entweder er passt sein Verhalten den veränderten Regeln an, oder er beschließt, sich einen anderen Arbeitgeber zu suchen. Entscheidet sich eine Organisation sich für einen bestimmten Weg, den Einzelne nicht mitgehen wollen, dann ist dies eben ein Scheideweg. Im Einzelfall kann das zunächst als hart empfunden werden – nicht nur von Seiten des Betroffenen, sondern auch des Unternehmens, das vielleicht einen wichtigen Leistungsträger verliert. Aber es ist Teil der persönlichen Freiheit jedes Einzelnen, besonders wenn er sein Leben selbstbestimmt und eigenverantwortlich definiert.

Im Übrigen sind Regeln gerade in Zeiten des aktiv vorangetriebenen Wandels auch ihrerseits nicht in Erz gegossen. Sie können sich im Laufe eines Projekts aus pragmatischen Erwägungen verändern, passen sich den Veränderungen an, entwickeln sich mit. Reagieren Sie also auch in diesem Zusammenhang pragmatisch und angemessen. Rechthaberei und Sturheit – egal auf welcher Seite des Schreibtischs – bringt den Prozess nicht weiter.

Passen Sie Ihre Strukturen an

Im Verlauf des Prozesses entstehen Krisen häufig dann, wenn Sie an Hindernisse stoßen, die aus den Resten der alten Strukturen bestehen. Die sind ja traditionell auf das ausgerichtet, was bisher galt. Wenn Sie Ihre Ziele, Ihre Perspektiven und damit auch Ihre Arbeitsweise ändern, passen Sie diese Rahmenbedingungen schrittweise den neuen Vorgaben an. Versäumen Sie das, dann laufen Ihre Mitarbeiter ständig gegen Wände. Frustrierend!

Wenn Sie beispielsweise im Vertrieb das Ziel setzen, dass nicht mehr Quantität, sondern Qualität der Aufträge der Maßstab sind – also nicht mehr die Höhe der Umsätze zählt, sondern die zu erwartende Rendite, dann wird es notwendig, auch Ihr Provisionssystem daran zu orientieren. Wenn Lernen aus eigenem Antrieb künftig ein wesentlicher Fokus Ihres Unternehmens sein soll, gehören dazu entsprechende Anreize und Angebote. Wenn es darum gehen soll, weniger Zeit am Computer und mehr Zeit beim Kunden zu verbringen, muss es dafür vereinfachte Software geben, ZAR-Sheets und zumindest in der Übergangszeit eine engschrittigere Führung, eventuell auch gezieltes Coaching, um Kundengespräche zu optimieren, sprich: das Zuhören zu lernen, anstatt nur auf den Kunden einzureden.

Wer mit zu kleinen Schuhen weite Strecken wandern soll, wird bald auf der Strecke bleiben. Wegen der schmerzenden Blasen an seinen Füßen. Wenn Ihre Leute mit alten Strukturen neue Ziele erreichen sollen, werden sie ähnliche Probleme bekommen. Also geben Sie ihnen möglichst gleich passende Schuhe ... pardon: Strukturen. Beziehungsweise passen Sie die vorhandenen Strukturen immer dann umgehend an, wenn sich herausstellt, dass sie nicht mehr ausreichen.

Halten Sie Ihre Leute bei der Stange

Ein wesentliches Ziel Ihres Projekts ist der Klick in den Köpfen: Sie wollen Ihre Mitarbeiter schrittweise vom alten zum neuen Denken führen. Sie steuern mit jedem Projekt aktiv auch eine Kultur der lernenden Organisation, der Selbstverantwortung und des unternehmerischen Denkens an. Was immer Ihre Ziele auf der Sachebene sind, diese Metaebene bewegt sich mit, wenn Sie die entsprechenden Strukturen unterstützen:

- **Offenes und teamorientiertes Arbeitsklima**
  Transparente, leistungsorientierte Entlohnungssysteme unterstützen es ebenso wie eine Kultur der gegenseitigen Wertschätzung und der Unterstützung wie beispielsweise durch Job-Rotationssysteme. Verlierer werden integriert, anstatt sie auszugrenzen. Wo möglich wird nach Win-Win-Lösungen gesucht. Entscheidungen werden vorzugsweise gemeinsam diskutiert und getroffen.
- **Selbst initiierte Netzwerke der Beschäftigten auch über Abteilungs- und Hierarchiegrenzen hinweg**
  Ob solche Netzwerke die gemeinsame Freizeitgestaltung, etwa die Organisation von Firmensportaktivitäten, zum Ziel haben oder kreative Lösungen wiederkehrender Probleme bei den Produktionsprozessen, ist sekundär. Sie fördern das Kennenlernen, bündeln Kompetenzen und Erfahrungen und stärken das Gemeinschaftsgefühl, die Identifikation der Mitarbeiter untereinander und mit dem Unternehmen.
- **Offene Kommunikationsstrukturen**
  Wer eigeninitiativ und selbstverantwortlich denken und handeln soll, braucht Informationen. Es wird also grundsätzlich nachvollziehbar und umfassend über Veränderungen informiert. Gegenseitiger Respekt ist dabei eine wesentliche Grundlage. Nach der Methode des Story-Telling (oder Variationen davon) werden Informationen in ihrem jeweiligen Kontext vermittelt, Geschichten werden erzählt.

- **Konstruktive Konfliktkultur**
  Konflikte werden nicht verdrängt oder hochgespielt, sondern konstruktiv gelöst. Dazu werden Mitarbeiter als Mediatoren geschult, die eine konstruktive Konfliktkultur fördern. Konflikte sind Chancen der Weiterentwicklung.
- **Lernende Organisation**
  Ebenso ist es mit Fehlern. Sie dürfen nicht nur, sie sollen gemacht werden. Niemand wird angeprangert, weil er etwas falsch gemacht hat, also kommt auch niemand in Versuchung, Fehler zu vertuschen. Ihre Genese und die jeweiligen Lösungsstrategien werden dokumentiert und sind damit für jeden nachzuvollziehen. So werden sie zum Bestandteil der offenen Kommunikation, und jeder hat Gelegenheit, aus ihnen zu lernen: Das Unternehmen kann sich als lernende Organisation weiterentwickeln. Damit ist die Fehlerkultur Teil der kontinuierlichen Verbesserungsprozesse.
- **Kontinuierliche Verbesserungsprozesse**
  Jeder schult ständig seinen Blick für Details, an denen die Arbeitsabläufe verbessert werden könnten. Ob es sich dabei um „Stolperfallen" oder schnellere Umrüstmöglichkeiten in der Produktion handelt, um Zeitfresser im Vertrieb oder um besseres Hand-in-Hand-Arbeiten zwischen einzelnen Arbeitsbereichen – eine gewisse kreative Unruhe ist eine Grundmelodie im Unternehmen. Entsprechende Vorschläge und ihre Hintergründe – „Verbesserungsgeschichten" – werden ebenfalls für jeden nachvollziehbar und abrufbar dokumentiert. Eigeninitiative, ernsthafte Experimente und Pilotversuche in diesem Zusammenhang werden ermutigt und gefördert.

Drehen Sie auf

Wenn Ihr Projekt unterwegs an Fahrt verliert, haben Sie zwei handliche Stellschrauben zur Verfügung, an denen Sie wieder aufdrehen, neuen Schub in den Prozess bringen können.

Zum einen können Sie ein wenig Dramaturgie hineinbringen. Machen Sie Ihren Mitarbeitern deutlich, wie kompliziert die Lage wirklich ist. Reden Sie offen über Probleme, über Hindernisse auf dem Weg zum Erfolg, über die zusätzlichen Schwierigkeiten, die Ihre Gegner machen. Formulieren Sie die Zwischenziele auf dem Weg zum endgültigen Ziel, zur gemeinsamen Perspektive, ruhig ein wenig anspruchsvoll. Gleichzeitig demonstrieren Sie Ihre unbedingte Entschlossenheit und Zuversicht, all das gemeinsam mit ihren Leuten in den Griff zu bekommen. So inszenieren und benutzen Sie Krisen und potenzielle Krisen bewusst als Vehikel, um Erfolge zu erzielen. Jeden dieser Erfolge zelebrieren Sie dann als Sieg. So bleibt der Spannungsbogen von Etappe zu Etappe auf einem hohen Niveau. Aber auch hier gilt: Übertreiben Sie dieses Instrument nicht bis zur Unglaubwürdigkeit.

Die zweite Stellschraube ist die Dynamik. Bringen Sie Tempo in den Prozess. Das können Sie beispielsweise, indem Sie enge Zeitvorgaben einführen, die einzelnen Schritte detailliert planen, regelmäßige Jour fixe zum intensiven Austausch aller Beteiligten über den Stand der Dinge durchführen.

Kommunikation ist ohnehin die zentrale, übergreifende Stellschraube. Ganz gleich, ob Sie sich für Interventionen mithilfe von Dramaturgie oder Dynamik entscheiden – oder für einen Mix aus beiden. Sie haben ja schon lange erkannt, wie wichtig es ist, Geschichten zu erzählen, Informationen zusammen mit ihrem inhaltlichen und chronologischen Kontext zu vermitteln. Dieses Grundprinzip, das Sie bereits in Vorbereitung Ihres Projekts mit Erfolg eingesetzt haben, ist in der Zeit der Irrungen und Wirrungen zwischen Start und Ziel mindestens ebenso wichtig.

8.4.8 Schritt 8: *Resultate* – Machen Sie die Konsequenzen klar: Nach dem Ziel ist vor dem Ziel

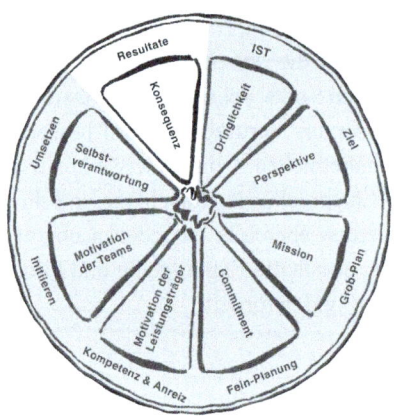

Irgendwann ist es so weit: Sie sind da. Das Ziel ist erreicht. Was einmal eine Perspektive war, ist Realität. Vielleicht nicht bis ins Detail so, wie Sie es sich vorgestellt haben. Einiges ist unterwegs auf der Strecke geblieben, war nicht umsetzbar oder hat sich als Denkfehler oder Irrweg erwiesen. Anderes wurde zurückgestellt. Aber das ist zunächst zu vernachlässigen: Sie sind da. Ihr Projekt ist beendet.

Ist es wirklich beendet? In ihrem Bestreben, Erfolgserlebnisse zu schaffen und die allgemeine Stimmung zu beflügeln, blasen manche Organisatoren von Projekten zum Zapfenstreich, kaum dass sie die ersten Etappen bewältigt haben. Damit verurteilen sie ihre Projekte zum Untergang. Denn sofort werden ihre Mitarbeiter erleichtert aufatmen, ihre Energie wieder auf „normale Kraft" herunterfahren und frohgemut in ihren alten Trott zurückfallen. Also: Zwischenergebnisse als das zelebrieren, was sie sind. Und das Halali erst, wenn die Strecke bewältigt ist.

Aber kaum haben Sie das schließlich geschafft, erkennen Sie: Die Ergebnisse schreien nach neuen Konsequenzen. Sie haben mit Ihrem Projekt an verschiedenen Punkten Bewegungen angestoßen. Das schafft weiteren Handlungsbedarf. Ihr Projekt war vermutlich ohnehin nicht das einzige im Unternehmen. Es gab andere an anderen Punkten. Der Wandel ist ein immerwährender Prozess, solange es Menschen gibt. Nach dem Ziel ist immer vor dem Ziel.

Kommen Sie erst mal an

Wer nicht ankommt, kann auch nicht wieder aufbrechen. Wer nach einem Schritt den Fuß nicht erst mal fest auf den Boden stellt, hat keinen sicheren Stand, um den nächsten Schritt zu gehen. So einleuchtend das ist – in vielen Unternehmen gehen Projekte nahtlos ineinander über. Wie bei einem Perpetuum mobile: Bewegung ohne Ende. Kein Wunder, wenn die Beteiligten sich fühlen, als würden einfach die Daumenschrauben immer enger gezogen: Kaum haben sie ein Ziel erreicht, werden sie zum nächsten getrieben, und dabei steigen die Anforderungen kontinuierlich.

Letzteres ist selbstverständlich so. Aber dass die Anforderungen steigen, ist ja erst mal etwas Positives. Wenn man sich dabei unter Druck fühlt, läuft etwas falsch. Was objektiv passiert, ist, dass das gesamte System sich weiterentwickelt – und das ist etwas Positives und sollte auch so vermittelt werden. Nehmen Sie also zum Abschluss eines Projekts erst mal Tempo heraus.

Geben Sie Ihren Mitarbeitern Zeit anzukommen. Planen Sie eine kleine Zäsur ein. Vielleicht feiern Sie den Sieg gemeinsam – warum nicht in einer vergleichbaren Großveranstaltung wie der, mit der Sie den Startschuss gegeben haben? Lassen Sie Ihre Leute ruhig ein wenig sich selbst feiern. Das tut gut und verschafft ihnen die Anerkennung und Selbstbestätigung, die sie sich verdient haben.

Danken Sie allen Beteiligten, besonders denen, die sich herausragend engagiert oder die deutlich etwas verloren oder aufgegeben haben, um den Erfolg zu ermöglichen. Erzählen Sie die Geschichte des gesamten Prozesses – oder lassen Sie sie von einzelnen Protagonisten erzählen. Die Heldensagen der Veränderung. Die Erlebnisse und Erfahrungen auf dem Weg zum Ziel. Geschichten von Rückschlägen und Stillständen – und wie man sie bewältigt hat. Lenken Sie den Blick auf die gemeinsamen positiven Erfahrungen. Auf das Vertrauen, das gewachsen ist. Auf die gegenseitige Hilfsbereitschaft, das Teamdenken, den Zusammenhalt.

Für die angemessene Würdigung und die Verankerung des Neuen im Alltag ist es wichtig, den gesamten Prozess noch einmal zu reflektieren. Was war der Ausgangspunkt? Welche Fehler wurden auf dem Weg zum Ziel gemacht? Was haben die jeweils Beteiligten, was hat das gesamte System daraus gelernt? Wie werden diese Lernschritte für die Zukunft nutzbar gemacht? All das sind schon Vorbereitungen für die Akzeptanz des nächsten Projekts – auch wenn das noch nicht so explizit gesagt wird.

Und dann fügen Sie die eben stattgefundene Veränderung in die Geschichte des Unternehmens ein. Sie machen deutlich, dass diese Geschichte schon immer aus einer Kette von Veränderungen besteht, dass das System Unternehmen sich Zug um Zug zu dem entwickelt hat, was es heute ist. Und dass es sich weiterentwickeln wird. Dass Geschichte immer eine Geschichte von Veränderungen ist. Setzen Sie damit einen demonstrativen Schlusspunkt. Atmen Sie alle einmal tief durch und lassen Sie das Ganze sacken. Und geben Sie dem, was Sie erreicht haben, Gelegenheit, Alltag zu werden.

Das Neue wird alltäglich

Was Sie während des zurückliegenden Projekts Schritt um Schritt verändert haben, ist nun an der Tagesordnung. Es ist noch ein wenig ungewohnt, aber von Tag zu Tag wird es alltäglicher. Damit ist es nichts Besonderes mehr: Was bisher als besonders hervorgehoben und belohnt wurde, ist nun die Regel und wird als selbstverständlich vorausgesetzt.

Wenn Sie nun Ziele definieren, dann geht es nicht mehr um die Veränderung, sondern darum, von deren Errungenschaften zu profitieren. Die gemeinsamen Mühen während des zurückliegenden Projekts zahlen sich nun aus. Ganz andere Ergebnisse werden möglich. Daran erinnern Sie in Gesprächen am Rande immer wieder: „Hätten wir damals nicht ..., dann könnten wir nun nicht ..." So rufen Sie immer wieder den Sinn dieser Zusatzanstrengungen in Erinnerung und damit ganz allgemein den Sinn der Weiterentwicklung. Je überzeugender sich das im Alltagsgeschäft immer wieder bestätigt, desto besser für die Akzeptanz kommender Veränderungsprojekte.

Die Regeln des Übergangs, Ihre Haltegriffe während des Projektverlaufs, sind nun teilweise obsolet. Einige allerdings wollen Sie sicher auch in Zukunft beibehalten. Besonders die neuen Werte, die mit dem neuen positiven Denken verknüpft sind. Offenheit, Selbstverantwortung, Eigeninitiative, unternehmerisches Denken und Handeln – das sind grundlegende Werte für eine lernende Organisation. Dazu haben Sie im Verlauf Ihres Projekts die Basis gelegt – und hier knüpfen Sie immer wieder an.

Leadership contra Management

Projekte haben immer eine Veränderung zum Ziel. Oft finden solche Veränderungen eher an der Oberfläche statt, auf einem abstrakten Level, nicht selten gegen heftigen Widerstand breiter Schichten der Mitarbeiter. Zum Beispiel, weil die Hintergründe und Ziele der Veränderung nicht angemessen bis in die Tiefenstrukturen des Unternehmens vermittelt werden. Mit der bekannten Folge, dass zwischen 60 und 70 Prozent aller Projekte in den Untiefen der Tiefenstruktur auf Sand laufen. Klassisches Management hat sich damit für Projekte als untauglich erwiesen. Um die Tiefenstrukturen eines Unternehmens zu erreichen, unternehmerisches Denken und selbstverantwortliches Handeln großer Gruppen der Mitarbeiter zu ermutigen und zu unterstützen, ist Leadership die Lösung.

Das setzt grundlegende persönliche und charakterliche Eigenschaften voraus: Charisma, Glaubwürdigkeit, Einfühlungsvermögen und Teamorientierung. Es braucht ein Team und eine ganzheitliche Herangehensweise. Leadership führt über Vision und Perspektive, über offene und transparente Kommunikation, über die Vermittlung von Sinn und Hintergründen. Basis der Zusammenarbeit sind Motivation und Begeisterung sowie die Kunst, die Bedürfnisse der Mitarbeiter nach Autonomie und Selbstverantwortung zu wecken und zu erfüllen. Das macht Leadership zum geeigneten Mittel, um Veränderungen, Innovation und kreative Lösungen zu führen.

Leadership kann komplexe Systeme wie Unternehmen mit seinem ganzheitlichen Ansatz zielgerichtet zur Höchstleistung führen. Damit können Sie auch einen grundlegenden Wandel wagen, um die Zukunftsfähigkeit Ihres Unternehmens zu sichern. Sie können mit Leadership auch über erhebliche Widerstände hinweg Menschen zu solchen Veränderungen befähigen und bewegen, die erforderliche Umgestaltung und Transformation der Organisation mitzutragen. Denn Leadership hilft Ihnen, die Menschen in der Organisation mental und emotional für eine gemeinsame Zukunftsvision zu motivieren und ihre Verbundenheit über alle Hierarchieebenen hinweg anzuregen und zu stabilisieren.

> **... Stichwort: Nachhaltigkeit ...**
>
> Das Unternehmen ist seit 21 Jahren unser Kunde. Damals kam es zu uns, weil seine Verkäufer eine Horde erfolgreicher, aber höchst egozentrischer Einzelkämpfer waren. Keiner ließ sich in die Karten schauen. Jeder sah sich in Konkurrenz zu den übrigen. Teamarbeit im Sinne des Unternehmens? Kein Gedanke!
>
> Das haben wir geändert. Unter anderem haben wir dazu die Erfolgsplattform und das Political Poster genutzt. Die Transparenz, die beide erzeugen, wirkte auf die Verkäufer zunächst äußerst bedrohlich. Sie hatten Angst um ihre Unersetzlichkeit, sollten sie ihr umfassendes Wissen zu einzelnen Kunden mit anderen teilen. Es dauerte lange, bis wir sie von ihrem persönlichen Profit dabei überzeugen konnten. Heute haben sie mehr Kunden, und zwar solche mit mehr Potenzial – und dadurch mehr persönlichen Gewinn. Und keiner kann sich mehr vorstellen, so zu arbeiten, wie das damals an der Tagesordnung war.
>
> Bei diesem Kunden haben wir nach und nach alle Instrumente eingesetzt, die Sie in diesem Buch finden. Zu Beginn waren sie noch nicht so ausgereift wie heute. Wir haben sie gemeinsam mit diesem und anderen Kunden peu à peu optimiert.
>
> Durch Einsatz individueller Schlüsselhebel und strategischer Tools hat dieser Kunde im Laufe der Zeit aus einem Unternehmen vier gemacht und seine Umsätze verachtfacht – mit den entsprechenden Profiten, denn er arbeitete von Anfang an mit einer immer mehr verfeinerten Potenzial Line und hatte den Faktor „Rendite" im Fokus.
>
> Bis heute.
>
> Auch mit diesem Kunden haben wir die Erfahrung gemacht, dass jede Veränderung zunächst einmal Widerstand erzeugt. Diese Widerstände ließen aber im Laufe der Zeit nach, weil die Mitarbeiter die Erfahrung gemacht haben, dass sie an jeder Veränderung schon frühzeitig aktiv beteiligt wurden und hinterher immer auf irgendeine Weise persönlich davon profitierten.
>
> Die Instrumente, die Sie in diesem Buch kennen gelernt haben, wurden mehr und mehr zur Routine und damit immer effizienter. Sie haben sich als ein wichtiger Garant für kontinuierliches, stabiles Wachstum bewährt. Weil sie stetig weiterentwickelt wurden. Die Tools wurden mit den Jahren verfeinert, aber nicht gewechselt. Veränderungen um der Veränderung willen gab es nicht. Jeder Change war in seiner Notwendigkeit nachvollziehbar und den Mitarbeitern zu vermitteln. Das half ihnen, ihn jeweils nachhaltig zu akzeptieren.

Epilog

Vertriebsstrategien müssen sich nicht hinter abstrakt-nebulösen Formulierungen verstecken. Sie sind auch kein Zauberwerk besonders begabter Verkaufstalente und schon gar nicht das Ergebnis glücklicher Umstände oder des Zufalls. Hinter einem erfolgreichen Vertriebsprojekt steht eine auf Resultate orientierte, pragmatische Vorgehensweise. Eine klar auf die einzelnen Mitarbeiter heruntergebrochene Strategie, die Punkt für Punkt stringent umgesetzt wird. Und die konsequente Einbindung der gesamten Vertriebsmannschaft.

Die Tools in diesem Buch gehören bei Winner/s Edge zum Alltag. Manche von ihnen wurden vor mehr als 20 Jahren konzipiert und inzwischen immer wieder optimiert und veränderten Rahmenbedingungen angepasst. Die Kunden von Winner/s Edge arbeiten damit beziehungsweise mit Versionen, die jeweils passgenau auf sie abgewandelt und zugeschnitten sind. Und das mit Erfolg. Die Beispiele im Buch sind authentisch, wenn auch vereinfacht und aus Datenschutzgründen anonymisiert wiedergegeben.

Da aber alles, frei nach Heraklit, ständig im Fluss ist, tauchen immer wieder andere, individuelle, mitunter völlig unerwartete Herausforderungen auf, für die keines dieser Tools so richtig passt. Dann setzen sich die Resulter[1] von Winner/s Edge hin, gemeinsam mit dem Kunden oder in einer internen Gruppe, und denken sich ein neues Tool aus. Eines, das genau die aktuelle, einmalige, besondere Situation abbildet und griffig macht. Eines, mit dem die Mitarbeiter auf Kundenseite möglichst schon am nächsten Tag arbeiten können. Praktisch, handlich und Resultate-orientiert. Ein neues Resulting-Tool.

Und genau das können Sie auch. Betrachten Sie die Arbeitshilfen in diesem Buch als Basis und Anregung. Passen Sie sie den Gegebenheiten in Ihrem Unternehmen an. Nehmen Sie sie auseinander und setzen Sie sie neu zusammen, wenn das Ihre Situation oder Aufgabe erfordert. Und wenn nötig, erfinden Sie neue. Setzen Sie sich einfach mit einigen Ihrer Leistungsträger zusammen, die mit der in Frage stehenden Herausforderung persönlich konfrontiert sind. Und mit solchen, die den gebotenen Abstand dazu haben.

---

[1] Siehe Lasko/Busch: „Resulting – Projektziel erreicht", Wiesbaden 2003.

Und überlegen Sie, wie Sie die anstehenden Aufgaben sinnvoll strukturieren und in eine handhabbare Form bringen können, die im Unternehmensalltag leicht umgesetzt werden kann. Dann werden Sie auch die gewünschten Resultate ernten.

Im Anhang dieses Buches finden Sie das „Strategie-Handbuch", das Ihnen die Möglichkeit bietet, den hier vorliegenden Strategieansatz „Strategie – Umsetzung – Profit" aus einer anderen Perspektive zu betrachten.

Dabei wünschen wir Ihnen viel Erfolg! Und sollten Sie einmal Rückfragen haben oder Unterstützung benötigen, fragen Sie uns. Das Motto von Winner/s Edge lautet:

Idee – Aktion – Resultat!

Anhang: Das Strategie-Handbuch

In diesem Buch haben Sie einen pragmatischen Pfad kennen gelernt, wie Sie aus einer Strategie Profit generieren können. Die elementare Grundlage für diese drei Schritte „Strategie – Umsetzung – Profit" leitet sich aus dem Strategie-Handbuch ab, das wir Ihnen nun vorstellen werden.

Eine verständliche Struktur und eine direkt nachvollziehbare Logiklinie bilden den Ausgangspunkt:

(A) Markt	(B) Unternehmen	(C) Plan	(D) Performance
Was will der Markt	Was wir erreichen wollen	Was wir planen	Wie wir es konkret machen

Die Kontextstrategie ist ein Zusammendenken von „A Markt", „B Unternehmen" (die eigene unternehmerische Position), die sodann erweitert in „C Plan" konzipiert wird, um die Realisation in Resultate „D Performance" zu ermöglichen. Der Zusammenhang/das synergistische Ganze ist auf einem Blick verständlich zu verbinden.

Die Kontextstrategie geht also über das bisherige Verständnis einer engeren Strategiedefinition hinaus. Was nützen Strategien, die nicht im Kontext des Profits gedacht werden?

Wer diese vier Bereiche nicht aus einem Guss, auf einen Blick, in der Verkettung, in dem sie sich gegenseitig bedingen, sehen kann, und wer veraltet etwa Strategie und Strategieumsetzung als zwei getrennte Prozesse versteht, als getrennte Einheiten also, der wird sicherlich gut beraten sein, sich in Schuldzuweisung und Rechtfertigung zu üben, um die ausbleibenden Profite zu rechtfertigen.

Das Strategiehandbuch ist ein Kommunikationsinstrument, welches nicht für wenige permanent greifbar ist, sondern für alle Opinion Leader, die die Treiber und Beweger des Unternehmens sind. Das gilt über alle Hierarchien. Die Führungskräfte/Macher nutzen es für sich zur Erinnerung, auf dem richtigen Weg zu sein, und um durch das operative Tagesgeschäft das Ganze nicht aus den Augen zu verlieren. Ein Kompass. Untereinander in den Teams gibt es ein „permanent advice", das Richtige zu tun, einen gemeinsamen Bezugspunkt zu haben.

Wie tragisch, wenn Strategie etwas ist, was als dicke Ausarbeitung in Schränken ruht und einmal im Jahr aufgefrischt wird - oft mit heftigstem Termindruck, in häufiger Unlust durch den Zeitdruck.

Die Kontextstrategie ist zirkular angelegt. Das meint, was einmal steht, wird durch permanentes Schleifen immer wieder belebt und erneuert, verbessert, optimiert.

(A) Markt		(B) Unternehmen		(C) Plan		(D) Performance	
Was will der Markt		Was wir erreichen wollen		Was wir wollen		Wie wir es konkret machen	
1. Umfeld-attraktoren	2. Heraus-forderungen	3. Identität	4. Ziele	5. Strategeme	6. Erfolgs-faktoren	7. Umsetzung	8. Resulting

Ganz am Anfang werden zwei Aspekte isoliert betrachtet: **(A) Markt** und **(B) Unternehmen.** Was sie natürlich real nicht sind, denn aus einem höheren Blickpunkt sind sie sich bedingend in einem Handlungsraum. Jedoch aus der isolierten Betrachtung gelingt später um so besser die Verbindung zu einer Einheit, der **(C) Plan,** und fließt sodann in die Umsetzung zum Resultat, **(D) Performance.**

- **Der Markt (A)** wird durch die Umfeldfaktoren beschrieben, die sodann durch (A) 1. Umfeldattraktoren in den (A) 2. Herausforderungen verdichtet werden.
- **Das Unternehmen (B)** besteht zum einen aus der emotionalen Kraft, dem Herzen, der (B) 3. Identität und zum anderen dem logisch rationalen Part, (B) 4. den fiskalischen Zielen.
- **Der Plan (C)** beschreibt die Strategie, begründet durch die (C) 5. Strategeme und ordnet die (C) 6. Erfolgsfaktoren zu.
- **Die Performance (D)** ist die konkrete (D) 7. Umsetzung in Aktionen und natürlich (D) 8. die Erfolgsmessung: Resulting.

(A) Markt

1. Umfeldattraktoren
Der erste Blick gilt also den Umfeldattraktoren des Marktes:

(A) Markt		(B) Unternehmen		(C) Plan		(D) Performance	
Was will der Markt		Was wir erreichen wollen		Was wir wollen		Wie wir es konkret machen	
1. Umfeld-attraktoren	2. Heraus-forderungen	3. Identität	4. Ziele	5. Strategeme	6. Erfolgs-faktoren	7. Umsetzung	8. Resulting

Welche Umfeldattraktoren sind es, die für Ihren Unternehmenstypus eine Bedeutung haben? Nicht für Ihr spezifisches Unternehmen, sondern grundsätzlich, so objektiv wie möglich für Ihre Branche. Beispiele (eine willkürliche Auswahl):

- Gesetzgebung
- Trend
- Wettbewerb
- Endkunden
- Großhandel
- Industrie
- Preisstrukturen
- Politik
- Innovationszyklus
- Patente

Die Liste lässt sich beliebig fortsetzen, entscheidend ist, dass Sie die richtigen Attraktoren auswählen und neutral und so objektiv wie möglich beschreiben, was diese ausmachen. Natürlich sollten diese Attraktoren trennscharf darstellbar sein, jedoch auch hier gilt das Wissen, dass diese holistisch miteinander verknüpft sind.

2. Herausforderungen

Nun gilt es, die richtigen Schlussfolgerungen zu ziehen. Was genau sind die Herausforderungen, die sich daraus ableiten? Es geht darum, gerade die Interdependenzen zu sehen und das Ganze in Sätzen zu formulieren, die später wieder in der Strategie gespiegelt werden. Die Strategie muss die Herausforderungen bedienen.

(A) Markt		(B) Unternehmen		(C) Plan		(D) Performance	
Was will der Markt		Was wir erreichen wollen		Was wir wollen		Wie wir es konkret machen	
1. Umfeldattraktoren	2. Herausforderungen	3. Identität	4. Ziele	5. Strategeme	6. Erfolgsfaktoren	7. Umsetzung	8. Resulting

Beispielhafte Herausforderungen (sehr allgemein gehaltene Formulierungen):

- Die Digitalisierung ist intensiv zu forcieren.
- Lebenszyklen gehen zu Ende, Innovationen sind gefordert.
- Die Produktion ist nicht zentralisiert, sondern in den Kontinenten zu erbringen.
- Kostenführerschaft ist anzustreben.

(B) Unternehmen

Der Markt ist zu vergleichen mit Kräften, die an Ihrem Unternehmen ziehen. Wie die Anziehungskraft eines Magneten. Doch wenn Sie sich ziehen lassen, dann sind Sie reaktiv. Das ist zu wenig. Es gilt, dem eine andere Kraft gegen zu setzen.

Zeigen Sie nun den Unterschied Ihres spezifischen Unternehmens in der Branche auf. Wenn Sie es mit der von außen ziehenden Magnetkraft vergleichen, ist diese interne Kraft des Unternehmens die Gravitation. Das was sie erdet, festigt, ausrichtet, orientiert.

Eben durch Ihre qualitative Identität und durch Ihre quantitative Zielsetzung.

3. Identität

Die Identität ist die Quelle und Urkraft Ihres Unternehmens, Ihrer Einzigartigkeit, Ihre innere sinnfindende Herkunft, Gegenwart, die erst mögliche Zukünfte ermöglicht, weil sie aus sich heraus erschaffen, gestalten, kreieren.

„Hätte ich auf den Markt gehört, hätte ich schnellere Kutschen und keine Autos gebaut."

Henry Ford

(A) Markt		(B) Unternehmen		(C) Plan		(D) Performance	
Was will der Markt		Was wir erreichen wollen		Was wir wollen		Wie wir es konkret machen	
1. Umfeldattraktoren	2. Herausforderungen	3. Identität	4. Ziele	5. Strategeme	6. Erfolgsfaktoren	7. Umsetzung	8. Resulting

Die Identität beschreibt, was Sie besonders gut können, Ihr Talent, was nur Sie haben. Es ist die Wertschätzung für das eigene, Ihr unternehmerisches Selbstbewusstsein, eben die Identität.

Diese unternehmerische Eigenheit/Identität ist ein wesentlicher Grund, dass Sie später Potenziale in Profit verwandeln werden. So wichtig der Markt auch ist, sich nicht von den eigenen Stärken entfernen, durch die Zugkräfte von außen, des Marktes.

Das, was Ihre Identität beschreibt, ist in vielen Unternehmen ähnlich benannt und formuliert, jedoch wertlos, wenn es nicht durch die Urkraft der gravitatorischen Herkunft abgeleitet und erarbeitet wurde. Man könnte auch sagen, der Genkomplex Ihres Unternehmens:

- Identität
- Vision
- Mission
- Grundhaltung
- Werte

- Leitlinien
- Selbstverständnis

Nochmals der Hinweis: Fehlt der emotionale Kitt, wie immer Sie die Dinge auch benennen, ist die Erarbeitung der Identität nicht durch die Herzen der wichtigsten Opinion Leader Ihres Unternehmens gelaufen, dann fehlt die sinnstiftende Kraft. Eine kreative Kraft also, die emotional, chaotisch, ausdehnend, raumgehend wirkt.

4. Ziele

Das wird nun in der Zielsetzung mit der Polarität des Logischen, Kalten, Klaren ergänzt.

(A) Markt		(B) Unternehmen		(C) Plan		(D) Performance	
Was will der Markt		Was wir erreichen wollen		Was wir wollen		Wie wir es konkret machen	
1. Umfeld-attraktoren	2. Heraus-forderungen	3. Identität	4. Ziele	5. Strategeme	6. Erfolgs-faktoren	7. Umsetzung	8. Resulting

Die Zielsetzung in messbaren Größen: Jahreszielsetzungen mit flexiblen Forecast-Rhythmen, Mittelfristzielsetzungen in Dreijahreszeitfenstern und langfristige Zielsetzungen.

(C) Plan

Der strategische Plan beschreibt den Fahrplan, nach dem Sie vorgehen wollen. Er ermittelt die Kriterien und die Matrix der Kriterien, besser Erfolgsfaktoren genannt, die Ihren zukünftigen Geschäftserfolg ausmachen werden. Der gibt den Weg vor, wie Sie die profitablen Potenziale aktivieren und die Differenz zum Wettbewerb ermöglichen. Es ist die Verbindung zweier Kräfte: externer Markt (magnetische Ziehkräfte) und internes Unternehmertum (gravitatorische, erdende Kräfte). Keine Paradoxie sondern nur die zeitgleiche Sicht auf zwei polare Kräfte, die bei der richtigen Betrachtungsebene ein holistisches Ganzes sind. Analog einatmen/ausatmen. Weder das Eine noch das Andere ist besser, beide Pole werden gebraucht, geht es um das Überleben.

5. Strategeme

Nun wurden beide Welten, der Markt und das Unternehmen erfasst, gewürdigt, beides wird nun miteinander logisch wie kreativ verknüpft, wird wieder als sich bedingendes Ganzes gesehen und bildet in der Essenz die Strategie.

Die Strategie ist sodann der Hebel, die profitablen Potenziale zu heben. Hier werden aus dem Zusammenfluss von Markt und Unternehmen mit kreativer Intelligenz die Strategeme (Kernsätze, Schwerpunktaussagen) formuliert.

(A) Markt		(B) Unternehmen		(C) Plan		(D) Performance	
Was will der Markt		Was wir erreichen wollen		Was wir wollen		Wie wir es konkret machen	
1. Umfeld-attraktoren	2. Heraus-forderungen	3. Identität	4. Ziele	5. Strategeme	6. Erfolgs-faktoren	7. Umsetzung	8. Resulting

Es sind Strategeme, die in Satzform Aussagen treffen wie folgt (unausformulierte Beispielstrategeme):

- Die Potenziale in den Branchen sind …
- Weltweiter Ausbau in den Ländern …
- Neue Produkte für die Segmente …
- Kostenführerschaft in den Segmenten …
- Ausbau der Werke in …
- Organisatorische Strukturveränderung …
- Neue Vertriebsorganisation in …
- Zukauf/Akquisition von …
- Neuer Innovationszyklus von …

Eine unendliche Liste. Doch welche Strategeme in der Gesamtheit die Strategie bilden zeigt, wie intelligent das Management ist, den Markt mit der Identität klug zu verbinden. Passt das nicht zusammen, ist der unternehmerische Weg genau an dieser Nahtstelle bereits von unnötiger Ungewissheit geprägt.

6. Erfolgsfaktoren

Die einzelnen strategischen Kernsätze, die Strategeme, die formuliert wurden und die Strategie im Ganzen abbilden, werden nun mit Erfolgsfaktoren beschrieben und mit KPIs messbar.

(A) Markt		(B) Unternehmen		(C) Plan		(D) Performance	
Was will der Markt		Was wir erreichen wollen		Was wir wollen		Wie wir es konkret machen	
1. Umfeld-attraktoren	2. Heraus-forderungen	3. Identität	4. Ziele	5. Strategeme	6. Erfolgs-faktoren	7. Umsetzung	8. Resulting

Hier eine beispielhafte Auswahl von Erfolgsfaktoren:

- Preispolitik
- Produkt, Lösungspackages, Services
- Industrie/spezifische Branchen, Handel, Endkunden
- Architekten, Planer, Generalunternehmer
- Marktpositionierung
- Profitables Potenzial
- Multiplikation/Länder
- Innovationen
- Kooperationen
- Prozessoptimierungen
- Sales-Ausbau
- Gewinnung von Neukunden
- Ausbau von Wachstumskunden
- Entwicklung von Stammkunden
- Digitalisierung

Natürlich trifft diese Auswahl nicht für Sie zu, aber sie demonstriert die Logik des Vorgehens. Sodann werden die Erfolgsfaktoren mit KPIs in die Messbarkeit gestellt.

Beispiel:

Strategem: Das bisher in Europa platzierte Unternehmen baut seine Präsenz in weitere profitable Länder/weltweit aus.
Erfolgsfaktor: Expansion Amerika & China
KPI: Pro Jahr 4 Länder via Akquisition konkreter Unternehmen aktivieren, Investitionssumme 50 Millionen € pro Land, Umsatz 40 Millionen €, Ebit 12 Prozent.

Innerhalb der Strategie liest sich das dann so:
  1. Das bisher in Europa platzierte Unternehmen baut seine Präsenz in weitere profitable Länder, weltweit aus.
  (Erfolgsfaktor: Expansion Amerika & China. ⇨ KPIs: pro Jahr 4 Länder via Akquisition konkreter Unternehmen aktivieren, Investitionssumme 50 Millionen € pro Land, Umsatz 40 Millionen €, Ebit 12 Prozent)

(D) Performance

Es ist nicht überraschend, dass vielen Unternehmen die Gesamtsicht „Markt, Unternehmen, Plan, Performance" nicht gelingt und Strategien restlos scheitern, in wichtigen Umsetzungen fehlschlagen, schöngeredet werden. Die Staffelübergabe von Plan zu Doing ist etwas für Könner.

7. Umsetzung

Ausgangspunkt der Umsetzung ist natürlich die Verwandlung der Erfolgsfaktoren in zusammenhängende Aktionen, Aktionsbündel auf der Zeitachse, messbar durch KPIs.

(A) Markt		(B) Unternehmen		(C) Plan		(D) Performance	
Was will der Markt		Was wir erreichen wollen		Was wir wollen		Wie wir es konkret machen	
1. Umfeld-attraktoren	2. Heraus-forderungen	3. Identität	4. Ziele	5. Strategeme	6. Erfolgs-faktoren	7. Umsetzung	8. Resulting

Der Erfolgsfaktor …

1. Das bisher in Europa platzierte Unternehmen baut seine Präsenz in weitere profitable Länder, weltweit aus.

(Erfolgsfaktor: Expansion Amerika & China ⇨ KPIs: pro Jahr 4 Länder via Akquisition konkreter Unternehmen aktivieren, Investitionssumme 50 Millionen € pro Land, Umsatz 40 Millionen €, Ebit 12 Prozent)

… könnte dann so aussehen wie im nachfolgenden Aktionsplan:

Aktionsplan

Kundensegmente	1 Erfolgs-faktor	2 Erfolgs-faktor	3 Erfolgs-faktor	4 Erfolgs-faktor	5 Erfolgs-faktor	6 Erfolgs-faktor	7 Erfolgs-faktor	8 Erfolgs-faktor	9 Erfolgs-faktor	10 Erfolgs-faktor	Key Action
World											(A)
TOP											(B)
BIGs											(C)
Middle segment											(D)
Small segment											(E)
Σ											

3 Key Action
(B) ────────────
(C) ────────────
(E) ────────────
Jan. Feb. März April Mai Juni Juli Aug. Sept. Okt. Nov. Dez.

8. Resulting

Im Resulting wird sichergestellt, dass die qualitativen Schritte in Frist getan und die damit verbundenen, messbaren Zielsetzungen erreicht wurden.

(A) Markt		(B) Unternehmen		(C) Plan		(D) Performance	
Was will der Markt		Was wir erreichen wollen		Was wir wollen		Wie wir es konkret machen	
1. Umfeld-attraktoren	2. Heraus-forderungen	3. Identität	4. Ziele	5. Strategeme	6. Erfolgs-faktoren	7. Umsetzung	8. Resulting

Merkmal des Resulting ist es, das Wesentliche auf eine Seite zusammenzufassen. Dieses ist sodann auf die Hierarchieebenen in unterschiedlichen Verdichtungsgraden mithilfe des Neukunden-Akquise-Barometers oder des Wachstums-Scouts zu kommunizieren.

Neukunden-Akquise-Barometer

		ADM	ADM	ADM	ADM	ADM	ADM	ADM	ADM	ADM	TOTAL
POOL	Adressen										
AKTION	Step 1* KONTAKT										
	Step 2* HEBEL										
	Step 3* ABSCHLUSS										
RSULTAT	Resultat — Auftrag ok / kein Auftrag / no** / Auftrag später / 2016***										
€	Potential Gesamt in T Euro* / Zielumsatz Gesamt in T Euro* / Wahrscheinlichkeit Gesamt in %* / Erteilter Auftrag in T Euro										

*Je nach Sales-Step sind auch Potential, Zielumsatz, Wahrscheinlichkeit: 0, 40, 60, 80 % einzutragen   ** Wenn Kunde no oder später = Pipeline-Filling   ***Monats-Soll = Jan. 5 %, Febr. 10 %, März 20 %, April 30 %, Mai 40 %, Juni 50 %, Juli 55 %, Aug. 60 %, Sept. 70 %, Okt. 80 %, Nov. 90 %, Dez. 100 %

Wachstums-Scout

		ADM 1	ADM 2	ADM 3	ADM 4	ADM 5	ADM 6	ADM 7	TOTAL
KUNDENPOOL									
POTENTIAL 2016									
UMSATZ 2015									
CHANCE 2016 *(ADM-ZIEL)*									
AKTIONSZIEL 2016 *(2015 + 200.000 €)*									

	IST ZU ZIEL	IST	ZIEL	IST	ZIEL	IST	ZIEL	IST	ZIEL	IST	ZIEL	IST	ZIEL	IST	ZIEL
Januar	5%														
Februar	10%														
März	20%														
April	30%														
Mai	40%														
Juni	50%														
Juli	55%														
August	60%														
September	70%														
Oktober	80%														
November	90%														
Dezember	100%														
	100% +														

IST-UMSATZ FEBRUAR *(KUM. MONATE)*									
ZIEL-UMSATZ FEBRUAR *(KUM. MONATE)*									
DIFFERENZ IST ZU ZIEL									

Abschließend: Das Handbuch ist die Guideline für die Tools des Buches „Strategie Umsetzung Profit". Wenn Sie die Inhalte zu (A), (B), (C), (D) gefüllt haben, pragmatisch und verständlich, den Formtext als stimmig erleben, steht Ihre Strategie: Die profitablen Potenziale können gehoben, Unternehmensziele erreicht werden.

springer-gabler.de

Weitere Springer-Gabler-Bücher von Wolf W. Lasko

Wolf W. Lasko, Lara M. Lasko
Deal Resulting
Neue Aufträge professionell gewinnen, komplexe Verhandlungen exzellent führen, Folgeaufträge erfolgreich verhandeln
2016, XI, 342 S.
€ (D) 29,99 | € (A) 30,83 | *sFr 32,00
ISBN 978-3-658-14119-6

Wolf W. Lasko, Lara M. Lasko
Charisma-Talk
Wie Sie Ihrem persönlichen Auftritt den überzeugenden, charismatischen Drive verpassen
2014, IX, 103 S.
€ (D) 29,99 | € (A) 30,83 | *sFr 32,00
ISBN 978-3-658-02983-8

Wolf W. Lasko, Lara M. Lasko
Resulting – Projektziel erreicht!
So führen Sie Projekte kompetent und kreativ zum Profit
2.Aufl., 2014, XVIII, 185 S.
€ (D) 39,99 | € (A) 41,11 | *sFr 50,00
ISBN 978-3-658-02979-1

Wolf W. Lasko, Lara M. Lasko
Internationale Vertriebssteuerung by Result Framing
So sichern Sie Ihre Sales-Ergebnisse weltweit
2. Aufl. 2018, XVII, 233 S.
€ (D) 34,99 | € (A) 35,97 | *sFr 28,50
ISBN 978-3-658-18582-4

Wolf W. Lasko
Stammkunden profitabel managen
Strategien zur Kundenbindung und Umsatzsteigerung
5. Aufl., 2012, XIII, 257 S.
€ (D) 29,99 | € (A) 30,83 | *sFr 32,00
ISBN 978-3-8349-4356-9

Wolf W. Lasko, Peter Busch
Professionelle Neukundengewinnung
Erfolgsstrategien kreativer Verkäufer
4. überarb. Aufl., 2012, 235 S.
€ (D) 29,99 | € (A) 30,83 | *sFr 32,00
ISBN 978-3-8349-4364-4

€ (D) sind gebundene Ladenpreise in Deutschland und enthalten 7 % MwSt. € (A) sind gebundene Ladenpreise in Österreich und enthalten 10 % MwSt.
Die mit * gekennzeichneten Preise sind unverbindliche Preisempfehlungen und enthalten die landesübliche MwSt. Preisänderungen und Irrtümer vorbehalten.

Jetzt bestellen: springer-gabler.de

Weitere Springer-Gabler-Bücher von Wolf W. Lasko

Wolf W. Lasko
Dream Teams
110 Stories für erfolgreiches Team-Coaching
2011, 280 S.
€ (D) 47,99 | € (A) 49,34 | *sFr 60,00
ISBN 978-3-8349-2484-1

Wolf W. Lasko, Frank Busemann, Peter Busch
Zehnkampf-Power für Manager
Wie Sie die Erfolgsprinzipien des Sports für sich und Ihr Business nutzen
2005, 221 S.
€ (D) 54,99 | € (A) 56,53 | *sFr 56,50
ISBN 978-3-322-84628-0

Wolf W. Lasko
Small Talk und Karriere
Mit Erfolg Kontakte knüpfen
2. Aufl. 2001, 213 S.
€ (D) 54,99 | € (A) 56,53 | *sFr 56,50
ISBN 978-3-322-87157-2

Wolf W. Lasko, Iris Seim
Die Wow-Präsentation
72 Stories und Zitate für Ihren mitreißenden Auftritt
1999, 217 S.
€ (D) 59,99 | € (A) 61,68 | *sFr 63,50
ISBN 978-3-322-91211-4

Wolf W. Lasko
Wie aus Ideen Bilder werden
Einfach besser präsentieren – In Sekunden überzeugen
1997, 247 S.
€ (D) 54,99 | € (A) 56,53 | *sFr 56,50
ISBN 978-3-322-82750-0

Dietrich Buchner, Wolf W. Lasko (Hrsg.)
Winner's Edge – Konzepte für Vorsprung
Ganzheitliche Veränderungen, Netzwerk, Synergie, Empowerment, Coaching
1996, 472 S.
€ (D) 54,99 | € (A) 56,53 | *sFr 56,50
ISBN 978-3-409-18879-1

€ (D) sind gebundene Ladenpreise in Deutschland und enthalten 7 % MwSt. € (A) sind gebundene Ladenpreise in Österreich und enthalten 10 % MwSt.
Die mit * gekennzeichneten Preise sind unverbindliche Preisempfehlungen und enthalten die landesübliche MwSt. Preisänderungen und Irrtümer vorbehalten.

Jetzt bestellen: springer-gabler.de

The manufacturer's authorised representative in the EU is Springer Nature Customer Service Centre GmbH, Europaplatz 3, 69115 Heidelberg, Germany. If you have any concerns regarding our products, please contact ProductSafety@springernature.com

Printed and bound by CPI Group (UK) Ltd, Croydon, CR0 4YY

25/03/2026

02078194-0015